北京国际城市文化交流基金会 资助

领导智库报告

百年变局观察与展望

连玉明 主编

团结出版社
UNITY PRESS

研究机构

本报告是许多人和许多组织共同努力工作的结果。特别是在知识共享、数据采集和资料提供方面,各智库组织、城市政府及统计机构与我们展开了持续、良好的合作。通过与下面列出的机构共享它们的数据和专业知识,《领导智库报告》才有可能出版。在此,对那些努力帮助我们建立数智决策大脑及其诸多方面提供综合的、丰富翔实的数据信息的人们致谢!

北京国际城市发展研究院(GDCC) 成立于2001年,是中国政府批准成立的非营利性的跨学科、专业化、开放型新型智库。GDCC先后主持2008年北京奥运会、北京新机场临空经济区、中央政务区、北京城市副中心和雄安新区等国家重大课题研究,是国家大数据(贵州)综合试验区战略合作伙伴。GDCC提出的城市价值链理论被誉为世界三大竞争力理论之一,在城市学、大城市治理、世界级城市群等研究领域取得重大成果并享有较高的知名度。

首都科学决策研究会 是由首都智库机构及专家学者联合发起设立的从事科学决策研究的非营利社会团体。研究会以中国特色新型智库建设为宗旨,推进国家治理体系和治理能力现代化,以办好《领导决策信息》为主业,致力于打造中国智库信息第一品牌,为党和政府科学决策、民主决策、依法决策提供重要支撑。

《领导决策信息》周刊 创刊于1994年1月,深耕智库信息28年。它以"为中高级领导决策提供最新、最重要、最有用的信息"为宗旨,以"权威性、超前性、指导性,独家独特独到;准确性、科学性、实用性,可信可用可存"的特色和风格深受党政界、知识界、企业界决策者的支持和认可。以中政智库为核心打造的数智决策大脑,是新型智库发展的3.0版,形成了"刊、网、端、微"多元一体的全价值链格局。

京津冀协同发展研究基地成立于2014年7月，全称为北京市哲学社会科学京津冀协同发展研究基地，是由北京市哲学社会科学规划办公室批准成立的跨学科、专业化、开放型的研究平台。基地聚集相关专业研究者，发挥独立、客观、公正、持续的科学精神和创新方法，立足北京发展和京津冀协同发展实践，以首都可持续发展与京津冀协同发展重大现实问题为主攻方向，加强对全局性、战略性、前瞻性问题开展研究和咨询，搭建开放式协作创新平台、区域化合作交流平台、专业化决策咨询平台和信息化成果转化平台，努力成为推动北京发展和京津冀协同发展的重要思想库和智囊团。

大数据战略重点实验室成立于2015年4月，是北京市科学技术委员会和贵阳市人民政府共建的跨学科、专业化、国际化、开放型研究平台，是中国大数据发展新型高端智库。大数据战略重点实验室依托国内研究机构建立全国科学技术名词审定委员会研究基地、浙江大学研究基地、中国政法大学研究基地、上海科学院研究基地和中译语通多语种语言服务研究基地，研究出版的《块数据》《数权法》《主权区块链》"数字文明三部曲"和编纂出版的《数典》《大数据百科术语辞典》是迄今为止全球首发全面系统研究大数据标准术语体系的多语种智能化专业工具书。

基于大数据的城市科学研究北京市重点实验室成立于2015年6月，是由北京市科学技术委员会批准成立的跨学科、专业化、开放型的研究平台。实验室运用大数据技术与思维，对中国城市多维全量数据进行深入挖掘分析，聚焦大数据前沿领域，立足于首都创新发展战略和京津冀协同发展战略，开展首都可持续发展、京津冀协同发展、社会治理体系和治理能力现代化的理论研究和决策咨询，推动大数据发展与首都经济社会深度融合，打造具有国内领先水平的新型高端智库。

研究者

本报告是 GDCC & GDI 智库联盟中长期城市战略研究的核心项目。

本研究报告所涉及的文献、资料、数据、调查和结论，源自北京国际城市发展研究院联合课题组，不代表国家、政府及其附属组织的观点，也不代表北京国际城市发展研究院和联合研究机构及其学术委员会成员或者他们所代表的专家组、顾问团以及关联机构的观点。本研究尚未形成最终结论。北京国际城市发展研究院和联合研究机构对任何机构和个人引用其中资料和信息引起的后果不承担任何责任。本研究所附资料和信息，并不表示北京国际城市发展研究院的任何部门对任何地区的法律地位的看法。

本研究报告是关于中国决策研究的阶段性非保密成果摘要。北京国际城市发展研究院联合课题组将定期围绕百年变局与世纪疫情的交织影响进行定性、定位、定量和定策研究，并陆续公开研究成果。《领导智库报告》的相关最新信息，请登录公众号或向课题组咨询。

北京国际城市发展研究院

贵阳创新驱动发展战略研究院

领导数智报告微信订阅号

领导决策信息强国号

领导决策信息周刊头条号

学术顾问	文　魁
主　　编	连玉明
执行主编	武建忠　朱颖慧
副 主 编	宋　青　张　涛
核心研究人员	连玉明　朱颖慧　武建忠　宋　青　周　猜
	李瑞香　李一梅　石龙学　张　涛　宋希贤
	龙荣远　何　丹　王新江　张俊立　胡　凯
	邢旭东　龙婉玲　虎　静　陈甚男　刘丹丹
	冯　炯　张国华　孙清香
出版统筹	李一梅
新媒体运营	叶安萍
学术秘书	郭琬秋　张爱霞

目 录

⊙ 智报告·中国经济高质量发展题中之义

重 磅｜三年战"疫"与中国经济　　　　　　　　　　003

战 略｜以重大场景创新牵引新基建激发新动能　　　027

比 较｜高水平实验室体系地方比较报告　　　　　　042

⊙ 政报告·走好新时代革命老区振兴发展路

比 较｜新时代革命老区振兴发展政策框架概述　　　073

机 制｜在更高水平推动革命老区对口合作机制的创新　111

理 论｜乡村振兴的智库使命与担当　　　　　　　　127

⊙ 数报告·数字赋能助力乡村产业振兴

案 例｜都市现代农业发展战略与实现路径研究　　　143

标 杆｜杭州未来乡村建设的实践探索及启示　　　　158

⊙ 治报告·党建引领照亮乡村治理之路

战 略	文化赋能乡村治理的天鹅书院模式	173
比 较	从贵阳"五治"看乡村治理的现实抓手	189
模 式	特色田园乡村建设的贵州实践——以贵阳贵安为例	208

⊙ 策报告·绿色振兴的北京密云实践与借鉴

对 策	打造特色产业场景 发展具有首都特点的都市型农业	225
思 路	科技小院激发农村人才服务兴	254
观 点	传统村落的保护发展与文化文明兴	267
范 例	三生同步、三位一体、三产融合乡村绿色振兴的密云探索	281
模 式	农旅体融合的特色小镇发展模式	297
借 鉴	乡村治理新格局与农村治理机制兴	313

智报告

中国经济高质量发展
题中之义

| 重磅 |

三年战"疫"与中国经济

⊙ 首都科学决策研究会课题组

【摘要】确定性,这个当今世界的"稀缺品",大量体现在党的二十大绘制的中国经济蓝图中。党的二十大报告在提出一系列新观点、新论断的同时,也以诸多具有连贯性、一致性的表述,传递出关于中国经济的稳定预期。尤其是面对新冠肺炎疫情这个二战结束以来最严重的全球公共卫生突发事件,党中央审时度势、果断决策,高效统筹疫情防控和经济社会发展,坚定不移坚持人民至上、生命至上,坚持外防输入、内防反弹,坚持常态化疫情防控,坚持动态清零,最大程度保护人民生命安全和身体健康,最大限度减少疫情对经济社会发展的影响。从中央到地方,"戴着口罩抓发展",努力在危机中育先机、于变局中开新局。

【关键词】统筹新冠肺炎疫情防控和经济社会发展 动态清零 六稳 六保

将2022年中国经济"半年报"以月度曲线标注,这是一条惊心动魄的V形反转[1]。1月、2月开局良好,经济数据释放积极信号;3月,国内

---

[1] 《中国经济,无惧风浪立潮头——二〇二二年上半年经济社会发展述评》,《人民日报》,2022年8月4日第1版。

疫情反弹、乌克兰危机等超预期因素冲击陡然增加，经济运行出现波动；4月，主要经济指标回落，就业、工业生产、用电货运等指标明显走低，困难在某些方面比2020年疫情严重冲击时还大。

"要保持战略定力，坚持稳中求进，统筹好疫情防控和经济社会发展，采取更加有效措施，努力用最小的代价实现最大的防控效果，最大限度减少疫情对经济社会发展的影响""疫情要防住、经济要稳住、发展要安全"，站在高效统筹疫情防控和经济社会发展的关键节点，以习近平同志为核心的党中央引领全党全国各族人民勠力同心、迎难而上。

在党的二十大闭幕之后两天，国家统计局于2022年10月24日发布了第三季度国内经济数据。数据显示，2022年第三季度国内生产总值同比增长3.9%，高于第二季度的0.4%。环比增速则由负转正，大幅高于二季度6.5个百分点。这一表现高于市场预期。再次表明了中国经济韧性强、潜力大、活力旺的特点。财新传媒近日对14家国内外机构的调查显示，经济学家对第三季度GDP同比增速的预测均值为3.6%。路透社此前的问卷结果预测增长3.4%。综合2022年前三季度，中国GDP同比增长3%。不过，房地产市场需求不振、出口放缓，加上中国预计不会放松现行的清零政策，让经济复苏的进程充满险阻。路透社分析单项数据指出，中国经济受到制造业的提振。9月的工业产出比去年同期增长了6.3%，超过8月的4.2%；出口同比增长5.7%，大致符合预期；零售增长2.5%，低于预期的3.3%，更明显低于8月的5.4%，凸显国内消费需求的脆弱。9月新房价格连续第二个月下降，也反应了购买者的担忧情绪。第三季度中，最终消费支出、货物和服务净出口、资本形成总额对中国经济增长贡献率分别为52.4%、27.4%、20.2%。与上年同期相比，消费对经济增长贡献率大幅下降25.1个百分点。

来自澎湃新闻的社评认为，面对复杂严峻的国内外形势和多重超预期因素冲击，国民经济能够顶住压力持续恢复，得益于以习近平同志为核心的党中央的坚强领导，得益于各地区各部门坚持稳中求进工作总基调，按照疫情要防住、经济要稳住、发展要安全的要求，高效统筹疫情防控和经济社会发展，加快落实稳经济一揽子政策和接续政策措施。

2022年以来，需求收缩、供给冲击和预期转弱等三重压力，尤其是国内疫情在二季度多点散发，使中国经济经历了不小的考验。但当时社会零售数据出现一定程度的下滑，主要与消费场景的受限有关。前三季度，社会消费品零售总额同比增长0.7%，上半年为同比下降0.7%，这充分说明，当下国内生产生活秩序正在逐渐恢复正常状态，前期被压抑的消费需求也在逐步得到释放。另一方面，前三季度国内高技术产业发展持续保持上升态势，其中高技术制造业、装备制造业增加值同比分别增长8.5%、6.3%，快于全部规模以上工业4.6、2.4个百分点，这足以说明中国经济的发展不仅实现了量的合理增长，也在体现质的有效提升。数据还显示，前三季度全国网上零售额95884亿元，增长4.0%，其中实物商品网上零售额82374亿元，增长6.1%，占社会消费品零售总额的比重为25.7%。这也从侧面证明，中国经济发展虽受到多重因素的影响，但数字化、信息化、智能化的产业转型态势值得看好，中国经济依然展现出巨大的发展潜力。

观察中国经济不能只看一时。衡量中国经济发展，增长速度是重要指标，但不是唯一指标，必须透过现象看本质，从短期波动中看到大逻辑大趋势。科学分析中国经济，要看这艘大船方向是否正确、动力是否强劲、潜力是否充沛。在大海中航行，再大的船也会有一时的颠簸，但这是前进中的问题，我们有信心在发展中解决这些问题。更重要的是，市场预期持续改善已经开始为经济进一步恢复注入信心，如房地产融资环境趋于改善、市场逐步筑底，金融支持实体经济力度加大，"放管服"

改革持续推进等。企业预期改善将促进投资和就业，居民收入和就业预期改善有利于消费增长。

时与势在我们一边，这是定力和底气所在，也是决心和信心所在。今年以来，国民经济顶住压力持续恢复，三季度经济恢复向好，明显好于二季度，生产需求持续改善，就业物价总体稳定，民生保障有力有效，总体运行在合理区间。尽管当前国际局势动荡多变，世界经济复苏的不确定性上升，但中国经济韧性强、潜力足，长期向好的基本面不会改变。当然，我们也要看到目前外部环境更趋复杂严峻，国内经济恢复基础仍不牢固。

党的二十大报告提出，发展是党执政兴国的第一要务。这与十九大报告中"发展是解决中国一切问题的基础和关键"的表述一脉相承。发展是解决我国一切问题的基础和关键。同时，二十大报告在强调"发展是党执政兴国的第一要务"的同时，进一步指出，"高质量发展是全面建设社会主义现代化国家的首要任务"。我们要继续做好"六稳""六保"工作，着力破解突出矛盾和问题，有效防范化解各种风险，着力稳住宏观经济大盘，保持经济发展良好势头。

经济的韧性，是中国必须牢牢把握的核心竞争优势。中国经济韧性强，这种强集中表现为回旋余地大，从而使经济始终保持在合理区间。这种强源于中国显著的制度优势，能够将中国共产党的坚强领导有效转化为经济治理效能，通过畅通国内大循环实现国民经济循环中生产、分配、交换、消费等环节的良性循环，确保社会总供给和社会总需求之间实现高水平动态平衡。当前，中国经济正在经历"三个转变"，即经济增长由主要依靠投资、出口拉动向依靠消费、投资、出口协调拉动加快转变；由主要依靠第二产业带动向依靠三次产业协调带动加快转变；由主要依靠外延扩张向依靠提质增效加快转变。因此，国际货币基金组织将中国经济的这种转型称为"中国经济再平衡"。而世界银行行长则认为中国经济正在不断向价值链上游提升，新产业、新动能正在成为经济增长的生力军。所以，我们要抓住中国经济的这种转型机遇，强化政策加力显效，紧紧抓住实体经济这个根本，让中国经济韧性持续显现。要进一步给实体经济减负，无论是在税收减免还是融资方面，都应继续加大对实体经济帮扶的力度。从长期来看，要加大科技研发力度，未来要在高科技等重点领域攻坚克难，重点突破"卡脖子"技术，促实体经济产业链更健全，韧性更强劲。生产决定消费。强大的生产能力是中国经济韧性强的重要体现。2021年，中国经济规模达到114.4万亿元，稳居世界第二大经济体。中国也是世界第一大工业国、第一大货物贸易国和第一大外汇储备国。雄厚的物质基础既奠定了经济韧性强的根本，也构筑形成了强大的人力资源韧性、产业体系韧性、科技实力韧性等。同时，中国经济韧性强还表现为旺盛的需求潜力。超大规模市场的规模性和多样性是中国经济发展的特有优势。而消费、服务业始终保持着巨大的增长空间。中国人口已经超过14亿，是世界第一人口大国，人均国内生产总值超1.2万美元，中等收入群体超过4亿人，是全球最大和最有潜力的消费市场，具有巨大增长空间。在韧性强的同时，中国经济还表现为旺盛的活力，即通过深入实施创新驱动发展战略，催生了新产业新业态蓬勃兴起，创造出大量就业岗位，激发了巨大市场活力和社会创造力。同时，人民对美好生活需要已由"有没有"转向"好不好"，呈现多样化、多层次、多方面的特点，教育、文化、娱乐等发展型消费在消费中的比例呈现不断提高趋势。在推动共同富裕过程中，通过建立科学的公共政策体系，既促进做大"蛋糕"，又把"蛋糕"分好，推动形成人人享有的合理分配格局，这些都有利于进一步释放中国消费潜力，推动中国经济行稳致远。

一、战"疫"三年，中国经济在爬坡过坎中逐步企稳回升

回看全球暴发新冠肺炎疫情以来的近三年，中国经济交出了让世界瞩目的"成绩单"。

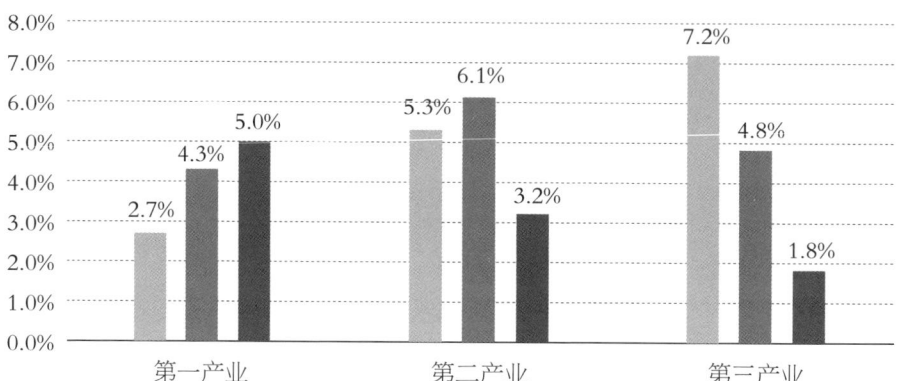

数据来源：国家统计局

图1 疫情暴发以来我国各次产业增加值增速与2019年同期水平对比[2]

2020年中国GDP达到101.6万亿元，经济总量迈上百万亿元新的大台阶，是全球唯一实现经济正增长的主要经济体。脱贫攻坚战取得决定性胜利，提前十年实现联合国2030年可持续发展议程减贫目标，创造了人类减贫史上的奇迹。

2021年中国经济持续复苏、平稳运行，实现了8.1%的经济增速，GDP总量突破110万亿元大关，社会消费品零售总额达到44万亿元，内需对经济增长的贡献率高达79.1%。

---

2 《经济研究》智库经济形势分析课题组：《2022年上半年中国经济回顾与下半年经济展望》，2022年8月5日。

在经历两年的疫情影响之后，2022年上半年我国又遭受了乌克兰危机和2020年二季度以来最为严重的疫情冲击；产业链下游企业利润受到挤压、居民可支配收入增长放缓、失业率阶段性上升，经济增长的内生动力减弱。面对复杂严峻的国际环境和艰巨繁重的国内改革发展稳定任务，我国高效统筹疫情防控和经济社会发展，及时高效推出了一系列稳定宏观经济大盘的政策措施。2022年中国经济半年报显示，我国经济克服超预期因素不利影响，呈现企稳回升态势，尤其是二季度实现了经济正增长，稳住了经济大盘。2022年8月15日，国家统计局新闻发言人就2022年7月国民经济运行情况答记者问时表示，我国经济"延续恢复态

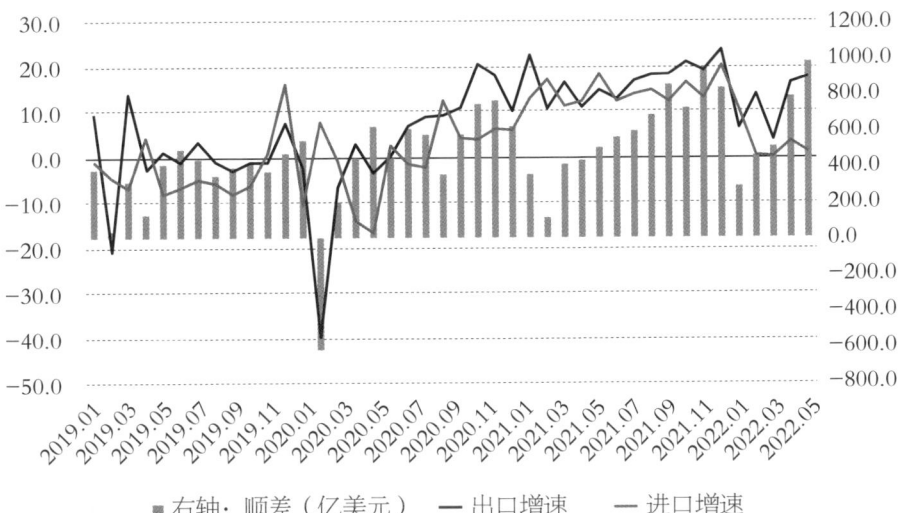

注：2021年的进、出口增速为近两年复合增速。

数据来源：海关总署

图2 2019年1月至2022年6月我国外贸进出口及顺差情况[1]

---

[1] 《经济研究》智库经济形势分析课题组：《2022年上半年中国经济回顾与下半年经济展望》，2022年8月5日。

势,运行基本平稳","从后期看,在各方面的共同努力下,经济恢复向好态势有望保持"。

上述成绩背后,得益于"高效统筹疫情防控和经济社会发展持续显效"。三年战"疫",尽管面临各种困难和挑战,但是我国经济韧性强、潜力大、空间广的特点明显,长期向好的基本面没有改变,坚持稳字当头、稳中求进,高效统筹疫情防控和经济社会发展工作,统筹发展和安全,疫情防控取得积极成效,经济社会发展取得新成绩,在高质量发展中赢得历史主动。

二、科学研判,建立与疫情防控相适应的经济社会运行秩序

科学分析形势,把握发展大势,是我们党做好经济工作的优良传统和重要经验。2019年12月31日,湖北省武汉市卫健委首次通报新型冠状病毒肺炎病例。2020年1月25日农历正月初一,中共中央政治局常务委员会召开会议,专门听取新型冠状病毒感染的肺炎疫情防控工作汇报,对疫情防控特别是患者治疗工作进行再研究、再部署、再动员。党的十八大以来,不论国内外形势怎样复杂多变,我们始终坚持用全面、辩证、长远的眼光分析当前经济形势。特别是在面临新冠肺炎疫情对经济社会造成较大冲击的情况下,坚持用全面、辩证、长远的眼光看待我国发展,强调增强信心、坚定信心。

(一)坚持辩证思维,牢牢把握经济工作主动权

2020年2月21日,中共中央政治局召开会议,研究新冠肺炎疫情防控工作,部署统筹做好疫情防控和经济社会发展工作。会议强调,要统筹做好疫情防控和经济社会发展工作,坚定不移贯彻新发展理念,深化

供给侧结构性改革，打好三大攻坚战，全面做好"六稳"工作，发挥各方面积极性、主动性、创造性，把疫情影响降到最低，努力实现全年经济社会发展目标任务，实现决胜全面建成小康社会、决战脱贫攻坚目标任务，完成"十三五"规划。

公开资料显示，2020年2月21日至2022年7月28日召开的27次中央

表1 战"疫"三年——中共中央政治局会议聚焦"经济形势"

时间	主题	重要要求
2020年2月21日	研究新冠肺炎疫情防控工作，部署统筹做好疫情防控和经济社会发展工作	建立与疫情防控相适应的经济社会运行秩序，有序推动复工复产； 制定明确的疫情分区分级标准； 各级党委和政府要主动服务，有序组织务工人员跨区返岗，努力保障已复工和准备复工企业日常防护物资需求。
2020年3月27日	分析国内外新冠肺炎疫情防控和经济运行形势，研究部署进一步统筹推进疫情防控和经济社会发展工作	要抓紧研究提出积极应对的一揽子宏观政策措施； 积极的财政政策要更加积极有为； 稳健的货币政策要更加灵活适度； 适当提高财政赤字率，发行特别国债，增加地方政府专项债券规模，引导贷款市场利率下行，保持流动性合理充裕； 推动产业链协同复工复产达产。
2020年4月17日	分析国内外新冠肺炎疫情防控形势，研究部署抓紧抓实抓细常态化疫情防控工作；分析研究当前经济形势，部署当前经济工作	加大"六稳"工作力度，保居民就业、保基本民生、保市场主体、保粮食能源安全、保产业链供应链稳定、保基层运转； 坚定实施扩大内需战略； 在常态化疫情防控中全面推进复工复产达产； 培育壮大新的增长点增长极； 积极的财政政策要更加积极有为，提高赤字率，发行抗疫特别国债，增加地方政府专项债券，提高资金使用效率，真正发挥稳定经济的关键作用； 稳健的货币政策要更加灵活适度，运用降准、降息、再贷款等手段，保持流动性合理充裕，引导贷款市场利率下行，把资金用到支持实体经济特别是中小微企业上。

（续表）

时间	主题	重要要求
2020年7月30日	分析研究当前经济形势，部署下半年经济工作	建立疫情防控和经济社会发展工作中长期协调机制； 完善宏观调控跨周期设计和调节，实现稳增长和防风险长期均衡； 财政政策要更加积极有为、注重实效； 货币政策要更加灵活适度、精准导向。
2020年12月11日	分析研究2021年经济工作	牢牢把握经济工作主动权； 坚持稳中求进工作总基调； 坚持系统观念，巩固拓展疫情防控和经济社会发展成果，更好统筹发展和安全； 继续做好"六稳"工作、落实"六保"任务努力保持经济运行在合理区间； 确保"十四五"开好局。
2021年4月30日	分析研究当前经济形势和经济工作	要用好稳增长压力较小的窗口期，推动经济稳中向好，凝神聚力深化供给侧结构性改革，打通国内大循环、国内国际双循环堵点； 积极的财政政策要落实落细，兜牢基层"三保"底线，发挥对优化经济结构的撬动作用； 稳健的货币政策要保持流动性合理充裕，强化对实体经济、重点领域、薄弱环节的支持。
2021年7月30日	分析研究当前经济形势，部署下半年经济工作	做好宏观政策跨周期调节，保持宏观政策连续性、稳定性、可持续性，统筹做好今明两年宏观政策衔接； 积极的财政政策要提升政策效能，兜牢基层"三保"底线，合理把握预算内投资和地方政府债券发行进度，推动今年底明年初形成实物工作量； 稳健的货币政策要保持流动性合理充裕，助力中小企业和困难行业持续恢复。
2021年12月6日	分析研究2022年经济工作	明年经济工作要稳字当头、稳中求进； 宏观政策要稳健有效； 积极的财政政策要提升效能，更加注重精准、可持续； 稳健的货币政策要灵活适度，保持流动性合理充裕； 微观政策要激发市场主体活力； 结构政策要着力畅通国民经济循环； 科技政策要加快落地； 改革开放政策要增强发展动力。

(续表)

时间	主题	重要要求
2022年4月29日	分析研究当前经济形势和经济工作	加大宏观政策调节力度，扎实稳住经济，努力实现全年经济社会发展预期目标，保持经济运行在合理区间； 发挥消费对经济循环的牵引带动作用； 有效管控重点风险，守住不发生系统性风险底线； 建设强大而有韧性的国民经济循环体系。
2022年7月28日	分析研究当前经济形势，部署下半年经济工作	全面落实疫情要防住、经济要稳住、发展要安全的要求，巩固经济回升向好趋势，着力稳就业稳物价，保持经济运行在合理区间，力争实现最好结果； 保证影响经济社会发展的重点功能有序运转，该保的要坚决保住； 经济大省要勇挑大梁，有条件的省份要力争完成经济社会发展预期目标。

政治局会议，其中10次会议与疫情防控及经济形势研判直接相关，明确提出"要在疫情防控常态化条件下加快恢复生产生活秩序""要建立与疫情防控相适应的经济社会运行秩序""为疫情防控、复工复产和实体经济发展提供精准金融服务""把握好时度效，固本培元，稳定预期，保持经济运行在合理区间，使经济在恢复中达到更高水平均衡"等一系列重要要求，全面落实"疫情要防住、经济要稳住、发展要安全"的要求。

（二）坚持底线思维，多措并举化解重大风险

思深方益远，谋定而后动。在抗击新冠肺炎疫情这场波澜壮阔的斗争中，毫不动摇坚持"动态清零"总方针，集中精力抓好"六稳""六保"，从中央到地方，提出了一揽子稳经济、保民生、促发展的"政策包"。

2022年5月，国务院印发《扎实稳住经济的一揽子政策措施》，推出六个方面33项措施，并发出通知，要求推动一揽子政策措施尽快落地见效，确保及时落实到位，尽早对稳住经济和助企纾困等产生更大政策效应。

表2 战"疫"三年——中共中央、国务院"稳经济"重要政策措施

	重要文件
稳市场主体	2020年—— 《关于进一步精简审批优化服务精准稳妥推进企业复工复产的通知》 《保障中小企业款项支付条例》 2021年—— 《关于进一步加大对中小企业纾困帮扶力度的通知》 2022年—— 《关于加强信用信息共享应用促进中小微企业融资实施方案的通知》 《要素市场化配置综合改革试点总体方案》 《关于加快建设全国统一大市场的意见》 《扎实稳住经济的一揽子政策措施》
稳外贸外资	2020年—— 《关于进一步做好稳外贸稳外资工作的意见》 《关于支持出口产品转内销的实施意见》 《关于同意全面深化服务贸易创新发展试点的批复》 《关于推进对外贸易创新发展的实施意见》 2021年—— 《关于加快发展外贸新业态新模式的意见》 2022年—— 《关于做好跨周期调节进一步稳外贸的意见》 《关于促进内外贸一体化发展的意见》 《关于推动外贸保稳提质的意见》
稳就业	2020年—— 《关于支持多渠道灵活就业的意见》 《关于提升大众创业万众创新示范基地带动作用 进一步促改革稳就业强动能的实施意见》 2021年—— 《"十四五"就业促进规划》 2022年—— 《关于进一步做好高校毕业生等青年就业创业工作的通知》
保民生	2020年—— 《关于改革完善社会救助制度的意见》 《关于切实解决老年人运用智能技术困难的实施方案》 2021年—— 《关于做好人民群众就地过年服务保障工作的通知》 《关于加快发展保障性租赁住房的意见》 《关于健全重特大疾病医疗保险和救助制度的意见》

(续表)

	重要文件
促消费	2020年—— 《关于以新业态新模式引领新型消费加快发展的意见》 2022年—— 《关于进一步释放消费潜力促进消费持续恢复的意见》 《关于进一步盘活存量资产扩大有效投资的意见》
深化"放管服"改革	2020年—— 《关于进一步优化营商环境更好服务市场主体的实施意见》 《关于深化商事制度改革进一步为企业松绑减负激发企业活力的通知》 《全国深化"放管服"改革优化营商环境电视电话会议重点任务分工方案》 《关于全面推行证明事项和涉企经营许可事项告知承诺制的指导意见》 《关于加快推进政务服务"跨省通办"的指导意见》 2021—— 《关于进一步优化地方政务服务便民热线的指导意见》 《关于进一步深化税收征管改革的意见》 《关于进一步深化预算管理制度改革的意见》 《关于服务"六稳""六保"进一步做好"放管服"改革有关工作的意见》 《关于深化"证照分离"改革进一步激发市场主体发展活力的通知》 《全国深化"放管服"改革着力培育和激发市场主体活力电视电话会议重点任务分工方案》 《关于鼓励和支持社会资本参与生态保护修复的意见》 《关于开展营商环境创新试点工作的意见》 2022年—— 《关于加快推进政务服务标准化规范化便利化的指导意见》
乡村振兴	2020年—— 《关于调整完善土地出让收入使用范围优先支持乡村振兴的意见》 2021年—— 《关于新时代支持革命老区振兴发展的意见》 《关于实现巩固拓展脱贫攻坚成果同乡村振兴有效衔接的意见》 《中共中央 国务院关于全面推进乡村振兴加快农业农村现代化的意见》全文发布 《关于加快推进乡村人才振兴的意见》 2022年—— 《乡村建设行动实施方案》

表3 国务院《扎实稳住经济的一揽子政策措施》举要

方面	措施举要
财政政策（7项）	进一步加大增值税留抵退税政策力度，预计新增留抵退税1420亿元，加快财政支出进度，加快地方政府专项债券发行使用并扩大支持范围，今年新增国家融资担保基金再担保合作业务规模1万亿元以上，加大稳岗支持和政府采购支持中小企业力度，扩大实施社保费缓缴政策。
货币金融政策（5项）	鼓励对中小微企业和个体工商户、货车司机贷款及受疫情影响的个人住房与消费贷款等实施延期还本付息，加大普惠小微贷款支持力度，继续推动实际贷款利率稳中有降，提高资本市场融资效率，加大金融机构对基础设施建设和重大项目的支持力度。
稳投资促消费等政策（6项）	加快推进一批论证成熟的水利工程项目，加快推动交通基础设施投资，继续推进城市地下综合管廊建设，稳定和扩大民间投资，促进平台经济规范健康发展，稳定增加汽车、家电等大宗消费。
保粮食能源安全政策（5项）	健全完善粮食收益保障等政策，在确保安全清洁高效利用的前提下有序释放煤炭优质产能，抓紧推动实施一批能源项目，提高煤炭、原油等能源资源储备能力。
保产业链供应链稳定政策（7项）	降低市场主体用水用电用网等成本，推动阶段性减免市场主体房屋租金，加大对民航等受疫情影响较大行业企业的纾困支持力度，优化企业复工达产政策，完善交通物流保通保畅政策，统筹加大对物流枢纽和物流企业的支持力度，加快推进重大外资项目积极吸引外商投资。
保基本民生政策（3项）	实施住房公积金阶段性支持政策，完善农业转移人口和农村劳动力就业创业支持政策，完善社会民生兜底保障措施。

三、统筹兼顾，以长远眼光精准谋划完善战略布局

我国疫情防控形势已经越过拐点之时，2020年4月19日，中央财经委员会第七次会议，研究涉及国家中长期经济社会发展战略若干重大问题。会议强调，要举一反三，进行更有长远性的思考，完善战略布局，做到化危为机，实现高质量发展。

(一)明确一个主题:统筹发展和安全两件大事

维护国家安全和社会稳定,实现经济社会持续健康发展,是世界各国在实现现代化的过程中必须面对的一个重大现实问题。党的十八大以来,面对波谲云诡的国际形势、复杂敏感的周边环境、艰巨繁重的改革发展稳定任务,以习近平同志为核心的党中央创新性地提出了统筹发展和安全理论,并把它列为我国经济社会发展指导思想的重要内容、坚持和发展中国特色社会主义的重要方面以及中国共产党治国理政的重大原则。统筹发展和安全,被认为是改革开放以来中国共产党及时总结新的生动实践,不断推进理论创新而提出的重要论断,是党的十八大以来中国共产党对发展理念和思路作出及时调整的一个重要方面,"不仅有力指导了我国经济发展实践,而且开拓了马克思主义政治经济学新境界"。[3]

统筹发展和安全,是一种"图之于未萌、虑之于未有",主动防范化解各种重大风险的前瞻性、战略性思维。[4]新冠疫情暴发以来,"统筹发展和安全"成为贯穿中央财经委员会会议的一条主线。全文检索中央财经委员会第七次会议及中央财经委员会第八次会议至第十一次会议的新闻通稿,34次提及"安全",18次提及"风险",9次提及"稳定",7次提及"防范"。其中,中央财经委员会第十次会议强调,要坚持底线思维,增强系统观念,遵循市场化法治化原则,统筹做好重大金融风险防范化解工作。要夯实金融稳定的基础,处理好稳增长和防风险的关系,巩固经济恢复向好势头,以经济高质量发展化解系统性金融风险,防止在处置其他领域风险过程中引发次生金融风险。中央财经委员会第十一次会

---

[3] 习近平:《在经济社会领域专家座谈会上的讲话》,人民出版社,2020年11月。

[4] 钟开斌:《统筹发展和安全:理论框架与核心思想》,《行政管理改革》,2021年第7期。

表4 战"疫"三年——五次中央财经委员会会议决策要点

时间	会议	议题	决策要点
2020年4月10日	中央财经委员会第七次会议	研究涉及国家中长期经济社会发展战略若干重大问题	坚定实施扩大内需战略； 优化和稳定产业链、供应链； 完善城市化战略； 调整优化科技投入和产出结构； 实现人与自然和谐共生； 加强公共卫生体系建设。
2020年9月9日	中央财经委员会第八次会议	研究畅通国民经济循环和现代流通体系建设问题，研究党的十九大以来中央财经委员会会议决策部署落实情况	要加快完善国内统一大市场； 要建设现代综合运输体系； 要完善现代商贸流通体系； 要完善社会信用体系； 要强化支付结算等金融基础设施建设； 要认真研究应对新冠肺炎疫情的经验。
2021年3月15日	中央财经委员会第九次会议	研究促进平台经济健康发展问题和实现碳达峰、碳中和的基本思路和主要举措	推动平台经济规范健康持续发展； 要健全完善规则制度； 要提升监管能力和水平； 要推动平台经济为高质量发展和高品质生活服务； 要加强平台各市场主体权益保护； 要加强关键核心技术攻关； 要加强网络基础设施建设； 把碳达峰碳中和纳入生态文明建设整体布局； 要构建清洁低碳安全高效的能源体系； 要实施重点行业领域减污降碳行动； 要推动绿色低碳技术实现重大突破； 要完善绿色低碳政策和市场体系； 要倡导绿色低碳生活； 要提升生态碳汇能力； 要加强应对气候变化国际合作。

(续表)

时间	会议	议题	决策要点
2021年8月17日	中央财经委员会第十次会议	研究扎实促进共同富裕问题，研究防范化解重大金融风险、做好金融稳定发展工作问题	要分阶段促进共同富裕； 要鼓励勤劳创新致富； 要坚持基本经济制度； 要尽力而为量力而行； 要坚持循序渐进； 在高质量发展中促进共同富裕； 要提高发展的平衡性、协调性、包容性； 要着力扩大中等收入群体规模； 要促进基本公共服务均等化； 要加强对高收入的规范和调节； 要清理规范不合理收入； 要保护产权和知识产权； 要促进人民精神生活共同富裕； 要加强促进共同富裕舆论引导； 要促进农民农村共同富裕； 确保经济金融大局稳定； 要坚持底线思维； 要夯实金融稳定的基础； 要落实地方党政同责； 要落实全面从严治党要求； 要加强金融法治和基础设施建设。
2022年4月26日	中央财经委员会第十一次会议	研究全面加强基础设施建设问题，研究党的十九大以来中央财经委员会会议决策部署落实情况	构建现代化基础设施体系； 加快新型基础设施建设； 要加强交通、能源、水利等网络型基础设施建设； 要加强信息、科技、物流等产业升级基础设施建设； 要加强城市基础设施建设； 要加强农业农村基础设施建设； 要加强国家安全基础设施建设； 强化基础设施建设支撑保障。

议强调，要统筹发展和安全两件大事，牢固树立底线思维，切实加强重大风险预测预警能力，有切实管用的应对预案及具体可操作的举措。

"居安思危，思则有备，有备无患"，妥善防控各种重大风险，牢牢把握工作主动权，夯实国家发展的安全基础。在抗击新冠肺炎疫情过程中，我们坚持底线思维，做好较长时间应对各种重大风险挑战的思想准备和工作准备。面对严峻复杂的国际疫情和世界经济形势，我们要坚持底线思维，做好较长时间应对外部环境变化的思想准备和工作准备。即使是我国疫情防控向好态势进一步巩固，我们仍要坚持底线思维，做好较长时间应对外部环境变化的思想准备和工作准备，谋划推进改革要有一揽子考虑和安排。要增强风险意识，下好先手棋、打好主动仗，做好随时应对各种风险挑战的准备。同时，我们要辩证认识和把握国内外大势，加强战略性、系统性、前瞻性研究谋划，做好较长时间应对外部环境变化的思想准备和工作准备，善于在危机中育新机、于变局中开新局。

（二）贯穿一条主线：构建新发展格局

新发展阶段、新发展理念、新发展格局，正成为人们理解中国当下与未来的关键词。

"当前，我国疫情防控形势已经越过拐点，但疫情全球大流行仍处在上升期，外部形势非常严峻，我们要切实做好外防输入、内防反弹工作，决不能让疫情卷土重来。同时，我们要举一反三，进行更有长远性的思考，完善战略布局，做到化危为机，实现高质量发展。"2020年4月10日，中央财经委员会第七次会议研究涉及国家中长期经济社会发展战略的若干重大问题，强调要坚定实施扩大内需战略，并首次提到"新发展格局"这一重要概念，首次提出"构建新发展格局"的重大历史任务，指出："国内循环越顺畅，越能形成对全球资源要素的引力场，越有利于构建以国内大循环为主体、国内国际双循环相互促进的新发展格局，越有利于形成参与国际竞争和合作新优势。"

加快构建"双循环"新发展格局，是着眼于中国长远发展和长治久安作出的重大战略部署，对于中国实现更高质量、更有效率、更加公平、更可持续、更为安全的发展，对于促进世界经济繁荣，都会产生重要而深远的影响。构建新发展格局，最早是习近平总书记在2020年中央财经委员会第七次会议上提出来的[5]。习近平总书记指出，国内循环越顺畅，越能形成对全球资源要素的引力场，越有利于构建以国内大循环为主体、国内国际双循环相互促进的新发展格局，越有利于形成参与国际竞争和合作新优势。此后，习近平总书记在不同场合就新发展格局问题发表了一系列重要讲话，并就"双循环"问题的背景、内涵、路径、政策等作出深入分析和阐释。党的二十大报告为何更加强调这一经济建设领域的"重头戏"？其中既有中国主动适应新发展阶段的主观因素，也有应对错综复杂国际环境的客观原因。21世纪以来，新一轮科技革命和产业变革加速发展，世界贸易和产业分工格局发生重大调整，国际力量对比呈现趋势性变迁。2008年国际金融危机后，全球市场收缩，世界经济陷入持续低迷，国际经济大循环动能弱化。对此，我们必须充分发挥我国超大规模市场优势和内需潜力，构建国内国际双循环相互促进的新发展格局，加快形成以国内大循环为主体、国内国际双循环相互促进的新发展格局。这个新发展格局是根据我国发展阶段、环境、条件变化提出来的，是重塑我国国际合作和竞争新优势的战略抉择。

这一系列重要论断和部署使"新发展格局"越来越清晰。党的十九

---

5 周跃辉：《读解二十大报告：构建"双循环"新发展格局推动中国经济高质量发展》，中国网，2022年10月23日。

届五中全会鲜明提出,加快构建以国内大循环为主体、国内国际双循环相互促进的新发展格局。党的二十大报告中明确提出,要加快构建以国内大循环为主体、国内国际双循环相互促进的新发展格局。可以说,新发展格局是党中央积极应对当前形势做出的重大战略决策,是事关未来五年中国经济建设的"重头戏",是"十四五"以及未来更长时期我国经济发展的主线。

构建新发展格局重大战略的提出,丰富发展了马克思主义政治经济学关于社会再生产的理论。当前,我国经济发展面临需求收缩、供给冲击、预期转弱"三重压力"。但同时经济发展空间大、韧性强的优势依然存在,需持续推动"需求结构、供给结构、效率结构"三重结构升级,把短期稳增长政策与长期发展战略更好地衔接起来,积极构建新发展格局[6]。

四、关口前移,一揽子重要部署护航经济发展

当前,世界百年未有之大变局加速演进,这样的大变局不是一时一事、一域一国之变,而是世界之变、时代之变、历史之变。我国发展面临新的战略机遇、新的战略任务、新的战略阶段、新的战略要求、新的战略环境,需要应对的风险和挑战、需要解决的矛盾和问题比以往更加错综复杂。为此,我们更要扎实做好"六稳"工作、全面落实"六保"任务,关系经济发展和社会稳定大局。

2020年4月17日召开的中共中央政治局会议,在强调加大"六稳"工作力度的同时,首次提出"六保"。守住"保"的底线,筑牢"稳"的基础,凝聚"进"的力量,从"六稳"到"六保",释放出一系列清晰而

6　李雪松:《推动三重结构升级 构建新发展格局》,《中国经营报》,2022年7月2日。

有力的信号，发出了以复苏经济的确定性来对冲各种风险不确定性的响亮声音，体现了宏观管理的底线思维，对兜住民生底线、稳住经济基本盘、把握发展主动权具有重要意义。"保"字托底、"稳"字当头，并不是要全面退防，而是要在稳的基础上将防线布在问题之前，实现关口前移。"保"是保运转、保底线、保根本，"稳"是稳经济、稳人心、稳大局。

（一）精准施策，稳预期、兜底线、激活力

从2020年1月20日国务院常务会议进一步部署新型冠状病毒感染的肺炎疫情防控工作，到2022年9月13日国务院常务会议决定进一步延长制造业缓税补缴期限……近三年时间里，李克强总理共主持召开112次国务院常务会议，其中2020年召开了44次，2021年召开了40次，2022年以来召开了28次。

通过检索新华社发布的相关会议通稿标题可以发现——

71次提及"稳"，稳岗、稳外资、稳经济……一揽子重要部署稳定市场预期；

34次提及"市场"，培育壮大市场主体、提升市场主体活跃度、推

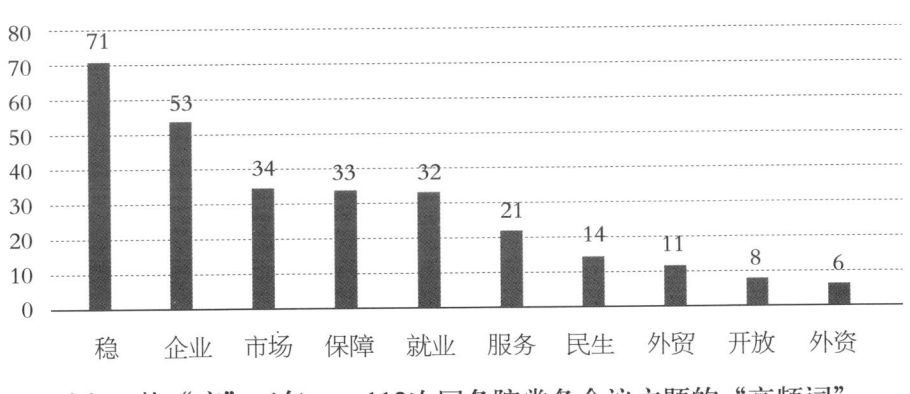

图3 战"疫"三年——112次国务院常务会议主题的"高频词"

动资本市场持续平稳健康发展……一揽子重要部署激发市场主体活力；

33次提及"保障"、32次提及"就业"、21次提及"服务"，保障人民群众生命财产安全、保障改善民生、保障农民工工资及时足额支付……一揽子重要部署兜牢民生底线。

（二）科学应策，稳住市场主体留住发展"青山"

党中央高度关注市场主体发展，明确要求"保市场主体就是保社会生产力""要千方百计把市场主体保护好，为经济发展积蓄基本力量"。特别是2022年上半年疫情防控、稳定经济最为吃劲的时候，2022年4月29日，中共中央政治局召开会议指出，我国经济发展环境的复杂性、严峻性、不确定性上升，稳增长、稳就业、稳物价面临新的挑战。会议强调，要稳住市场主体，对受疫情严重冲击的行业、中小微企业和个体工商户实施一揽子纾困帮扶政策。

国家市场监督管理总局发布的数据显示，截至2022年5月底，全国登记在册市场主体1.59亿户。保市场主体就能留得青山，赢得未来。112次国务院常委会议主题中，与"企业"直接相关的有37次，占比达到1/3。特别是2022年上半年，从4月开始，国务院常务会议主要内容集中在为中小微企业和个体工商户纾困解难，提出的措施主要围绕把已确定的退税减税降费、缓缴社保费、物流保通保畅、推动企业复工达产等政策举措落实到位：4月6日的会议决定对特困行业实行阶段性缓缴养老保险费政策，对餐饮、零售、旅游、民航、公路水路铁路运输等特困行业，在今年二季度实施暂缓缴纳养老保险费，并将已实施的阶段性缓缴失业和工伤保险费政策范围，由餐饮、零售、旅游业扩大至上述5个行业；5月5日的会议部署进一步为中小微企业和个体工商户纾困解难，以保市场主体稳就业，提出确保6月30日前全部退还小微企业、个体工商户增值税存量留抵税额,符合条件的中型企业退税也要提前到这一时限完成;对中小微企业和个体工商户合理续贷、展期、调整还款安排,不影响征信记录,并免收罚息;5月11日的会议则提出财政、货币政策要以就业优先为导向,退减税、缓缴社保费、降低融资成本等措施,都着力指向稳市场主体稳岗位稳就业,以保基本民生、稳增长、促消费;6月15日的会议确定阶段性缓缴中小微企业职工医保单位缴费,加力支持纾困和稳岗;7月13日的会议部署加力稳岗拓岗的政策举措……

各部门各地区政策举措密集发力,支持企业挺得住、过难关、有奔头。财政部、税务总局推出十多项减税降费政策;国资委、文旅部等部门出台了小微企业和个体工商户房租减免、促进旅游业恢复发展等系列政策措施;人社部、国家发改委等扩大阶段性缓缴社会保险费政策实施范围……一系列举措切实减轻了企业负担,特别是为中小微企业和个体工商户纾困解难,提振了市场主体信心。

(三)夯实支撑,稳就业得到重点"关照"

稳就业位居"六稳""六保"之首,是经济运行保持在合理区间的关键支撑,也是国务院常务会议的重要议题。112次国务院常务会议的议题中,"就业"出现了32次,仅2020年召开的44次会议议题中就有10次与"就业"有关。在2022年上半年的国务院常务会议公报中,至少80次提及"就业"。

特别是2022年3月以来,新冠肺炎疫情在全国多地频发,不少城市因疫情防控需要被迫按下"暂停键",经济增速一度放缓。彼时恰逢"金三银四"的招聘季,却在疫情影响下难以如常开展,就业形势愈发严峻复杂。在此背景下,稳就业被作为重要议题,在此后的国务院常务会议中被多次重点"关照"。

2022年3月14日召开的国务院常务会议率先提出，要把围绕稳市场主体保就业的宏观政策落实落细。随后，3月21日召开的国务院常务会议出台多项举措为市场主体纾困，意在通过稳市场主体达到保就业的目的。2022年4月6日召开的国务院常务会议又进一步对特困行业实行阶段性缓缴养老保险费政策，在为特困行业纾困的同时，加大了就业兜底保障力度，即加大失业保险支持稳岗和培训力度，一方面在2022年底前继续向参保失业人员发放失业补助金，向参保失业农民工发放临时生活补助，另一方面允许地方再拿出4%的失业保险基金结余用于职业技能培训，并向受疫情影响、暂时无法正常经营的中小微企业发放一次性留工培训补助，再度兜牢就业保障底线。

2022年4月27日，稳就业首次成为今年以来国务院常务会议的主要议题。当天召开的国务院常务会议决定，要落实党中央、国务院部署，采取更有力举措稳就业，并提出推进企业在做好疫情防控条件下复工达产、着力支持市场主体稳岗、拓展就业岗位、做好就业服务和兜底保障、将稳就业作为政府绩效考核内容等五方面具体举措。该次会议将稳就业上升到地方政府综合治理绩效的高度，为2022年实现稳就业目标打了一针"强心剂"。

战"疫"三年来，从2020年2月决定阶段性减免企业社保费和实施企业缓缴住房公积金政策，到5月推出和进一步完善相关政策加大稳企业保就业力度，再到7月推出支持农民工就业创业新举措；从2021年5月决定将部分减负稳岗扩就业政策期限延长到年底、确定进一步支持灵活就业的措施，到7月确定加强新就业形态劳动者权益保障的若干政策措施；从2022年4月决定加大稳岗促就业政策力度，到5月要求财政货币政策以就业优先为导向，再到7月部署加力稳岗拓岗的政策举措，确保就业大局稳定的指导思想贯穿始终。

| 战 略 |

以重大场景创新牵引新基建激发新动能

⊙ 首都科学决策研究会课题组

【摘要】新基建再次站上了"风口"。中央财经委员会第十一次会议提出,要调动全社会力量,构建现代化基础设施体系,为全面建设社会主义现代化国家打下坚实基础;要加快新型基础设施建设,提升传统基础设施水平,"要适度超前,布局有利于引领产业发展和维护国家安全的基础设施"。推动面向新基建的场景创新,对于促进新基建高水平发展,更好推动高质量发展具有重要意义。要加快推动新基建场景开放,进一步加强跨领域、跨区域、跨层级统筹布局、集约建设和开放共享,通过打造城市大脑平台、视觉感知平台、工业互联平台等创新场景与新基建互补互促、共建共享、融合创新的现代化基础设施建设新生态,迈向由大到新的基建强国时代。

【关键词】场景创新 场景驱动 数字新基建 信息基础设施 融合基础设施 创新基础设施

党中央、国务院高度重视新型基础设施建设(简称:新基建),中央经济工作会议和政府工作报告提出明确要求,"十四五"规划纲要作出专门部署。目前，新基建已被明确为我国"两新一重"建设的首要内容。2018年底中央经济工作会议首次提出，"加快5G商用步伐，加强人工智能、工业互联网、物联网等新型基础设施建设"。"十四五"规划纲要聚焦加快建设新型基础设施，布局建设信息基础设施、融合基础设施、创新基础设施等新型基础设施。2020年4月，国务院常务会议强调，积极拓展新型基础设施应用场景。2021年12月中央经济工作会议提出：各方面要积极推出有利于经济稳定的政策，政策发力适当靠前；适度超前开展基础设施投资。

新基建的本质是数字经济的"基建"，是"数字时代的结构性力量。"大力推进新型基础设施建设布局是"十四五"时期把握新阶段、贯彻新理念、构建新格局、培育新优势的重大举措，是加快数字化发展、建设数字中国的必然选择。与传统基建的修路架桥不同，新基建涵盖信息基础设施、融合基础设施和创新基础设施，涉及5G、千兆光纤网络、IPv6、移动物联网、卫星通信网络等新一代通信网络基础设施，以及数据中心、人工智能、区块链等数据和算力设施。关联基础网络、基础数据、基础硬件、基础软件、基础平台、基础应用、基础标准以及基础安全等众多方面和领域，具有技术迭代、软硬兼备、数字驱动、平台聚力、价值赋能等重要特征。在我国经济发展面临需求收缩、供给冲击、预期转弱三重压力的背景下，持续加大新基建投资力度，将成为拉动经济增长的重要引擎。在强化战略性前瞻性布局的同时，必须始终坚持以人为本、需求导向、场景牵引，强调建用并重、强化以用促建，站在供给侧结构性改革的高度，从构建大规模新应用场景支撑服务能力的角度，聚焦新型基础设施建设与应用场景深度融合，将场景牵引、应用导向、平台支撑与新基建一体谋划、一体推进。

场景创新是以新技术的创造性应用为导向，以供需联动为路径，实现新技术迭代升级和产业快速增长的过程。推动面向新基建的场景创新,对于促进新基建高水平发展,更好推动高质量发展具有重要意义。近两年,中国不断创新新基建开发模式、加大新基建投入力度,新基建技术快速发展、数据和算力资源日益丰富、应用场景不断拓展。尤其是在信息基础设施上已经初步搭建了5G、算力网络等支持数字经济发展的新基础;在融合基础设施上形成了高质量发展的新支撑;在创新基础设施上构建了高水平科技创新的新格局,为新基建场景创新奠定了坚实基础。但同时,在一些地方和领域,也仍存在对场景创新认识不到位,重大场景系统设计不足,场景机会开放程度不够,场景创新生态不完善等问题,制约了新基建引领作用的发挥。为此,要进一步加大新基建场景创新的力度,以更加开放多元的创新场景牵引新基建建设和布局,聚焦面向数字物理空间开发、数据要素市场化配置、高端高效智能经济培育、安全便捷智能社会建设等打造重大场景。加快推动新基建场景开放,鼓励常态化发布新基建场景清单、支持举办高水平新基建创新场景活动、拓展新基建场景创新合作对接渠道。同时,在算力、数据、人才等方面加强场景创新市场资源供给。要进一步加强跨领域、跨区域、跨层级统筹布局、集约建设和开放共享,大力鼓励开源贡献及开源产品开发,让企业、政府部门把场景开放出来,提供给生态软硬件企业,打造城市大脑平台、视觉感知平台、工业互联平台等创新场景与新基建互补互促、共建共享、融合创新的现代化基础设施建设新生态,迈向由大到新的基建强国时代。

一、新基建的场景特征与趋势

新基建是数字经济发展的底座和基石,包括信息基础设施、融合基础设施、创新基础设施,涉及通信、科技、电力、工业、交通、汽车等多个社会民生重点行业。新基建之所以是新基建，就在于它不同于以往传统基建的后应用特征，而是发力于科技端的基础设施建设，甚至直接成为创新前端的引领性动力和变革性力量。"十四五"规划纲要提出"充分发挥海量数据和丰富应用场景优势""构建基于5G的应用场景和产业生态"。5G和区块链都是新基建的关键组成部分，与物联网、大数据、云计算、人工智能、工业互联网、卫星互联网等前沿领域融合，构成完整的新一代信息基础设施，成为未来全球经济增长的核心驱动力。

（一）新基建需要新场景

目前，美国、欧盟、日本等国家和地区都发布了很多在新基建方面的战略和研发计划，而我国的新基建与之相比最大的优势和特点就在于我们有着更为丰富和开放的应用场景。场景应用对于新基建的重要性，就如同空气之于人类、水之于鱼。要依托于我国强大的数据和算力资源，集成科学数据和行业应用数据资源，研究构建算法框架和算法模型资源库，不断建立和完善垂直领域重点技术产品测试评估体系，更好支持智能网联、工业互联、智慧医疗、智慧金融等优势行业的典型应用场景。新基建建立在场景大数据基础之上，它改变了在原有数据中心基础上迭加设备数量和规模的"数字地产"模式，更多地与高密度、模块化、智能化、绿色化等新技术相融合。因此，场景大数据自带商业模式。场景即平台，平台即聚合，聚合即价值。目前，我国已有若干个在全球产生重大影响的场景，包括共享出行、数字支付、在线直播、智能网联等，为数字技术创新发展、为数字新基建的快速布局提供了领先市场和应用场景优势。接下来，要进一步培育更多引领世界的新场景，推动城市大脑、无人驾驶、新零售等应用场景与以5G、人工智能、工业互联网、物联网为代表的新型基础设施深度融合。要加快形成以科技型企业尤其是新物种企业为主导、以数字技术和数字基础设施为支撑、以数据融通共享和业务广泛连接为特征、以价值共生共创为内核的产业数字创新生态系统，打造灵活性高且韧性强的产业数字化动态能力，推进智能生产力的持续创新和升级跃迁。

（二）新场景牵引新基建

从"铁公基"到"新基建"，预示着驱动经济发展逻辑的深刻改变。与传统基建相比，新基建更需要多元开放的应用场景，更突出以重大项目为支撑，更强调对算力基础设施、通信网络基础设施和新技术基础设施作出布局。尤其是数字政府、行业数字化、数字孪生城市、智慧社会、数字化生存等场景需求持续激发，成为牵引新基建发展的强大动力。以大数据中心建设为例，在持续创新的应用场景推动下，其服务重心已经从单一的存储和算力供给向基础数据价值挖掘深度拓展，从传统的硬件机房和数据存储演化为数据加工应用分析的"母机"，成长为整个经济社会数字化运行的基础底座。开放多元的场景应用牵引大数据中心定制化发展，尤其是不断涌现的第三方大数据中心服务商的赛道比拼，极大地弥补了基础电信运营商市场响应慢、通用服务固化、供需不对应等短板，成为数据中心新基建建设的加速器。在此基础上，打造典型应用场景，探索数据驱动、平台应用、人机协同的治理模式，加快购物消费、居家生活、旅游休闲、交通出行等各类场景数字化，对新基建本身的数字化转型具有重大而深远的战略意义。各具特色的"场景"正在重新定义城市经济和生活，传统空间正向融地域、生活、情感、价值等于一体的场景延伸。场景的基础是设施，场景的特点是感知，场景的指向是情形，场景的本质是应用，场景的支撑是算力。场景正在成为城市的核心竞争力。围绕数字孪生城市建设，以物理空间为单元、时空数据为底座、数学模型为核心、数字决策为驱动,对物理空间全要素和城市治理管理全过程的数字化映射、智能化模拟,带动了更多的垂直领域开发为"城市大脑",在此背景下开发的实景三维作为新一代时空基础设施,实现与物理空间的同步仿真运行、虚实交互的迭代优化。在一些城市,基于智慧交管综合集成的应用场景,解构城市交通容量、需求和态势,实时在线监测、控制、处置、调控、引导交通行为和交通运行,形成城市交通"评诊治"运行数字生命体征,精准刻画不同个体、群体的出行特点和服务需求,深度构建自主可控、可选、可达的交通低碳出行引导和便捷服务体系,实现"聪明的车+智慧的路+协同的云+特色的场景"车路云协同发展和全过程智慧监管,极大破解了交通治理难题。在更多城市,智慧城市"一张图"直接"生长"于实景三维数据,并在此基础上叠加各种专题数据,成为智慧城市的数字空间载体和空间基础设施,这也被认为是场景营城的理论依据所在,即场景使城市从旧有"增长机器模型"中解放出来,将场景文化与价值观视为城市增长新的动力来源,加快了从城市场景到场景城市的跃迁,进一步激发城市发展的内生动力,筑牢城市未来发展的根基。

(三)算力竞争力

数据是贯穿新基建的生命线,而算力则是数字新基建发挥价值的关键驱动力和核心竞争力。数据力、场景力和算力是重塑新基建发展模式的三大动力主轴,驱动和迈向具有数字转型、智能升级、融合创新的高质量特征的新型基础设施强国建设新时代。算力是新型生产力,是支撑数字经济蓬勃发展的重要底座。算力竞争力的背后是新的经济形态,新的经济形态的背后则是整个经济社会竞争格局的重塑。进一步强化智能算法体系结构,提升算据字节量,加快区块链融合应用全场景建设,面向智能制造、车联网、远程医疗等低时延的应用场景需求，加强边缘算力供给体系建设，部署边缘计算数据中心，支撑边缘数据的计算、存储和转发，加快部署 MEC 智慧边缘节点，形成全覆盖的云边协同体系。从数字新基建到算力新基建，尤其是随着8个算力网络国家枢纽节点以及10个国家数据中心集群的确定，"东数西算"工程正式全面启动，标志着我国新基建理念的整体跃升。接下来，要进一步优化数据、算法、算力全链条产业生态，统筹布局绿色智能的算力基础设施，推动更多场景大数据通过持续聚合更新，围绕热、冷数据聚集区的海量数据以及一体化数据中心、智能计算中心为代表的算力基础设施建设。有条件的城市要进一步加快 E 级算力人工智能平台、城市智脑平台、人工智能科研创新平台建设，支持构建城市算力中心和"数脑"体系，不断夯实数字经济"算力底座"。

二、新基建与场景全价值链

新基建建立在大规模布局和投资之上，也需要综合衡量和评估其价值。以人工智能、数字孪生等新兴技术为驱动，以商业模式创新和应用场景开放为牵引，通过场景激活、场景驱动、场景融创、场景迭代等多侧面交互联动，推动场景大数据的全量化汇聚、标准化治理、场景化开发，实现开放多元、全生命周期的场景全价值链重塑，不断提升新一代信息基础设施、系统平台和应用能级。

（一）场景激活

数据因场景而激活，场景因数据而重塑。海量数据如果不被激活，就难以构成丰富应用场景。而场景真正的价值恰恰在于他可以实现对数据的激活。正是基于5G与智慧交通、智慧教育、智慧医疗、智慧农业等垂直领域深度融合所激活的场景大数据，使中国成为全球5G应用最为活跃的国家之一。场景与数据的打通决定了新型基础设施建设价值的标准。在智慧城市规划和建设方面，随着垂直领域的深度融合，自动驾驶特定场景商业化运营试点不断深入，传统的汽车已经从载运工具转变成为移动智能空间，而道路也由基础设施向数字通路升级，智能网联汽车和智慧交通等成为信息、数据汇聚的典型场景，这就要求相应的基础设施建设不仅要充分考虑到汽车和交通的融合发展，更要以应用场景的开放和数据的激活来实现技术的价值，推动多种交通工具和出行服务的融合。不断激活的数据也倒逼传统车企向全方位移动出行产品和服务综合供应商转型，打造智慧全出行链，进而拓展了包括汽车金融、租赁等在内的大量后市场服务的应用场景。可见，新基建不仅仅要满足现实需要，更要聚焦应用场景激活，通过创新应用场景供给方式，形成场景价值链，在更高层面形成"需求牵引供给、供给创造需求"场景态势。因此，与传统基建相比，新基建更强调建用并重、强化以用促建。要站在供给侧结构性改革的高度，从构建大规模数字化标杆应用场景支撑服务能力的角度，综合考虑国家、区域、城市层面的结构化和非结构化数字的激活程度，并据此合理确定新型基础规划建设布局重点、次序和规模，尤其是对6G典型场景的凝练，促进新型基础设施以供需总体平衡的步骤不断小步快走。

（二）场景驱动

场景是新城市、新技术、新生态的聚合器。只有以场景驱动数据应用，才能最终形成和释放数据资源价值。场景驱动的本质是其在链接万物中产生的驱动力。建立在数字新基建之上的应用场景作为推动创新应用的孵化平台，改变了人类生活工作的新试验空间，其本身就是推动城市更新、产业爆发的新生态载体。围绕增强城市管理网格发现和解决问题的能力，很多城市通过扩大智能化发现手段的覆盖面，加强玻璃幕墙、垃圾分类、深基坑等应用场景"神经元"建设和算法开发，把服务管理的触角有效延伸到城市的每一个角落，涌现出很多大城智管、大城众管的精细化示范样本。在数字孪生流域建设中，围绕推进大江大河大湖数字孪生、智慧化模拟和智能业务应用建设，传统的水利基建需要同时搭建水利数据的采集、存储、共享场景，包括数据、算法、算力的动态模型和平台，再把这些平台连接起来形成数字孪生流域建设场景。正是基于这种数字化场景、智慧化模拟和精准化决策的最终路径，反过来促进了"三算"（算据、算力、算法）支撑的整体数字孪生流域的建设，助力实现"四预"（预报、预警、预案、预演）能力的整体提升。

（三）场景融创

当前，数字技术与实体经济加速融合，数字创新与行业应用场景交相呼应，以解决具体问题、消除具体痛点和满足具体需求的应用融创为落脚点，各种数字化政用、商用和民用场景的融创平台如雨后春笋。应用驱动、融创发展，典型场景下的集成创新应用推动了数实融合。例如，在传统的交通领域，单独依靠硬件产品的堆砌难以适应多变的应用场景，为此，我国交通强国目标设定了具体规划和数字指标，其中明确提出2035年交通基础设施数字化率要达到90%，要达到这个目标，需要推动交通基础设施全要素、全周期数字化，布局全方位交通感知系统以及推动运载工具的智能化。在这方面，基于"北斗＋5G"打造精准时空技术与通信技术的融合创新平台，推进了精准农业、交通管控、应急救援等领域的创新应用。数字孪生城市在智慧园区、城市规划、高精度自动驾驶等三大典型应用场景上有着独特的优势。基于城市交通大脑的多跨场景通过以海量数据为驱动对交通运行进行全局实时分析，提升城市交通规划与管理、综合态势感知、应急响应与处置等方面能力，通过赋能智慧交通管理，最终实现城市交通的共享共治。另外，聚焦融合型物流新基建的发展，业内人士也提出，加快发展融合型物流新基建是提升供应链效能的重要突破口，将推动行业进入新一轮快速升级发展阶段。

（四）场景迭代

场景大数据是综合运用云计算、大数据、物联网、移动互联网、人工智能等新一代信息技术构建而成的应用支撑平台。要坚持应用和场景导向，加速攻关发展前沿引领的新技术基础设施，坚持强化储备、建立梯次、创建高峰的迭代提升路径，推进从技术攻关—场景挖掘—典型示范—全面推广的迭代升级，树牢支撑产业发展的落脚点，拓展新型基础设施应用场景，发展新型基础设施关键技术和关联产业，健全新型基础设施发展生态。要加快推进多元异构的智能云计算平台建设，增强算力设施高速处理海量异构数据和数据深度加工能力的迭代。同时，瞄准前沿新兴技术，加强6G、量子信息、类人脑人工智能、元宇宙等未来产业技术的创新研发与重大设施前瞻布局，建设面向特定场景的边缘计算设施，加强边缘计算与云计算协同部署。随着5G、工业互联网、大数据等新一代信息通信技术加速向经济社会各领域渗透，网络安全问题日益严峻，必须以持续的迭代来构建网络安全保障体系，提升针对高级持续性攻击等网络安全威胁的监测、防御、溯源能力。这就需要深度集成多元网络安全技术应用试点示范，支持面向关键信息基础设施的安全技术创新应用场景，以场景激活和持续迭代提升网络安全产品和服务供给水平，建立典型应用场景数据安全风险动态评估评测机制。

三、两化融合与新老基建统建共用

我国作为世界第一制造业大国,在一些关键技术领域仍面临"卡脖子"难题。突出体现在"四个基"即基础材料、基础工艺、基础零部件和基础工业软件。当前,能够最直接最有效最迅速摆脱束缚,加快弯道超车的关键,就是要发挥超大市场和场景大数据优势,通过更多场景的开放和创新推动新基建率先发力、率先破局,夯实智能泛在的产业设施基础。聚焦"两化融合",坚持资源数字化、数字产业化、产业数字化、数字化治理发展思路,以场景应用为切入口,用数字为经济赋能、为产业提质,加快生产范式智能化。坚持以试带用,大力挖掘新型基础设施场景应用、促进示范带动,推动实现产业数字化、数字产业化的整体转型和重塑。

(一)工业基本建设与数字新基建的双向渗透

大力强化工业基础能力,针对制造业低端供给过剩、高端供给不足、创新能力不适应高质量发展要求等问题,推进新一代信息技术与制造业全要素、全产业链、全价值链融合发展,加快产业基础高级化、产业链现代化,夯实智能泛在的产业设施基础。围绕建立国家工业基础数据库,开展工业新基建强基示范应用,推动整机企业和"四基"企业协同发展。以提供场景为核心,以应用示范为牵引,围绕基础工艺创新拓展应用场景,深化数字新基建与"四基"领域技术研发相互间的渗透。加快开展物联网技术研发和场景大数据应用示范,建立优势互补、合作共赢的开放型产业生态体系,鼓励共性技术平台建设,推动形成基于消费需求动态感知的研发、制造和产业组织方式。探索制定基础软件应用指导目录,为基础软件、工业软件等领域关键核心技术提供早期应用场景和试用环境，促进关键核心技术突破、成果转化和产业化落地。

（二）两化融合与智能制造的双向赋能

以提高国家制造业创新能力为核心，围绕产业链部署创新链，围绕创新链配置资源链，推进以场景应用为导向的全流程和全产业链的综合集成应用，深化实施工业互联网赋能工程。以制造生态重构为目标推进云网协同，促进云间互联互通，实现计算资源与网络资源优化匹配，推动计算资源集约部署和异构云能力协同共享，加快从人工智能向工业智能跃升。鼓励社会资本投资搭建创新体验中心和场景实验室，开展围绕前沿新技术新产品和解决方案的展示体验。鼓励新基建建设单位或新技术新产品提供单位对互联网3.0、元宇宙领域新技术新产品开展小批量产品实际工况、环境、场景等测试验证，进一步提高技术产品的适配性能和产业化水平。围绕制造业数字化、网络化、智能化升级，加快构建跨行业、跨领域的生态赋能"双跨平台"，培育智能制造系统解决方案供应商。围绕离散型和流程型智能工厂和数字化车间建设，推动大规模个性化定制、远程运维、网络协同制造、全生命周期服务等新模式的应用。瞄准突破新型传感器、智能测量仪表、工业控制系统、伺服电机及驱动器和减速器等智能核心装置打造面向特定场景的企业级平台，推动智能监测、远程诊断管理、全产业链追溯等工业互联网应用集成创新，引导企业级工业互联网平台向具有公共属性的行业级工业互联网平台演进，全面提升工业互联网产业数智赋能能力。

（三）传统基础设施与工业新基建的双向整合

工业数字化的本质是要建立能力的数字化，其中，工业区块链被认为是工业领域的"信任基建"。工业领域的数字化不能简单模仿消费互联网，二者的底层逻辑不同。在消费互联网中，平台是绝对主导，而在工业数字化中，存在多方主体不互信、多方数据不互通等牵绊，无人能扮演这样的中心化平台来一统全局。在这方面，工业区块链可以为产业链多方构建共同维护的生态型数据库，重塑跨组织的数据共享交换模式，为工业领域数据资产沉淀提供可信塔基，有效促进产业级业务协同。要围绕更好发挥新基建"一业带百业"的重要作用，加强资源整合和共建共享，推动传统基础设施优化服务和提升效能。应用场景是传统工业颠覆性变革力量。要持续开放工业转型场景，工业企业绿色化、智能化转型要与新基建部署同步谋划一体推进。充分考虑新型基础设施具有的规模经济和范围经济特性，通过规划引导、规范约束、评估纠偏等方式，加快推进新型基础设施与传统基础设施同步规划、融合共建。更加注重以新基建牵引新制造，以新制造支撑新基建，实现工业互联网平台、人工智能、大数据等与新基建的有机衔接和架构体系迭代优化与提升。

（四）防范新基建与老基建的双重抵消和错配

加快发展新基建并非不再发展传统基建，而是要协同融合和统筹发展，通过老基建复苏、新基建加力双轮驱动。在新基建推动下，"撒胡椒面"式数据中心投资建设方式正在成为过去，更多集中式、大手笔的投资方式将加速超大规模数据中心建设。无损、智慧、开源或成为提高数据中心规模化效益、构建更大规模数据中心网络的"三驾马车"。要基于已有数据中心的数据存储能力和算力，建设移动源监管数据平台以及示范场景和应用，为智慧交通、智慧物流、智慧民生提供技术支撑。新基建承载海量数据，要围绕解决数据融合、数据共享、数据安全等重点问题，强化标准体系建设和发展路线研究，坚持效益优先，贯彻全流程、全生命周期管理理念，做好新基建项目技术和经济可行性分析，加强成本收益评估，确保投资风险和成本可控。要避免"资源错配""着急蛮干"的发展误区，有效防范投资项目风险过大、需求场景不足、建设成效不佳、长效运营动力不足等问题。另外，由于缺乏场景应用的支撑，很多地方盲目跟风复制发达先进地区的数字化经验，无法保障设施和数据基础、不能解决本地实际问题，建设了很多以大屏展示为代表的"空脑"系统，造成了新老基建的双重抵消和浪费。接下来，铁路、公路、桥梁、机场等传统基建与新基建必须统建共用，将"整体布局"贯穿规划建设始终。例如，5G的建设尽可能共用4G的铁塔、光缆、电源、配套等设施。同时，已经建成的高速公路网络利用5G和数字化技术改造成"超级高速公路"，在已经建成的能源骨干网络基础上，利用数字化技术实现分布式和智能化的能源系统升级，完成基于数字化平台上的资源和功能整合。尤其后发地区要更加重视新老衔接，统筹布局，泛在连接，高效协同，全域感知，智能融合。更加重视投资的开放性、多元性、精准性和有效性。深化基础设施的"新旧融合"，助力传统基建联网、上云，实现车、路、云、网端到端的信息闭环。更加重视和做好数据协同智能联动和基于平台场景算力的重构，通过数字赋能和智造提升重新定义坐标系。通过功能集成集约建设，实现对"铁公基"广阔赋能场景的再造。

总之，新场景即新基建，新基建即新场景。应用场景与新基建已经紧密联系在一起，成为你中有我、我中有你的创新统一体。推动应用场景集成和业务流程再造，以更加开放的数字化智能化应用场景，推动5G、工业互联网、大数据、人工智能等新一代信息技术与先进制造技术深度融合，是实现更具特定功能和实际价值的应用必由之路。新基建、新场景、新消费、新开放、新服务等的迭代和交互将持续放大创新驱动的"乘数效应"，加快形成共建大设施、推动大协作、实现大共享的新型基础设施建设格局。要抢占和抢抓场景战略制高点，以应用场景创新拓展新型基础设施关键技术和关联产业，健全新型基础设施发展生态，推进我国从传统基础设施大国向新型基础设施大国和强国转变，开启决胜未来的数字革命大时代。

| 比较 |

高水平实验室体系地方比较报告

⊙ 首都科学决策研究会课题组

【摘要】实验室是科技创新体系的重要组成部分,是孕育重大原始创新、推动学科发展的重要科技力量,对解决国家和地方重大战略需求具有十分重要的作用。"十四五"期间,科技创新被摆在重要位置,各地也相继结合资源禀赋制定具体施工图。在地方"十四五"规划纲要、科技创新"十四五"规划等规划及数字经济发展、卫生健康发展等专项行动计划中,"实验室"成为重要关键词。据不完全统计,已有上海、广东、浙江、江苏、湖北等多个地区公布了科技创新"十四五"规划,明确未来五年各级实验室建设重点,加快构建以国家实验室、国家重点实验室、省实验室、省重点实验室为核心的实验室体系。

【关键词】国家实验室　国家重点实验室　省实验室　省重点实验室

一、"十四五"地方实验室建设目标

在各地已发布的科技创新"十四五"规划等文件中,浙江、江西、山东、河南、湖北、广东、云南、内蒙古、广西等地区明确了实验室建设数量。

表1 各省（区、市）重点实验室一览表（截至2021年底）

地区	国家重点实验室（个）	省（区、市）重点实验室（个）	地区	国家重点实验室（个）	省（区、市）重点实验室（个）
北京	136	——	上海	47	——
江苏	42	69	广东	30	430
湖北	29	152	陕西	28	196
山东	22	247	辽宁	19	——
湖南	18	248	浙江	16	——
四川	16	128	河南	16	242
吉林	14	——	天津	14	
河北	12	295	安徽	11	175
甘肃	11	120	重庆	10	210
福建	10	235	黑龙江	7	26
云南	7	105	山西	6	103
贵州	5	62	广西	3	114
新疆	5	106	江西	6	169
内蒙古	3	155	海南	——	73
宁夏	3	40	青海	2	72
西藏	1	37			

注：山东、安徽、黑龙江、云南、山西、贵州、青海、西藏数据截至2020年底；湖南、江西数据截至2018年底；西藏自治区级重点实验室数据为自治区重点实验室和工程技术研究中心总和；"——"表示未查询到相关数据。

表2 国家实验室地区分布一览表

实验室名称	状态	城市
国家同步辐射实验室	建成	合肥
正负电子对撞机国家实验室	建成	北京
北京串列加速器核物理国家实验室	建成	北京

（续表）

实验室名称	状态	城市
兰州重离子加速器国家实验室	建成	兰州
青岛海洋科学与技术国家实验室	建成	青岛
磁约束核聚变国家实验室	筹建	合肥
洁净能源国家实验室	筹建	大连
船舶与海洋工程国家实验室	筹建	上海
微结构国家实验室	筹建	南京
重大疾病研究国家实验室	筹建	北京
蛋白质科学国家实验室	筹建	北京
航空科学与技术国家实验室	筹建	北京
现代轨道交通国家实验室	筹建	成都
现代农业国家实验室	筹建	北京
中关村国家实验室	挂牌成立	北京
怀柔国家实验室	挂牌成立	北京
昌平国家实验室	挂牌成立	北京

注：2017年，有5个正在筹建的国家实验室和1个2003年以前建成的国家实验室转成国家研究中心。

资料来源：根据科学网及公开报道整理

在国家实验室、国家重点实验室建设方面，河南提出将创建1个国家实验室（基地或分支机构），湖北提出新建1~2个国家实验室。浙江提出到2025年国家重点实验室等国家级科技创新基地达到60个，广东争取建成50个国家重点实验室，山东争取国家重点实验室达到30个。

在省实验室、省重点实验室建设方面，浙江提出到2025年将建成高水平省实验室10个，新建省级重点实验室100个；山东将建设10个省实验室，培育300个省重点实验室；云南提出新增省重点实验室30个以上；广西提出新认定自治区重点实验室30个；河南将建设10个省实验室；湖北提出将建成10个左右省实验室。

表3 "十四五"部分省（区、市）实验室建设目标

地区	目标
浙江	到2025年，国家重点实验室等国家级科技创新基地达到60个，建成高水平省实验室10个，新建省级重点实验室100个。
江西	到2025年，省重点实验室达到300个。
山东	到2025年，争取国家重点实验室达到30个，建设10个省实验室，培育300个省重点实验室。
河南	创建1个国家实验室（基地或分支机构），新建5个国家重点实验室，建设10个省实验室，争创国家三级生物安全实验室3~4个。
湖北	新建1~2个国家实验室、2~3个国家实验室基地，建成10个左右湖北实验室。
广东	争取到2025年，建成50个国家重点实验室、450个省级重点实验室、40个左右的粤港澳联合实验室。
云南	到2025年，新增国家重点实验室1~2个，新增云南省重点实验室30个以上。
内蒙古	力争到2025年，建设国家重点实验室4个、自治区重点实验室165个。
山西	力争国家实验室实现"零"突破，力争国家级重点实验室总数倍增，达到10个；省级重点实验室（含省实验室）数量倍增，达到210个，建设约30个医学重点实验室。
广西	到2025年，争创国家重点实验室2~3个，建设自治区实验室1~2家，新认定自治区重点实验室30个。
陕西	在"十四五"期间，在航空发动机、家畜生物学等领域择优培育10个左右国家重点实验室"后备军"。
贵州	在信息、生物、高端装备制造、新能源、新材料、新能源汽车等战略新兴产业，以及在特色优势农业、煤炭地下气化、智能采掘、智能农机、天然产物提取、智能酿造、生态环境、人口健康等重点领域，建设一批重点实验室和技术创新中心。

资料来源：根据媒体公开报道整理

二、"十四五"地方实验室重点建设领域

各省围绕不同重大战略需求，聚焦新兴产业领域，借助国家实验室、国家重点实验室、省实验室、省重点实验室等平台，加强基础与应用基

础研究，加快颠覆性技术和前沿技术研发，努力抢占未来产业技术制高点。

如上海市明确，"十四五"时期通过争取国家重点实验室、基础科学中心、数学中心以及市重点实验室等基础研究类基地布局，全面夯实数理、化学、天文与空间、地球科学、环境、生物学、医药、公共卫生、信息、材料、制造、工程、能源、海洋、综合交叉等学科领域的科研基础。

江苏省提出，以培育国家实验室为目标，对标国内外最高水平，重点建设网络通信与安全紫金山实验室、材料科学姑苏实验室、深海技术科学太湖实验室等3家实验室，汇聚培育全球顶尖研发机构和一流研究团队，开展具有重大引领作用的跨学科、大协同创新攻关，力争纳入国家战略科技力量布局。

浙江省提出，"十四五"时期，支持之江实验室以国家战略需求为导向，围绕智能感知、智能计算、智能网络和智能系统等方向开展前沿基础研究和重大科技攻关；支持西湖实验室发挥人才和体制机制优势，围绕代谢与衰老疾病、肿瘤机制研究等领域加强基础研究和关键核心技术攻关，努力打造成为国家实验室的核心支撑。

表4 "十四五"部分省（区、市）实验室建设重点关注领域

地区	重点领域
广东	国家实验室：在海洋科学、材料科学、生物医药等领域开展引领性、前瞻性布局，争取更多国家实验室或国家实验室基地在粤布局。 国家重点实验室：积极推进高校、科研院所和骨干企业在信息通信、智能制造、生物医药、新材料、新能源、生态环保等优势领域以及人工智能、大数据、网络空间安全、合成生物学、脑科学等交叉领域新建一批国家重点实验室。 省重点实验室：在科学前沿、新兴、交叉等学科领域，布局建设一批广东省重点实验室和粤港澳联合实验室。

(续表)

地区	重点领域
湖北	国家重点实验室：在地学、农学、医学等优势领域积极争创国家重点实验室，支持省属高校围绕优势学科创建省部共建国家重点实验室，支持科技领军企业创建企业国家重点实验室。争建人与动物共患传染病国家重点实验室、园艺作物种质与品质国家重点实验室、水岩相互作用与深地资源安全利用国家重点实验室以及省部共建精细爆破国家重点实验室。
河北	国家重点实验室：在重型机械装备、空天网络安全、植物有效成分提取等领域培育建设国家重点实验室。 省级重点实验室：围绕基础学科和重点产业技术领域，优化、调整和新建一批省级重点实验室。
河南	国家实验室：加快嵩山实验室、神农种业实验室、黄河实验室建设，力争在种质创新等领域创建国家实验室。 国家重点实验室：在网络空间先进防御、黄河流域生态保护和系统治理、药物化学、动物免疫学、极端材料、分子催化与能源转化、纳米光电材料与器件、矿山安全科学与工程等领域择优培育创建5家国家重点实验室。 省实验室：谋划建设龙门实验室、中原关键金属实验室、现代免疫实验室、食品实验室等新一批省实验室。
安徽	国家重点实验室：加强茶树生物学与资源利用、深部煤矿采动响应与灾害防控等省部共建国家重点实验室建设运行，推进"炎症免疫性疾病""智能感知材料与技术"等实验室纳入省部共建国家重点实验室建设。
山东	国家重点实验室：支持创新型龙头企业在新材料、高端装备、医养健康、新一代信息技术等领域牵头创建国家重点实验室。在分子与纳米探针、矿山岩层智能控制与绿色开采等领域加快创建省部共建国家重点实验室。
山西	国家实验室：主动聚焦"量子科技中的关键科学与技术问题""煤炭绿色低碳清洁利用""杂粮种质创新与分子育种"，争取布局国家实验室和参与组建分中心。 国家重点实验室：在煤基能源清洁高效利用、动态测试技术、有机旱作农业等领域发力，打造一流科研平台，力争在"十四五"期间再新建5个国家重点实验室。

(续表)

地区	重点领域
重庆	国家实验室：主动融入国家战略，争取国家布局，在生命科学、军民融合新领域谋划建设国家实验室。 国家重点实验室：围绕重大原始创新和市重点产业发展需求，打破学科和单位壁垒，积极创建大数据智能计算、金融科技、长江上游健康土壤与绿色农业、非常规油气开发、山地城镇建设安全与智能化、绿色航空能源动力等国家重点实验室。 市实验室：围绕生命健康、集成电路、长江生态环境、新物态、物质材料等特色优势领域，高水平组建重庆实验室，为创建国家实验室培育"后备军"。 市重点实验室：聚焦集成电路、北斗导航、量子科学、6G通信、深空探索、精密测量等科技前沿和未来产业发展需求领域，加强学科交叉和产学研融通，通过产学研联建、川渝共建以及市、区县合建等方式，新建一批重庆市重点实验室，打造国家重点实验室"预备队"。
天津	国家实验室：对标国家实验室建设海河实验室，重点在物质绿色创造与制造、自主可控信息系统、合成生物学、现代中医药、细胞生态等领域开展基础性、前沿性技术研究。 国家重点实验室：加快建设面向科技前沿的原始创新平台，高水平建设省部共建组分中药国家重点实验室、国家应用数学中心等平台，积极争取创建合成生物、新能源转化与存储、功能晶体材料与器件等国家重点实验室和手性科学中心。
江西	国家重点实验室：争取在稀土可持续发展利用、持久性污染物控制与资源循环利用、航空应急救援、钨资源高效开发与利用等领域组建国家重点实验室。 省实验室：力争2025年前在稀土、中医药、材料、食品、航空等领域启动建设省实验室。
福建	国家实验室：争取国家在闽布局建设新能源国家实验室和海洋国家实验室福建基地。 国家重点实验室：在光电材料化学与物理、柔性电子、智慧车载玻璃领域推动创建国家重点实验室。在新一代信息、高端装备、新材料、新能源、生物医药、节能环保、海洋高新等领域，培育、创建一批具备领先能力的国家重点实验室、工程研究中心、制造业创新中心、企业技术中心、临床医学研究中心或分中心等国家级创新平台。 省实验室：聚焦数字经济、海洋经济、绿色经济、生物经济，在重大创新领域持续推进省创新实验室建设。在生物制品、柔性电子、海洋科技等领域新建一批省创新实验室。

(续表)

地区	重点领域
海南	国家重点实验室：面向海洋资源开发利用、深海探测等领域，培育建设热带海洋科学与技术国家重点实验室、海南工程地质国家重点实验室、深海技术创新中心。以热带特色高效农业为主题，推动建设热带作物、天然橡胶工程国家重点实验室，培育建设热带生物领域国家重点实验室，搭建我国重要热带作物育种协作创新平台，开展优质种质协作共享集成与示范。面向航天应用，培育建设空间对地观测省部共建国家重点实验室。面向绿色环保与生态领域，培育建设热带岛屿环境治理与生态建设国家重点实验室。培育建设热带转化医学国家重点实验室。打造若干国家级资源库馆和科学数据中心。 省实验室：建设海南省深海技术实验室和崖州湾种子实验室。
黑龙江	省实验室和省重点实验室：对标我国主要科学中心和创新高地，围绕国家战略需求和黑龙江省未来发展的需要培育国家实验室，积极争取建设国家重点实验室，在页岩油、空间环境、石墨（烯）新材料、网络安全、能源、生命科学、极地环境等优势特色领域优化布局建设一批省实验室或省重点实验室。
陕西	国家重点实验室：围绕陕西省优势学科和优势产业，重点在网络通信、人工智能、光子与微纳电子等前沿领域加大培育力度，力争"十四五"期间在航空发动机、家畜生物学等领域择优培育10个左右国家重点实验室"后备军"。加快推进西北大学省部共建西部能源光子技术国家重点实验室和西安科技大学省部共建西部煤炭绿色安全开发国家重点实验室等筹建落地。 省实验室：围绕陕西优势特色领域，进一步整合在陕科研力量，吸引集聚国内外高端创新资源，在能源资源、信息、材料、生命科学、农业环境等领域布局建设陕西实验室。
辽宁	国家实验室：对标国家实验室，高标准建设辽宁材料实验室、辽宁智能制造实验室、辽宁精密制造实验室和辽宁精细化工与催化实验室。 国家重点实验室：在高端精密制造、深部工程与智能技术等优势领域争创国家重点实验室。在新能源通航电动飞机、食品科学与营养健康、高性能建筑与灾害防控、设施园艺生产与环境调控等优势特色领域，培育建设省部共建国家重点实验室。
云南	国家重点实验室：围绕非人灵长类生物医学、天然药物开发应用、高原山地生态与环境、天文、面向南亚东南亚自然语言处理等优势特色领域，培育建设国家重点实验室。 省实验室：到2025年，争取在合金铝、稀贵金属新材料、生物医药、生物种业等领域高水平建设若干云南实验室，争取建设国家实验室云南基地，打造领先科技力量。 省重点实验室：围绕生物医药、现代信息技术、智能制造、新材料、新能源、融媒体等领域及新兴、交叉学科领域，建设一批省级重点实验室。

资料来源：根据媒体公开报道整理

三、"十四五"地方实验室建设共同关注领域

从各地实验室建设涉及的重点领域来看,现代信息技术、种业、生物安全、新能源、新材料、生态环保等成为各地共同关注的领域。

(一)生物安全实验室

生物安全是国家安全的重要组成部分,是国家安全的新疆域。面对新冠疫情、外来物种入侵等重大问题,急需加强科技创新,夯实生物安全的基石。2022年5月10日,国家发改委发布《"十四五"生物经济发展规划》,这是我国首部生物经济的五年规划,明确了生物经济发展的具体任务。《"十四五"生物经济发展规划》要求围绕人口健康、检验检疫、国防安全等重点领域,坚持总量调控、因需布局、动态调整,统筹布局建设高级别生物安全实验室。

1. **广东:建设华南地区首家P4实验室**

《广东省科技创新"十四五"规划》提出,到2025年建成华南地区首家P4实验室。对部分P3实验室进行改扩建,更新设施设备,扩大面积规模,增加功能任务,增强科技创新和保障能力。围绕完善前沿科学、临床医学、药物筛选、疫苗研发与生产、检验检疫等科技创新链条,力争新建若干家P3实验室,在功能上补齐大中型动物实验等短板,在区域上填补粤东西北地区空白,构建功能齐全、链条完整、分工协作、区域布局合理、科技创新和应急服务能力强的广东省生物安全实验室体系。

2. **湖北:建设江夏实验室**

2021年2月,湖北省江夏实验室正式揭牌亮相,落户光谷南大健康产业园。实验室将致力于打造全国最优、世界一流的生物安全条件平台,将围绕新发和高致病性病原的发生发展和致病机制、生物安全关键核心

技术攻关、生物安全防御药物战略储备等三个方向，开展科学研究，并建设成为国家生物安全与健康领域的高端人才集聚地、原始创新策源地、重大成果输出地，成为引领全省创新驱动发展的战略科技力量。江夏实验室由中国科学院武汉病毒研究所牵头组建，武汉大学、武汉市金银潭医院、武汉科前生物等高校、医疗机构和企业共建，产、学、研、用一体化的运作模式，将加快前沿技术的转化。

3. 北京：建设高等级生物安全实验室

《"十四五"时期健康北京建设规划》明确，加强生物安全防护三级实验室能力建设，统筹央地资源规划设置高等级生物安全实验室。《北京市"十四五"时期国际科技创新中心建设规划》提出，建设国家人类疾病动物模型资源库和重要实验动物品种保障基地。针对威胁城市公共安全稳定的新发突发传染病，在病毒溯源及监测和预警，药物、疫苗及医疗器械创新研发等方面持续投入。推动人工智能等新技术和新产品在新发突发传染病防控及治疗工作中示范应用，提高公共场所新发突发传染病防控能力。

4. 浙江：生物安全实验室标准化率达到95%以上

《浙江省科技创新发展"十四五"规划》提出，支持杭州医学院（省医科院）、西湖大学、宁波海关、宁波市第二医院等建设高级别生物安全实验室，支持温州医科大学创建高级别生物安全实验室。《浙江省突发公共卫生事件应急管理"十四五"规划》鼓励有条件的设区市疾病预防控制中心建设加强型生物安全二级实验室，生物安全实验室标准化率达到95%以上，提高生物安全保障能力。

5. 福建：健全实验室生物安全体系

《福建省卫生健康发展建设三年行动计划（2021—2023年)》提出支持实验室生物安全体系建设，推动高等院校等规划新建1~2个生物安全三级实验室。建设省级菌（毒）种保藏（保存）机构，市级疾控中心规划建设3个及以上生物安全二级实验室，县级疾控中心规划建设1个以上生物安全二级实验室，2023年完成。

6. 上海：建设高级别生物安全实验平台

《上海市建设具有全球影响力的科技创新中心"十四五"规划》明确提出，整合生命科学、生物技术、医药卫生、大数据、人工智能等多学科力量，加快突破生物安全领域的关键技术，建设高级别生物安全实验平台。2020年11月30日，上海市传染病与生物安全应急响应重点实验室，坚持以临床需求为导向，聚焦应急响应科技攻关储备和创新成果的临床转化，打造国际领先水平的病原体检测鉴定与救治中心、临床研究和创新转化平台以及国际合作交流与人才培训平台，并组建一批具有国际影响力的科技人才队伍，在科技研究水平与国际接轨，临床研究和成果转化方面实现"并跑"或者"领跑"，全面提升传染病防控能力，构建高水平的体现上海特色的传染病防控科技防火墙，保证上海人民的安全、国家的安全，为社会和谐稳定提供科技支撑，为上海市建成2025年全球公共卫生最安全城市之一提供有力支撑与保障。

7. 河南：建设龙湖现代免疫实验室

2022年3月22日，龙湖现代免疫实验室正式挂牌成立。实验室面向国家公共卫生安全和生物安全重大战略需求，聚焦超级疫苗、抗体与蛋白质药物、免疫检测与诊断技术、食品安全、生殖免疫与动物性别控制等5个研究方向，努力实现重大疫病免疫机制和疫苗创制核心技术突破，引领生物医药与健康产业以及养殖业高质量发展，构建世界一流的现代免疫领域创新平台。

（二）种业实验室

党中央、国务院高度重视种业发展，高位部署种业振兴。2022年中央"一号文件"明确要求，推进种业领域国家重大创新平台建设。当前已进入创建种业领域国家重大创新平台的关键时期，种业振兴行动正向纵深推进，海南、湖南、湖北、河南、四川等多个省份已明确对标国家实验室展开种业创新布局。

1. 海南：建设崖州湾种子实验室

2021年5月12日，海南省崖州湾种子实验室正式揭牌成立。崖州湾种子实验室是海南省为支持自由贸易试验港建设，支撑国家"南繁硅谷"建设搭建的重要平台。实验室以主要作物、重要经济植物、畜禽和海洋生物为研究对象，通过系统收集农业种质资源，利用遗传学、分子生物学、环境生物学、大数据科学、人工智能等多学科交叉手段，开展精准农业技术集成与示范、学术交流和人才培养，承接科技成果就地转化，形成"技术创新—成果转移转化"的创新产业价值链。

2. 湖南：建设岳麓山实验室

2022年3月7日，岳麓山实验室建设项目开工仪式在湖南农业大学耘园基地举行。岳麓山实验室对标国家实验室，立足湖南优势种业创新资源，致力于集聚国内外种业创新力量，打造生物育种科学研究高地、种源关键核心技术创新高地、重大战略品种培育高地、高水平种业创新人才聚集高地。将建设1个实验室总部，统筹种植与养殖2大领域，面向动物、植物、微生物3大种业，在全国"东南西北中"5大区域布局基地，聚焦"驯化、选育、杂交育种、分子育种、设计育种"5种方式，实现"安全、发展、品种、育种、推广、产业化"6大任务。

3. 河南：建设神农种业实验室

2021年9月23日，神农种业实验室正式揭牌成立。神农实验室是河南省第二家省实验室,将以我国"种业科技自立自强、种源自主可控"为目标,实现种业科技领域"顶天立地",努力成为育种理论和重大关键共性技术的策源地、突破性品种的产出地、种业高端人才的集聚地、种业产学研深度融合的重要载体,以及种业国际科技合作的重要平台。实验室的核心任务包括:一是建设一流种业创新平台;二是凝聚一流种业创新人才;三是构建一流创新生态;四是解决种业重大科学问题;五是攻克种业关键核心技术;六是培育突破性新品种。

4. 湖北:建设洪山实验室

2020年12月,洪山实验室由湖北省人民政府正式批复组建。实验室以提供对人类和地球都健康的食品为总体目标,针对农业和食品产业链的重大需求,以生物种业科技创新为核心,开展农业生物遗传改良的基础和应用研究,培育绿色营养优质和适应气候变化的品种,研发绿色生产技术,发掘和提升食品的营养价值,促进农业可持续发展,保障粮食安全,增进人民健康。实验室围绕产业链布局创新链、围绕创新链汇聚人才链、围绕人才链激活治理链,以主要农作物、园艺作物、畜禽、水产、微生物等为研究对象,设置农业生物种质资源保护与创新、农业生物重要性状的生物学基础、农业生物绿色优质品种培育、农业绿色生产体系、农产品质量安全与营养健康五大研究方向。

5. 山西:建设杂粮种质创新与分子育种山西省重点实验室

2021年2月,山西省委省政府批准成立杂粮种质创新与分子育种山西省重点实验室,实验室拟投入1.5亿元,建设功能基因组学、代谢组学、表型组学、细胞生物学、生物信息学和杂粮分子育种等大型研究平台,打造国际一流的杂粮高层次创新人才培养基地和高水平成果的研发基地。杂粮重点实验室将"面向世界科技前沿",以推动我国杂粮产业高质量发展、助力"健康中国"战略实施为使命,依托于山西丰富的谷子、高粱、食用豆和荞麦等种质资源，开展"种质资源保护与利用、重要功能基因发掘与调控机制解析、杂粮作物基因编辑与分子设计育种、杂粮特有功能成分开发与产业提升"等4个方向的研究。

6. 四川：建设省农科院天府种业实验室

2022年3月23日，四川省农业科学院天府种业实验室揭牌暨"1+9"揭榜挂帅科技攻关启动会在成都举行，旨在建设全国一流种业创新平台，为"川种"提供科技支撑。"1+9"揭榜挂帅科技攻关任务共设置了10个攻关方向，包括1个主攻方向和9个平行攻关方向。1个主攻方向为主要农作物种质资源挖掘及其精准鉴定与利用前沿技术；9个平行攻关方向分别为主要粮油作物优质抗逆突破性新品种、重要特色经济作物优质突破性新品种、水产（蚕）畜禽突破性新品种、耕地质量提升及环境治理重大技术、生物安全前沿技术、功能食品核心技术、综合种养核心技术及智能农机装备、天府农科发展战略研究基础理论和支撑技术、绿色丰产突破性栽培技术。

（三）新材料实验室

新材料作为环保产业发展的重要组成部分，已成为衡量一个国家经济社会发展、科技进步和国防实力的重要标志。党的十八大以来，党中央、国务院高度重视新材料产业发展，成立国家新材料产业发展领导小组。国家相关部门和各级地方政府协同发力，出台了一系列支持新材料产业发展的相关政策，新材料重点实验室、工程（技术）研究中心、企业技术中心和科研院所实力大幅提升。同时，我们也要清醒地认识到新材料产业起步晚、底子薄，在原始创新上取得新突破、关键核心技术实现自主可控、创新链产业链供应链深度融合和安全保障等方面仍需进一步提升。

1. 云南：建设贵金属材料云南实验室

根据《云南省新材料产业发展三年行动（2022—2024年）》，围绕重点领域的关键新材料技术，组织协同攻关，加快新材料研制、生产、验证及应用进程。持续推进贵金属材料云南实验室建设，鼓励建设产业生态良好的特色新材料产业集聚区。支持在锡基等新材料领域建设云南实验室，支持优势企业牵头创建省级、国家级新材料创新平台，鼓励建设新材料产业公共服务平台。对已认定的省重点实验室进行定期评估，3年为一个评估周期。对评估结果优秀的给予最高100万元支持，评估结果良好的给予最高70万元支持。

2. 广东：建设具有全球影响力的新材料创新高地

《广东省科技创新"十四五"规划》提出，围绕新型电子信息材料、新型半导体材料、先进基础材料、新型复合材料、新型功能材料、新能源材料、生物医药材料、材料基因及材料检测、验证技术等领域，开展核心技术攻关和产业化应用研究。加强低维及纳米材料、增材制造材料、仿生与超材料、超导材料以及其他前沿新材料的科学探索与关键技术研发，开展前沿新材料的制备、加工与应用转化技术研究。加快推进松山湖实验室、化学与精细化工省实验室、季华实验室、阳江合金材料实验室等新材料平台建设，加快突破关键原材料及核心技术，加快发展材料基因工程技术并在新材料研发中应用示范，建设具有全球影响力的新材料创新高地。

3. 浙江：建设甬江实验室

甬江实验室是浙江省政府批准设立的专注于新材料及相关领域研究的具有独立事业单位法人资格的新型科研机构，于2021年5月19日正式揭牌。甬江实验室采用创新的建设机制，实行独立法人＋依托单位中科院宁波材料所＋协同研究中心＋重大专项攻关联盟组建模式。独特的建设机制，不仅让实验室建立起了高效协同的政、产、学、研、金创新共同体，更推动了人才链、创新链、产业链、资金链、政策链"五链"深度融合，一批新材料领域"硬核"成果正在落地。实验室围绕绿色化工与高端化学材料、高分子与复合材料、高端合金材料、电子信息材料与器件、新能源材料、生物医用材料、极端环境使役材料、先进制造技术与装备8个研究领域建设若干研究中心，建立材料与微纳器件制备、绿色特种化工材料开发、材料性能测试和使役评价、材料数字化、工程验证与成果转化、极端条件综合装置等相关公共平台。

4. 山东：建设淄博绿色化工与功能材料山东省实验室

2022年3月25日，淄博绿色化工与功能材料山东省实验室正式获山东省人民政府批复建设。未来3年，该实验室将投入约30亿元，采取"边规划、边建设、边科研、边产出"的模式加速建设。聚焦服务国家和省重大战略，聚焦重大科学技术问题和区域重点产业发展对战略前沿技术、关键核心技术、颠覆性技术的研发和转化应用需要。聚焦全市绿色化工与功能材料产业发展，对标国际和国家顶尖创新平台，集聚一批高层次领军人才，统筹推进基础研究及应用基础研究，通过技术创新产出一批重大原创成果，努力打造创新资源集聚、创新能力强、创新活力足，具有淄博特色和区域影响力的科技创新高地和科学中心。另外，山东省探索高校与企业协同创新体制机制，支持企业与高校专家团队联合建设山东省碳化硅材料重点实验室、山东省先进铝基材料与技术重点实验室、山东省先进有机硅材料与技术重点实验室、山东省金刚石材料与半导体器件重点实验室。

（四）大数据战略实验室

随着数字经济的蓬勃发展，数据已经成为新时代的重要生产要素，并成为国家基础性战略资源。2021年底,《"十四五"数字经济发展规划》和《"十四五"大数据产业发展规划》的连续发布,更是进一步规范并推动了数据要素市场的培育、数据产业链的形成,以及整个数据产业生态的构建。

1. 山东：利用3年时间培育30个大数据发展创新实验室

2020年,山东省工信厅启动了大数据发展创新平台体系建设工作。计划利用3年时间,在全省建成30个左右大数据发展创新实验室、100个左右大数据产业创新中心、30个左右大数据创新服务机构、100个左右大数据创新人才基地,初步形成领域布局合理、功能层次明晰、创新链条全面的大数据发展创新平台体系。2021年,山东省工信厅确定了17个山东省大数据发展创新实验室。另外,《山东省"十四五"大数据产业发展规划》提出,打造大数据发展创新平台。建设山东大学、山东省计算中心、青岛科技大学等30个左右大数据发展创新实验室,海信网络科技、潍柴动力、海尔工业智能院、橙色云等100个左右大数据产业创新中心,海看新媒体、可信云研究院、青岛赛迪、威海赛宝、渤聚通等30个左右大数据创新服务机构,中国海洋大学、山东财经大学、浪潮集团等100个左右大数据创新人才基地,形成布局合理、层次明晰、链条全面的大数据发展创新体系。

2. 贵州贵阳：大数据国家重点实验室及大数据战略重点实验室

贵州大学省部共建公共大数据国家重点实验室于2021年10月投用,是我国大数据领域唯一的国家重点实验室。实验室规划科研面积3万平方米,在大数据赋能新型工业化、农业现代化、公共治理现代化等方面贡献科技力量。目前,该实验室紧抓"东数西算"的战略机遇,建成了公共大数据科研平台与算力中心,具备了PB级的分布式存储能力。先后与中国科学院国家天文台签订"天文大数据联合实验室"共建协议、与中国信息通信研究院联合共建"数字经济战略研究中心"等。另外，成立于2015年4月的大数据战略重点实验室，是北京市科学技术委员会和贵阳市人民政府共建的跨学科、专业化、国际化、开放型研究平台，是中国大数据发展新型高端智库。大数据战略重点实验室依托国内研究机构建立全国科学技术名词审定委员会研究基地、浙江大学研究基地、中国政法大学研究基地、上海科学院研究基地和中译语通多语种语言服务研究基地，研究出版《块数据》《数权法》《主权区块链》"数字文明三部曲"，编纂出版的《数典》《大数据百科术语辞典》是迄今为止全球首发全面系统研究大数据标准术语体系的多语种智能化专业工具书。

3. 重庆：建设大数据创新实验室

2021年12月14日，"重庆市大数据智能化实验场所、人才高地、科技高地"建设高峰论坛在重庆邮电大学召开，重庆市大数据创新实验室、重庆网络空间安全与治理联合实验室、重庆市计算机网络应急技术实验室等新型实验室揭牌。其中，重庆网络空间安全与治理联合实验室将在市委网信办指导下，围绕网络空间安全技术和网络空间治理，开展基础研究、关键技术攻关、安全评测、成果转化、专家咨询和人才培养等，促进全市网络空间产业高质量发展；重庆市大数据创新实验室将在重庆大数据局指导下，主要开展大数据的科学理论、建模与挖掘算法等研究，推动大数据技术在工业互联网、医疗健康、交通旅游、教育文化、社会保障、网络治理、乡村振兴等领域的应用示范；重庆市计算机网络应急技术实验室将在国家计算机应急技术处理协调中心重庆分中心指导下，在计算机信息预测与应急处理、网络和软件系统漏洞挖掘、区块链和人工智能安全等领域，开展技术创新和人才培养。

4. 浙江：建设数据安全实验室

2022年5月27日，浙江自贸区滨江区块数据安全技术研讨会在杭州滨江物联网小镇举办。此次研讨会以"数据安全有序流动"为命题积极探索数据领域制度创新，围绕数据安全评估，充分发挥国家互联网应急中心浙江分中心、国家数字服务出口基地杭州高新区（滨江）物联网产业园在各自领域的资源优势，共同揭牌成立浙江首个"数据安全实验室"。实验室将依托国家互联网应急中心浙江分中心、滨江区政府、技术支撑单位、行业专家等优势资源，聚焦数据安全领域开展检测评估、安全审计、标准制定等专业技术和研究工作，围绕国家数字服务出口基地形成数据安全实验室为主的产业协作链条，鼓励相关企业探索与数据安全实验室形成紧密联合工作机制，广泛吸引数据安全优质企业和小微企业入驻滨江区，形成数据安全产业聚集效应，为初创数据安全企业孵化创造条件，促进数据安全产业高质量发展。

5. 湖南：建设湘江实验室

2022年7月10日，湘江实验室揭牌仪式在长沙高新区北斗产业园举行。湘江实验室由湖南省政府主导，政府、高校、企业等多方共建，以对标国家实验室和服务湖南省重点产业发展为目标，以突破先进计算与人工智能领域战略性、前瞻性、基础性重大科学问题和关键核心技术为主要任务。根据规划，湘江实验室以"1346"整体框架建设，按照"总部＋分部＋创新中心"进行布局，将在长沙高新区"世界计算·长沙智谷"建成1个实验室总部，建设算力、算法、算据3大创新中心，聚焦数据智能、高性能计算的人工智能、新型智能计算、面向领域的关键共性技术4大主攻方向，在智能制造、智慧医疗康养、智慧资源能源与环境、智慧交通与物流、科学监管与社会治理、数字媒体6大领域开展深度应用，打造示范引领区。

6. 基于大数据的城市科学研究北京市重点实验室

基于大数据的城市科学研究北京市重点实验室成立于2015年6月，

是由北京市科学技术委员会批准成立的跨学科、专业化、开放型的研究平台。实验室运用大数据技术与思维，对中国城市多维全量数据进行深入挖掘分析，聚焦大数据前沿领域，立足于首都创新发展战略和京津冀协同发展战略，开展首都可持续发展、京津冀协同发展、社会治理体系和治理能力现代化的理论研究和决策咨询，推动大数据发展与首都经济社会深度融合，打造具有国内领先水平的新型高端智库。

（五）新能源实验室

在未来国家能源战略布局中，新能源将占据越来越重要的位置。"十四五"期间，我国新能源产业将实施多项建设工程，涉及水电、风电、核电、电网建设等。2022年5月，国家发改委、国家能源局发布《关于促进新时代新能源高质量发展的实施方案》，提出建设国家级新能源实验室和研发平台，加大基础理论研究投入，超前布局前沿技术和颠覆性技术。目前，多个省份发布新能源"十四五"发展规划，提出要大力发展新能源和可再生能源。

1. 山东：建设青岛新能源省实验室

2020年12月17日，青岛新能源山东省实验室挂牌仪式在青岛举行。实验室将打造一支1000人左右的科技人才队伍，由中科院青能所所长、山东能源研究院院长刘中民院士担任实验室主任，领衔一支300余人的清洁能源领域研发团队。实验室开展能源大数据、微生物组探测等重大科技基础设施预研，建设公共测试分析平台及智库平台，围绕生物能、太阳能、先进储能、氢能与燃料电池、海洋能等新能源前瞻引领技术和产业培育壮大需求，建成5~8个科技创新单元。同时，瞄准省新能源产业重大需求和前沿技术，组织实施一批大科学计划与大科学工程，突破一批"卡脖子"技术瓶颈。实验室原创性技术成果将支撑山东省传统能源产业的转型升级，并为氢能、新能源汽车、先进储能、生物质能、太阳能等新动能的培育壮大注入原创动力。

2. 新疆：建设碳基能源资源化学与利用国家重点实验室

2021年，新疆大学"省部共建碳基能源资源化学与利用国家重点实验室"正式获批。主要围绕国家能源发展战略，以新疆化工与新材料产业发展的需求为导向，以优势碳基能源资源高效利用为目标，围绕碳基能源资源综合利用的共性关键科学问题与技术瓶颈，在碳基能源资源化学基础、碳基功能材料、碳基能源资源催化转化3个方向上开展基础理论研究、应用基础研究与成果转化，服务于新疆化工与新材料产业的发展。

3. 浙江：建设白马湖实验室

2022年5月9日，浙江省实验室再"扩容"，白马湖实验室、东海实验室、天目山实验室获批建设。其中，白马湖实验室，即能源与碳中和省实验室，由浙能集团牵头，联合浙江大学、西湖大学共建。白马湖实验室瞄准世界能源科技发展前沿，立足浙江产业需求，对接国家重大战略，承接国家重大任务，聚焦绿色能源的能质转化与传递，围绕太阳能转化与催化、零碳能源转化与存储、能源低碳转化与多能耦合等方向开展研究，着力破解能源领域重大科学问题，构建多元协同发展的清洁能源供应体系，推动产业绿色低碳转型，保障能源安全。按照"一总部、多基地"的空间布局，白马湖实验室以杭州为中心，向外辐射，建设起集基础研究、技术研发和成果孵化为一体的创新型产业集群。白马湖实验室将遵循投入主体多元化、管理制度现代化、运行机制市场化、用人机制灵活化的原则，加大开放力度，加强人才引育，建立符合科研规律的创新体系。

4. 广西：建设新能源汽车实验室

2022年3月，广西正式批准组建广西新能源汽车实验室，该实验室是广西批准组建的首家自治区实验室,也是广西最高层次、最高水平的科技研发平台,将对标对表国家实验室和全国重点实验室。实验室将以微小型电动车研究为重点,重点开展微小型电动车整车架构、微小型电动车核心零部件关键技术、面向微小型电动车的智慧制造与装备新技术应用、微小型电动车大数据应用和信息安全技术、基于场景的创新性技术及国际化5个方向的研究,实现微小型电动车技术的全球领先性,建立国际化标准,促进产业链新技术的应用。实验室将通过产学研用协同创新,构建"应用基础研究—产业化共性关键技术开发—成果转移转化—产业孵化—市场推广"的全链条研发模式,最终建成为全球微小型电动车标准的制定者和技术的引领者、全链条研发和产学研用协同创新的一流创新基地、新能源汽车产业人才培养的新高地、引领微小型电动车产业发展生态模式的策源地和自治区新能源汽车产业发展开放共享的平台载体,促进广西新能源汽车产业高质量发展。

5. 广东:建设江门"双碳"实验室

2021年12月7日,江门"双碳"实验室揭牌暨项目签约仪式举行,实验室将聚焦国家战略目标和省、市重大需求,围绕"双碳"战略路径实现、能源结构升级、碳"负排放"技术等关键领域开展前沿及关键技术研究,配套建设江门新能源汽车"双碳"产业园和广海湾能源"双碳"产业园两大园区,促进技术成果转化及产业化,加快能源结构调整、产业技术升级和绿色低碳发展,为实现江门市和广东省"双碳"战略目标提供科技支撑。除了江门"双碳"实验室,当天同步揭牌的还有国家能源集团氢能(低碳)研究中心。此外,江门市人民政府还分别与香港科技大学(广州)签订全面战略合作框架协议、与国家能源集团广东电力有限公司签订全面深化合作协议,江门"双碳"实验室与清华大学深圳国际研究生院签订意向合作协议,并有13个"双碳"产业合作项目签约。

四、地方实验室建设与运行模式

（一）"产业链出题、政府助题、实验室答题"模式

海河实验室建设，是天津打造我国自主创新重要源头和原始创新主要策源地的重大举措。从2020年12月谋划提出，到2021年11月现代中医药、物质绿色创造与制造、先进计算与关键软件（信创）、合成生物学、细胞生态等5个海河实验室全部揭牌运行，仅用不到1年时间，在打造"国之重器"上，充分展现了天津作为。

与传统的科研机构不同，海河实验室不仅要解决从0到1的基础研究，更注重从1到N的成果转化和项目落地。围绕天津市"1+3+4"重点产业领域和12条产业链部署创新链，天津五大海河实验室利用线上线下多种方式加速推进，促进创新链与产业链融合，为制造业立市强化科技赋能。

海河实验室创新探索的"产业链出题、政府助题、实验室答题"新模式，由产业链提技术需求清单，各实验室结合需求清单确定科研项目，组织力量开展技术攻坚。同时，海河实验室还将实行揭榜挂帅、首席科学家负责、赛马等制度，突出企业在"写榜""挂帅""考核"中的主导作用，建立需求导向的科研项目遴选机制和组织机制，形成"选题—分类—组织—实施—成果转化"全流程管理体系。

"放权""自主"是海河实验室建设的关键词。海河实验室注册为不设行政级别、不设事业编制、不设岗位设置和工资总额限制、实行综合预算的新型研发机构。职称评审权、科研项目立项权等交由实验室自主实施。对领军人才和团队核心人员实行一项一策、年薪制、协议约定工作报酬等全国领先的引才政策。

在机制上的大胆突破，让科研组织更加自主灵活。实验室可重点围

绕产业发展需求，自主布局重点科研项目，自主组建科研团队，自主调整研究方案和技术路线，自主立项项目视同市级科技计划项目。同时，经费管理采用"包干制＋负面清单"管理模式，赋予科研经费使用管理更大自主权。对以技术入股方式转化成果的科研人员，在全国率先支持其以"技术股＋现金股"组合形式持有股权，充分调动科研人员成果转化积极性。

（二）"核心＋网络""主体＋分中心"模式

党的十九大以来，以广州实验室、鹏城实验室为代表，广东持续推进实验室体系优化建设。自2017年底起，省委、省政府率先启动3批共10家省实验室建设，全省共16个地级市参与建设，功能与区域布局不断完善。

省实验室是带有探索体制机制创新基因而诞生的，在人事、财务、薪酬、科研组织等方面都赋予自主权，集中体现在管理上实行理事会领导下的主任负责制，科学家治理，让实验室具有科研立项自主权，确保能快速部署科研任务。

虽然挂名省实验室，但不意味着省里"大包大揽"。省实验室自建设之初就采取省市共建模式，由承建地市政府做建设主体，在基础建设、资金支持和配套政策等方面给予支持。具体而言，结合各地产业的实际特点，采取"核心＋网络"或"主体＋分中心"的模式组建，即由一个单位承建核心实验室，并在多个地市设立分中心，扩大科研成果在各地的转移转化。以岭南现代农业科学与技术广东省实验室为例，其核心实验室由广州承建，并在深圳、茂名、肇庆、云浮、河源设立分中心；先进能源科学与技术广东省实验室由惠州承建核心实验室，在阳江、佛山、云浮、汕尾设立分中心；化学与精细化工广东省实验室由汕头承建主体实验室，潮州、揭阳设立分中心，在一定程度上推动了科研成果的协同分享。

（三）"1+N""核心 + 联盟"模式

2020年底举行的湖北省委十一届八次全会明确提出"积极争创国家实验室，建设高水平实验室"。《湖北实验室组建方案（试行）》《湖北实验室建设与运行管理办法》进一步明确了湖北实验室的战略定位、组建原则、管理体制和运行机制。湖北实验室突出原创突破、目标导向，强化任务引领，统筹优势资源，深化体制机制创新，坚持前沿引领和竞争机制，坚持省市共建、资源整合、多方协同，汇聚优势力量集中建设。采取"1+N"建设模式，由牵头单位联合相关领域优势力量共建，形成"核心 + 联盟"创新格局。同时，建立"矩阵式管理、项目化组织、第三方评估"科研模式、"开放、流动、竞争、协同"用人机制、"利益共享、社会共促"成果转化机制、以大科学装置为核心的科研设施共享机制和科学合理的绩效评价机制。采取"政府主导、省市区联动、社会参与"的方式，多渠道加大投入。

（四）"一室两区""一个中心带动多地市"模式

根据《福建省"十四五"科技创新发展专项规划》部署，探索采用"一室两区"的实验室建设模式，支持高水平大学和科研院所在闽建设与本部重点实验室同一主体、同一主任、同一学术委员会的国家重点实验室。"一室两区"是指同一国家级重点实验室主体、同一重点实验室主任、同一学术委员会指导，南北两校区异地建设、分别运行，同时保持动态一致性。同时，鼓励采用"一个中心带动多地市"的发展模式，由福州、厦门等市承建核心实验室，同时在龙岩、三明、南平等市设立分中心。

（五）"成果交易前置""主战+主建"模式

当前，苏州市正瞄准数字经济"新赛道""主赛道"，加快构建高水平创新集群。姑苏实验室自成立以来，始终坚持"科技创新""制度创新"双轮驱动，探索"科学—技术—工程"融通创新模式。在创新集群建设和发展中，姑苏实验室全力"组织运动会、组建接力队、跑好第二棒"。"组织运动会"，即用不同的机制灵活地容纳各类创新组织方式和各环节的创新；"组建接力队"是针对重大任务组织好创新链上下游各方的优势力量建立攻关团队，按照需求解决创新环节的问题；"跑好第二棒"是实验室聚焦最强能力，在定向基础研究领域攻关克难，携手创新链各环节，引领创新发展。

立足于"与产业需求紧密结合"的宗旨，姑苏实验室开辟了一种全新的科研模式——成果交易前置。这一模式的形成，标志着姑苏实验室已开始突破传统科研机制的束缚。在这种模式下，实验室围绕科技前沿、国家任务和产业需求三个条件确定一个最新项目，寻找一家有技术实力的企业出资，进行联合研发。"成果交易前置"实质是企业预付成果转让费，姑苏实验室提前转让知识产权。"成果交易前置"既能激励产业界将资金投向重大基础研究领域，也能检验科技项目是否具有产业化前景。此外，这一模式可以有效树立需求导向，围绕最紧迫、最关键的重大科技问题，各界联合构建协同创新的科研生态，解决科技与经济"两张皮"痼疾。

另外，科研项目的矩阵式管理，是姑苏实验室的又一机制创新之举。姑苏实验室摒弃了传统的"课题组负责制"，全面推行"主战+主建"矩阵式管理机制。"主建"，即面向世界科技前沿开展科研；"主战"，即组织重量级项目攻关团队，面向国家重大战略和产业技术需求，解决"卡脖子"瓶颈问题。

五、创新政策支持力度,加强实验室体系建设

自2017年以来,国家重点实验室优化重组在全国铺开,经过重组、推荐和评议,科技部已遴选出首批20个标杆全国重点实验室批准建设。近期,科技部将集中开展能源、制造等领域全国重点实验室的申报、推荐和评审工作,2023年将集中开展材料、化学等领域全国重点实验室的申报、推荐和评审工作。在统一部署下,各地提高站位,对标对表,出台多项支持政策,提出一系列战略性、创新性措施,重点从财政支持、人才建设、体制机制、要素保障等方面加大支持力度,大力构建新型实验室体系,打造高能级创新平台。

表5 地方政府支持政策清单

地区	时间	政策
浙江	2022年	《浙江省哲学社会科学实验室建设指导意见(试行)》
	2020年	《浙江省实验室体系建设方案》
辽宁	2022年	《关于支持辽宁实验室建设若干措施》 《支持辽宁材料实验室创新发展若干措施》
四川	2022年	《关于支持天府实验室建设发展的若干政策(征求意见稿)》
	2020年	《四川省重点实验室建设与运行管理办法》
天津	2022年	《天津市重点实验室建设与运行管理办法(征求意见稿)》
河南	2021年	《河南省实验室建设管理办法(试行)》
北京	2021年	《北京市"十四五"时期国际科技创新中心建设规划》
	2017年	《关于进一步加强北京实验室建设的意见》 《北京实验室建设发展规划(2017-2035)》
广东	2021年	《关于广东省重点实验室的管理办法》
山东	2021年	《山东省实验室建设管理办法(试行)》
广西	2021年	《广西壮族自治区重点实验室管理办法(修订)》

（续表）

地区	时间	政策
青海	2021年	《青海省（重点）实验室管理办法》
新疆	2021年	《新疆维吾尔自治区重点实验室管理办法》
上海	2019年	《上海市重点实验室建设与运行管理办法》
安徽	2019年	《关于推进安徽省实验室安徽省技术创新中心建设的实施意见》
重庆	2019年	《重庆市实验室建设与运行管理办法》
吉林	2019年	《吉林省重点实验室管理办法》
海南	2019年	《海南省重点实验室管理办法》
江西	2018年	《江西省重点实验室管理办法》
福建	2018年	《福建省实验室建设方案》

表6 各地实验室建设与运行资金支持一览表

地区	支持资金
北京	市教委设立专项经费对实验室进行滚动支持，5年为一周期，结合实验室建设领域和需求，对每个实验室每年给予300万至800万元的经费投入。
四川	对国家新批准建设或重组后进入国家队行列的重点实验室和工程研究中心给予1000万元/家的资金支持；对国家新批准建设的国家工程技术研究中心、国家技术创新中心等予以1000万元/家的资金支持；省、市级科技计划项目设立天府实验室专项，给予定向项目支持，省级给予各实验室每年不少于1000万元，市级每年不少于2000万元。
安徽	对新认定的"一室一中心"，省财政每家分别一次性奖励500万元、300万元，对运行期的"一室一中心"，每年给予稳定运行经费每家300万元和100万元；根据"一室一中心"运行情况和绩效考核结果，省财政采取稳定运行支持和绩效奖补相结合的方式，每年支持省实验室稳定运行经费每家300万元、省技术创新中心每家100万元，结合绩效考核或评估情况，再予以每家不同档次的绩效奖补。
福建	省实验室启动建设3年后，根据考核评估结果，对建设成效显著的省实验室，由省财政每年支持每个省实验室运行经费不少于5000万元，连续支持5年。
河南	对新认定的国家级重点实验室，省财政给予奖补200万元。

（续表）

地区	支持资金
广东	对于学科类省重点实验室，省级财政一次性事前无偿资助经费300万元/项；企业类省重点实验室，省级财政一次性事前无偿资助经费100万元/项，市级财政应同步给予不低于100万元/项的经费支持；省市共建省重点实验室，省级财政一次性事前无偿资助经费200万元/项，地市财政资助强度不低于省级财政资助强度。
浙江	经认定的省级重点实验室，给予最高200万元的一次性财政补助经费支持，建设期满后绩效评价为优秀的，给予绩效奖励支持。
内蒙古	对国家级重点实验室每年给予不低于1000万元经费支持，连续支持5年。
云南	围绕非人灵长类生物医学、天然药物开发应用、高原山地生态与环境、高原湖泊生态治理、天文等优势特色领域新建国家重点实验室，对新批准建设的国家重点实验室、省部共建国家重点实验室，在建设期（5年）内给予每年1000万元的资金补助。对批准建设的省级重点实验室，在建设期（2年）内给予每年100万元资金补助。省科技厅对批准立项建设的重点实验室，在建设期给予运行补助，依托高校、科研院所、医院等建设的重点实验室，建设期每年补助经费50万元；依托企业建设的重点实验室，建设期每年补助经费30万元。
海南	对年度考核或定期评估结果为优秀的省重点实验室，给予不超过100万元/个的运行经费补助，对年度考核或定期评估结果为良好的省重点实验室，不超过60万元/个的运行经费补助，对年度考核或定期评估结果为合格的省重点实验室，不超过40万元/个的运行经费补助。

资料来源：根据媒体公开报道整理。

政报告

走好新时代革命老区振兴发展路

| 比 较 |

新时代革命老区振兴发展政策框架概述

⊙ 《领导决策信息》周刊联合课题组

【摘要】 革命老区是党和人民军队的根,是中国人民选择中国共产党的历史见证,也让习近平总书记深深牵挂,"让老区人民过上好日子,是我们党的庄严承诺。"党的十八大以来,习近平总书记对革命老区振兴发展作出一系列重要指示,为推进革命老区建设发展指明了前进方向、提供了根本遵循和强大动力。从"十三五"支持革命老区振兴发展的"1258"政策体系到"十四五"支持革命老区振兴发展的"1+N+X"政策体系,我国支持和推动革命老区振兴发展的政策框架体系日渐完善和健全,为支持新时代革命老区振兴发展提供了精准有力的政策保障。

【关键词】 革命老区 脱贫攻坚 老区振兴

2012年以来,国务院先后批准了支持赣南等原中央苏区和陕甘宁、左右江、大别山、川陕等革命老区振兴发展的政策文件,国家发展改革委会同有关部门组织实施了一批支持措施和重大项目,助力革命老区如期打赢脱贫攻坚战,持续改善基本公共服务,发挥特色优势推进高质量发展。特别是随着2016年中办、国办《关于加大脱贫攻坚力度支持革命老区开发建设的指导意见》（以下简称：《指导意见》）的印发实施，国家支持革命老区振兴发展的"1258"政策体系初步形成。"1"是指《指导意见》，这是指导"十三五"乃至今后一个时期全国革命老区开发建设与脱贫攻坚的纲领性文件；"2"是指《国务院关于支持赣南等原中央苏区振兴发展的若干意见》《国务院办公厅关于山东沂蒙老区参照执行中部地区有关政策的通知》等两个区域性政策文件；"5"是指近年来陆续印发实施的陕甘宁、赣闽粤、左右江、大别山以及川陕等5个重点革命老区振兴发展规划；"8"是指近年来陆续印发实施的武陵山、秦巴山、滇桂黔石漠化、六盘山、吕梁山、燕山-太行山、大别山、罗霄山等8个老区分布相对集中的连片特困地区区域发展与扶贫攻坚规划。2020年底，革命老区中的贫困县全部摘帽，贫困人口全部脱贫，与全国同步全面建成小康社会。

脱贫摘帽不是终点，而是新生活、新奋斗的起点。为支持革命老区在新发展阶段巩固拓展脱贫攻坚成果，开启社会主义现代化建设新征程，让革命老区人民逐步过上更加富裕幸福的生活，迈入"十四五"时期，我国加快建立健全新时代支持革命老区振兴发展的"1+N+X"政策体系，推动革命老区振兴发展取得积极进展。"1"就是认真落实国务院《关于新时代支持革命老区振兴发展的意见》，统筹支持老区振兴发展。2021年1月，国务院出台《关于新时代支持革命老区振兴发展的意见》，对新时代革命老区振兴发展作出全面谋划。这是新中国成立后出台的第一个支持全国革命老区振兴发展的国务院文件，也是"十四五"时期支持全国革命老区振兴发展的纲领性文件，将在新时代支持革命老区振兴发展中发挥统揽全局的作用。"N"即出台实施新时代支持革命老区振兴的"N"项实施方案，探索因地制宜振兴发展之路。2021年，国务院批复了《"十四五"特殊类型地区振兴发展规划》，首次明确了12片革命老区的规划范围和20个革命老区重点城市的发展定位，明确了"十四五"促进革命老区振兴发展重点区域，通过对重点革命老区的精准支持，将会对全国革命老区振兴发展发挥示范带动的作用，形成"以点带面"的振兴发展格局。国家发展改革委会同相关部门印发了"十四五"时期支持革命老区巩固拓展脱贫攻坚成果衔接推进乡村振兴、基础设施建设、红色旅游发展、生态保护修复等相关领域的实施方案，明确了新时代支持革命老区振兴发展的重点领域。"N"项实施方案就是新时代实现革命老区振兴发展的路径，革命老区要从实际出发，宜山则山、宜水则水、宜农则农、宜粮则粮、宜工则工、宜商则商，积极探索富有地域特色的高质量发展新路子，因地制宜选择适合自身振兴发展的跑道，找准振的重点和兴的方向，形成适合自身的振兴发展之路。"X"即制定新时代支持革命老区振兴的"X"项专项政策，精准支持革命老区振兴发展。加大对革命老区振兴发展的政策支持力度，先后出台对口支援、对口合作、转移支付、试点示范等若干个专项政策文件。

围绕推动革命老区振兴发展取得新进展，截至目前，天津、河北、山西、浙江、安徽、福建、江西、山东、河南、湖北、湖南、广东、广西、海南、重庆、四川、贵州、陕西、甘肃、宁夏、内蒙古、上海等20余省（区、市）印发新时代支持革命老区振兴发展的省级实施意见或方案，其中川渝联合印发《城宣万革命老区振兴发展示范区总体方案》，这是两省市共推功能平台中唯一一个以革命老区振兴发展为主的示范区，也是第6个印发的川渝毗邻地区合作共建区域发展功能平台方案。福建、河南、湖南、广东、四川、安徽等省份出台革命老区振兴发展条例。安徽、四川、福建等省印发了大别山、川陕、老区苏区等革命老区振兴"十四五"规划。

一、支持革命老区振兴发展的"1258"政策体系

(一)"1":中办、国办《关于加大脱贫攻坚力度支持革命老区开发建设的指导意见》

2016年2月1日,中共中央办公厅、国务院办公厅印发《关于加大脱贫攻坚力度支持革命老区开发建设的指导意见》,提出了今后一个时期支持革命老区开发建设与脱贫攻坚的总体要求、工作重点、主要任务、支持政策,并就加强组织领导、加快推进实施作出具体部署。《指导意见》指出,支持革命老区开发建设与脱贫攻坚,要以改变老区发展面貌为目标,以贫困老区为重点,按照区别对待、精准施策的原则,坚持以重点区域、重点人群、重点领域为突破口,加大脱贫攻坚力度,带动老区全面振兴发展。到2020年,实现老区基础设施建设取得积极进展,特色优势产业发展壮大,生态环境质量明显改善,城乡居民人均可支配收入增长幅度高于全国平均水平,基本公共服务主要领域指标接近全国平均水平,我国现行标准下的农村贫困人口脱贫,贫困县全部摘帽,解决区域性整体贫困。《指导意见》要求,要加快老区重大基础设施建设,尽快破解发展瓶颈制约。积极有序开发老区优势资源,切实发挥辐射带动效应。着力培育壮大老区特色产业,不断增强"造血"功能。切实保护生态环境,着力打造永续发展的美丽老区。全力推进老区民生改善,大幅提升基本公共服务水平。大力促进转移就业,全面增强老区群众增收致富能力。深入实施精准扶贫,加快推进老区贫困人口脱贫。积极创新体制机制,加快构建老区开放型经济新格局。《指导意见》明确了加强规划引导和重大项目建设,持续加大资金投入,强化土地政策保障,完善资源开发与生态补偿政策,提高优抚对象优待抚恤标准,促进干部人才交流和对口帮扶等一系列支持老区开发建设与脱贫攻坚的政策措施。

（二）两个区域性政策文件

国务院：《关于支持赣南等原中央苏区振兴发展的若干意见》

2018年6月28日，国务院出台《关于支持赣南等原中央苏区振兴发展的若干意见》（以下简称：《若干意见》）。《若干意见》对赣南等原中央苏区的战略定位是：全国革命老区扶贫攻坚示范区，全国稀有金属产业基地、先进制造业基地和特色农产品深加工基地，重要的区域性综合交通枢纽，我国南方地区重要的生态屏障，红色文化传承创新区。发展目标是：到2015年，赣南等原中央苏区在解决突出的民生问题和制约发展的薄弱环节方面取得突破性进展；到2020年，赣南等原中央苏区整体实现跨越式发展。《若干意见》明确的主要内容是：优先解决突出民生问题，加快完成农村危旧土坯房改造、农村安全饮水、农村电网改造升级、农村道路建设等任务，提高特殊困难群体生活水平，凝聚振兴发展民心民力；大力夯实农业基础，加快发展现代农业，促进农民持续增收，推进城乡统筹发展；加快交通、能源、水利等基础设施建设，构建功能完善、安全高效的现代化基础设施体系，增强振兴发展支撑能力；培育壮大特色优势产业，积极发展特色优势矿产业、先进制造业和红色文化旅游产业，着力增强"造血"功能，走出振兴发展新路子；加强生态建设和环境保护，牢固树立绿色发展理念，坚持在发展中保护、在保护中发展，促进经济社会发展与资源环境相协调；大力发展教育、卫生、文化体育、就业和社会保障等各项社会事业，促进基本公共服务均等化，让改革发展成果更多地惠及广大城乡居民；坚持以改革开放促振兴发展，着力构建有利于加快发展、转型发展的体制机制，打造内陆开放型经济新格局，为振兴发展注入强劲活力；在财税、金融、投资、产业、国土资源、生态补偿、人才、对口支援等方面加大政策扶持力度，努力推动赣南等原中央苏区实现全面振兴。

国务院办公厅：《关于山东沂蒙老区参照执行中部地区有关政策的通知》

2011年10月，国务院办公厅下发《关于山东沂蒙革命老区参照执行中部地区有关政策的通知》，确定对沂蒙革命老区18个县市区，在安排中央预算内投资等资金时，参照执行国家扶持中部地区的有关政策[1]。同时，在农业农村、基础设施、产业发展、社会事业、扶贫开发、生态建设等6个方面，中央预算内资金、中央转移支付以及其他相关资金将加大扶持力度，适当降低中央投资项目的地方投资比例。

（三）"5"：5个重点革命老区振兴发展规划

国家发展改革委：《陕甘宁革命老区振兴规划》

2012年4月19日，国家发展改革委公布首个革命老区发展规划——《陕甘宁革命老区振兴规划》（以下简称：《规划》），《规划》明确到2015年，陕甘宁革命老区城镇化率达43%以上，城乡居民收入和人均基本公共服务能力超过西部地区平均水平。按照《规划》，老区在国家区域发展格局中的定位是：黄土高原生态文明示范区、国家重要能源化工基地、国家重点红色旅游区、现代旱作农业示范区和基本公共服务均等

---

[1] 据2011年10月10日《大众日报》报道，国家对中部、东部地区扶持政策差异主要表现为投资补助比例和标准不同，中央对中部地区投资补助比例和标准明显高于东部；扶持范围不同，中央部分专项仅支持中、西部地区；配套资金比例不同，中部地区地方财政配套资金明显低于东部。据初步匡算，沂蒙革命老区18个县市区按参照中部地区政策争取中央资金，会比现有政策争取的中央资金数额多一倍以上。沂蒙革命老区18个县市区是：临沂市的费县、沂水县、沂南县、郯城县、平邑县、蒙阴县、临沭县、莒南县、苍山县、罗庄区、河东区、兰山区，淄博市的沂源县，潍坊市的临朐县，济宁市的泗水县，泰安市的新泰市，日照市的五莲县、莒县。

化试点区。《规划》明确了"两步走"的发展目标：到2015年，国家能源化工基地初步建成，农产品加工业、红色文化产业、旅游业等特色产业初具规模；到2020年，经济实力显著增强，现代能源产业体系基本完备，实现全面建设小康社会目标。此外，《规划》明确，在财税、投资、土地政策方面，进一步加大对革命老区支持力度。

国家发展改革委：《赣闽粤原中央苏区振兴发展规划》

2014年3月，国家发展改革委印发《赣闽粤原中央苏区振兴发展规划》，提出原中央苏区打造成为革命老区扶贫攻坚示范区，全国有色金属产业基地、先进制造业基地和特色农产品深加工基地，重要的区域性综合交通枢纽，我国南方地区重要的生态屏障以及红色文化传承创新区、著名生态和文化旅游目的地。根据规划，到2020年，赣闽粤原中央苏区综合经济实力显著增强，人均主要经济指标接近全国平均水平；基础设施体系趋于完善，现代综合交通运输体系和能源保障体系基本形成；特色优势产业集群进一步壮大，现代产业体系基本建立；中心城市集聚能力不断提升，新型城镇化进程明显加快；生态建设和环境保护取得显著成效，单位生产总值能耗及污染物排放量进一步降低；城乡居民收入增长与经济发展同步，人民生活水平不断提高，努力实现城乡基本公共服务均等化，与全国同步实现全面建成小康社会目标。

国家发展改革委：《左右江革命老区振兴规划》

2015年3月20日，国家发展改革委发布《左右江革命老区振兴规划》（以下简称：《振兴规划》），明确了未来10年左右江革命老区振兴的战略定位和发展目标。《振兴规划》描绘了未来新蓝图：将老区打造成产业集聚、经济繁荣的活力老区；打造成天蓝山青水净的美丽老区；打造成人民安居乐业的幸福老区；打造成全国旅游文化示范的文化老区。依照《振兴规划》，老区的战略定位为：面向东南亚、南亚全方位开放前沿地带；

重要资源精深加工基地；著名红色文化及休闲旅游目的地；生态文明示范区；跨省互联互通先行区。《振兴规划》提出，将培育壮大沿边开发开放带，发展桂黔滇金三角组团、黔南桂西北组团，以百色、河池、崇左、兴义、都匀、文山等城市为中心，打造"两环三纵四横"的区域开发主骨架，形成"一带二组团多中心"的空间发展格局。

国家发展改革委：《大别山革命老区振兴发展规划》

2015年6月18日，国家发展改革委印发《大别山革命老区振兴发展规划》，要求努力把大别山革命老区建设成为欠发达地区科学发展示范区、全国重要的粮食和特色农产品生产加工基地、长江和淮河中下游地区重要的生态安全屏障、全国重要的旅游目的地。规划提出，将以黄冈、信阳、六安中心城区为龙头，依托黄冈高新技术开发区、六安经济技术开发区等平台，着力打造黄冈临港经济带、六安工业走廊和信阳宁西工业经济走廊，建设大别山革命老区核心增长极。

国家发展改革委：《川陕革命老区振兴发展规划》

2016年8月3日，国家发展改革委发布《川陕革命老区振兴发展规划》，这是国家支持革命老区"1258"政策体系中最晚出台的一个重点革命老区振兴发展规划，也是我国重点革命老区规划的"收官之作"。规划确立了川陕革命老区5大战略定位，即努力把川陕革命老区打造成为区域开发与精准扶贫协同推进的示范区，丝绸之路经济带和长江经济带的重要通道，清洁能源、特色农产品生产加工基地和军民融合产业示范基地，红色文化传承区，生态旅游目的地，以及秦巴山生态文明先行先试区。规划提出在原川陕苏区核心区域设立川陕革命老区综合改革试验区，建立统一协调合作平台，在创新行政管理、基础设施投融资、资源开发、扶贫开发、生态保护补偿等方面赋予试验区改革创新和试点示范职能，鼓励试验区大胆探索、推进综合改革试验，为全国革命老区振兴发展探索路径、积累经验。

（四）"8"：8个老区分布相对集中的连片特困地区区域发展与扶贫攻坚规划

国务院扶贫办、国家发展改革委：《武陵山片区区域发展与扶贫攻坚规划(2011—2020年)》

作为新阶段扶贫攻坚主战场的战略部署和国家区域发展的总体要求，中央决定率先启动武陵山片区区域发展与扶贫攻坚试点工作，为全国其他连片特困地区提供示范。武陵山片区集革命老区、民族地区和贫困地区于一体，是跨省交界面大、少数民族聚集多、贫困人口分布广的连片特困地区，也是重要的跨省经济协作区。2011年10月，国务院扶贫办、国家发展改革委印发《武陵山片区区域发展与扶贫攻坚规划(2011—2020年)》，按照"区域发展带动扶贫开发、扶贫开发促进区域发展"的基本思路，着力加强基础设施建设和生态建设，着力培育特色优势产业，着力改善农村基本生产生活条件，着力促进人力资源开发，着力发展社会事业，着力加快体制机制创新，将武陵山片区建设成为扶贫攻坚示范区、跨省协作创新区、民族团结模范区、国际知名生态文化旅游区和长江流域重要生态安全屏障。

国务院扶贫办、国家发展改革委：《秦巴山片区区域发展与扶贫攻坚规划（2011—2020年)》

秦巴山集中连片特殊困难地区是国家新一轮扶贫开发攻坚战主战场中涉及省份最多的片区。2012年5月，国务院扶贫办、国家发展改革委印发《秦巴山片区区域发展与扶贫攻坚规划（2011—2020年)》，按照"区域发展带动扶贫开发，扶贫开发促进区域发展"基本思路，着力加强基础设施建设，着力培育特色优势产业，着力改善农村基本生产生活条件，着力开发人力资源，着力发展社会事业，着力推进生态建设和环境保护，将秦巴山片区建设成为区域交通重要通道、循环经济创新发展区、科技扶贫示范区、知名生态文化旅游区和国家重要生态安全屏障。

国务院扶贫办、国家发展改革委：《滇桂黔石漠化片区区域发展与扶贫攻坚规划(2011—2020年)》

滇桂黔石漠化集中连片特殊困难地区是国家新一轮扶贫开发攻坚战主战场中少数民族人口最多的片区。2012年7月，国务院扶贫办、国家发展改革委印发《滇桂黔石漠化片区区域发展与扶贫攻坚规划(2011—2020年)》，按照"区域发展带动扶贫开发、扶贫开发促进区域发展"的基本思路，着力加强水利、交通等基础设施建设，着力提高资源开发利用水平，着力促进人力资源开发，着力发展社会事业，着力开展生态建设，着力加快体制机制创新，将滇桂黔石漠化片区建设成为扶贫攻坚与石漠化综合治理相结合重点区、重要能源和矿产资源深加工基地、国际知名喀斯特山水与文化旅游目的地、民族团结进步和边境繁荣稳定模范区和珠江流域重要生态安全屏障。

国务院扶贫办、国家发展改革委：《六盘山片区区域发展与扶贫攻坚规划(2011—2020年)》

2012年8月31日，国务院扶贫办、国家发展改革委印发《六盘山片区区域发展与扶贫攻坚规划(2011—2020年)》，按照"区域发展带动扶贫开发、扶贫开发促进区域发展"的基本思路，着力加强基础设施建设和改善农村基本生产生活条件，着力开发人力资源和壮大特色优势产业，着力发展循环经济和强化生态建设，着力发展社会事业和增强公共服务能力，将六盘山片区建设成为现代旱作农业示范区、循环经济创新区、文化旅游重要目的地、国家向西开放重要枢纽、黄河流域生态修复重点区和民族团结进步示范区。

国务院扶贫办、国家发展改革委：《燕山 - 太行山片区区域发展与扶贫攻坚规划 (2011—2020年)》

2012年11月28日，国务院扶贫办、国家发展改革委印发《燕山 - 太行山片区区域发展与扶贫攻坚规划 (2011—2020年)》，按照"区域发展带动扶贫开发、扶贫开发促进区域发展"的基本思路，着力加强水利等基础设施建设和改善农村基本生产生活条件，着力培育壮大特色产业和构建具有区域优势的产业体系，着力开发人力资源和促进农村劳动力转移就业，着力发展社会事业和提升公共服务水平，着力加强生态建设和环境保护，着力推进体制机制创新，将燕山 - 太行山片区建设成为京津地区重要生态安全屏障和水源保护区、文化旅游胜地与京津地区休闲度假目的地、国家战略运输通道与重要物流基地、绿色农副产品生产加工基地和京津地区产业转移重要承接地。

国务院扶贫办、国家发展改革委：《吕梁山片区区域发展与扶贫攻坚规划 (2011—2020年)》

2013年2月4日，国务院扶贫办、国家发展改革委印发《吕梁山片区区域发展与扶贫攻坚规划 (2011—2020年)》，按照"区域发展带动扶贫开发、扶贫开发促进区域发展"的基本思路，着力加强基础设施建设和改善农村基本生产生活条件，着力构建具有区域优势的产业体系和开发人力资源，着力发展社会事业和提升基本公共服务水平，着力加强生态建设和环境保护，着力推进体制机制创新，将吕梁山片区建设成为革命老区发展振兴区、旱作农业与特色农产品基地、优势资源开发与扶贫攻坚相结合创新区、黄河中游水土保持重点区。

国务院扶贫办、国家发展改革委：《大别山片区区域发展与扶贫攻坚规划 (2011—2020年)》

2013年2月4日，国务院扶贫办、国家发展改革委印发《大别山片区区域发展与扶贫攻坚规划 (2011—2020年)》，按照"区域发展带动扶贫开发、扶贫开发促进区域发展"的基本思路，着力加强基础设施建设和改善农村基本生产生活条件，着力承接产业转移和发展特色优势产业，着力促进就业和提升基本公共服务水平，着力加强生态建设和环境保护，着力推进体制机制创新，将大别山片区建设成为革命老区加快发展示范区、国家重要粮食和特色农产品生产加工基地、承接产业转移重点区、红色旅游胜地和文化休闲旅游目的地、华中和长江三角洲地区重要生态安全屏障。

国务院扶贫办、国家发展改革委：《罗霄山片区区域发展与扶贫攻坚规划 (2011—2020年)》

2013年2月4日，国务院扶贫办、国家发展改革委印发《罗霄山片区区域发展与扶贫攻坚规划 (2011—2020年)》，按照"区域发展带动扶贫开发、扶贫开发促进区域发展"的基本思路，着力加强交通、能源等基础设施建设和改善农村基本生产生活条件，着力发展特色优势产业和承接产业转移，着力促进就业和开发人力资源，着力发展社会事业和推进基本公共服务均等化，着力加强生态建设和环境保护，着力推进体制机制创新，将罗霄山片区建设成为全国革命老区扶贫攻坚示范区、我国南方地区重要交通通道、承接产业转移示范区、特色农业和全国稀有金属产业及先进制造业基地、红色旅游胜地与生态文化旅游重要目的地、我国南方地区重要生态安全屏障。

表1 新时代支持革命老区振兴发展的政策体系

阶段	类别	时间	发文部门	文件名称
支持革命老区振兴发展的"1258"政策体系	1个指导意见	2016年2月1日	中共中央办公厅、国务院办公厅	《关于加大脱贫攻坚力度支持革命老区开发建设的指导意见》
	两个区域性政策文件	2018年6月28日	国务院	《关于支持赣南等原中央苏区振兴发展的若干意见》
		2011年10月	国务院办公厅	《关于山东沂蒙革命老区参照执行中部地区有关政策的通知》
	5个重点革命老区振兴发展规划	2012年4月19日	国家发展改革委	《陕甘宁革命老区振兴规划》
		2014年3月	国家发展改革委	《赣闽粤原中央苏区振兴发展规划》
		2015年3月20日	国家发展改革委	《左右江革命老区振兴规划》
		2015年6月18日	国家发展改革委	《大别山革命老区振兴发展规划》
		2016年8月3日	国家发展改革委	《川陕革命老区振兴发展规划》
	8个老区分布相对集中的连片特困地区区域发展与扶贫攻坚规划	2011年10月	国务院扶贫办、国家发展改革委	《武陵山片区区域发展与扶贫攻坚规划(2011—2020年)》
		2012年5月	国务院扶贫办、国家发展改革委	《秦巴山片区区域发展与扶贫攻坚规划(2011—2020年)》
		2012年7月	国务院扶贫办、国家发展改革委	《滇桂黔石漠化片区区域发展与扶贫攻坚规划(2011—2020年)》
		2012年8月31日	国务院扶贫办、国家发展改革委	《六盘山片区区域发展与扶贫攻坚规划(2011—2020年)》
		2012年11月28日	国务院扶贫办、国家发展改革委	《燕山-太行山片区区域发展与扶贫攻坚规划(2011—2020年)》

(续表)

阶段	类别	时间	发文部门	文件名称
支持革命老区振兴发展的"1258"政策体系	8个老区分布相对集中的连片特困地区区域发展与扶贫攻坚规划	2013年2月4日	国务院扶贫办、国家发展改革委	《吕梁山片区区域发展与扶贫攻坚规划(2011—2020年)》
		2013年2月4日	国务院扶贫办、国家发展改革委	《大别山片区区域发展与扶贫攻坚规划(2011—2020年)》
		2013年2月4日	国务院扶贫办、国家发展改革委	《罗霄山片区区域发展与扶贫攻坚规划(2011—2020年)》
新时代支持革命老区振兴发展的"1+N+X"政策体系	"1"个意见	2021年1月24日	国务院	《关于新时代支持革命老区振兴发展的意见》
	"N"项实施方案	2021年11月22日	国家发展改革委、农业农村部、国家乡村振兴局、教育部、科技部、工业和信息化部、财政部、住房和城乡建设部、水利部、商务部、文化和旅游部、国家卫生健康委、人民银行、国家粮食和物资储备局、国家能源局	《"十四五"支持革命老区巩固拓展脱贫攻坚成果衔接推进乡村振兴实施方案》
		2021年11月26日	国家发展改革委	《"十四五"特殊类型地区振兴发展规划》
		2022年1月	国家发展改革委、文化和旅游部、国家文物局	推动革命老区红色旅游高质量发展有关方案
	"X"项专项政策	2021年4月21日	国务院办公厅	《新时代中央国家机关及有关单位对口支援赣南等原中央苏区工作方案》
		2022年5月19日	国家发展改革委	《革命老区重点城市对口合作工作方案》
		2021年10月16日	国家发展改革委	《湘赣边区域合作示范区建设总体方案》

(续表)

阶段	类别	时间	发文部门	文件名称
新时代支持革命老区振兴发展的"1+N+X"政策体系	"X"项专项政策	2022年3月17日	国家发展改革委	《赣州革命老区高质量发展示范区建设方案》
		2022年3月17日	国家发展改革委	《闽西革命老区高质量发展示范区建设方案》
		2021年6月8日	财政部、国家乡村振兴局	《中央专项彩票公益金支持欠发达革命老区乡村振兴项目资金管理办法》
		2021年7月9日	中国证监会办公厅	《新时代中国证监会支持赣南等原中央苏区振兴发展的实施意见》
		2021年4月9日	中国民用航空局	《新时代支持革命老区振兴发展工作方案》
		2021年5月	中国民用航空局、文化和旅游部	《关于促进民航业与红色旅游深度融合创新发展的指导意见》
		2021年5月19日	国家开发银行	《关于支持革命老区振兴发展的意见》
		2021年11月	中国农业发展银行	《关于新时代支持革命老区振兴发展的指导意见》
		2021年11月	中国农业银行	《关于支持革命老区振兴发展的意见》
		2022年5月	交通运输部、国家铁路局、中国民用航空局、国家邮政局	《大别山革命老区综合交通运输"十四五"发展规划》
		2022年7月25日	水利部	《关于支持江西革命老区水利高质量发展的意见》

资料来源：根据媒体公开报道综合整理

表2 新时代支持革命老区振兴发展的省级政策文件

类别	时间	发文部门	文件名称
省级实施意见、方案	2021年3月29日	河北省政府	《关于新时代支持重点革命老区振兴发展的实施意见》
	2021年4月21日	江西省委、省政府	《关于新时代进一步推动江西革命老区振兴发展的实施意见》
	2021年7月2日	甘肃省政府	《关于新时代支持革命老区振兴发展的实施意见》
	2021年7月30日	浙江省政府	《关于新时代支持浙西南等革命老区振兴发展的实施意见》
	2021年8月10日	安徽省政府办公厅	《关于新时代支持大别山革命老区振兴发展的实施意见》
	2021年8月12日	陕西省政府	《新时代支持革命老区振兴发展若干措施》
	2021年8月12日	广西壮族自治区政府办公厅	《加快推进新时代广西左右江革命老区振兴发展三年行动计划（2021—2023年）》
	2021年8月25日	四川省政府	《四川省人民政府关于新时代支持革命老区振兴发展的实施意见》，并配套出台《关于新时代促进革命老区振兴发展的支持政策》
	2021年8月26日	天津市发改委	《关于新时代支持革命老区振兴发展的实施方案》
	2021年8月28日	广东省委、省政府	《关于新时代支持革命老区和原中央苏区振兴发展的实施意见》
	2021年8月30日	贵州省发展改革委	《关于新时代支持革命老区振兴发展的实施方案》
	2021年9月6日	河南省政府	《关于新时代支持革命老区振兴发展的实施意见》
	2021年9月28日	海南省政府	《关于新时代支持琼崖革命老区振兴发展的实施意见》
	2021年10月17日	湖北省政府	《关于新时代支持革命老区振兴发展的实施意见》
	2021年10月25日	山东省政府	《关于新时代支持沂蒙革命老区振兴发展的实施方案》

(续表)

类别	时间	发文部门	文件名称
省级实施意见、方案	2021年11月4日	重庆市政府	《关于新时代推动革命老区振兴发展的实施意见》
	2021年11月9日	山西省政府	《关于新时代支持山西太行革命老区振兴发展的实施意见》
	2021年11月19日	宁夏回族自治区政府	《关于新时代支持革命老区振兴发展的实施意见》
	2021年12月29日	云南省政府	《关于新时代支持左右江革命老区振兴发展的实施意见》
	2021年12月29日	内蒙古自治区发展改革委、农牧厅、乡村振兴局	《新时代支持促进革命老区振兴发展的若干措施（2021—2025年）》
	2022年1月27日	福建省政府	《关于新时代进一步推动福建革命老区振兴发展的实施方案》
	2022年1月30日	重庆市发展改革委和四川省发展改革委	《城宣万革命老区振兴发展示范区总体方案》
	2022年7月26日	湖南省政府办公厅	《"十四五"支持革命老区振兴发展实施方案》
省级革命老区振兴发展条例	2019年11月29日	广东省十三届人大常委会	《广东省促进革命老区发展条例》
	2020年1月9日	福建省十三届人大常委会	《福建省促进革命老区发展条例(修正案)》
	2021年7月30日	河南省十三届人大常委会	《河南省革命老区振兴发展促进条例》
	2022年5月27日	安徽省十三届人大常委会	《安徽省促进大别山等革命老区振兴发展条例》
省级革命老区振兴"十四五"规划	2021年10月	四川省发展改革委	《四川省"十四五"川陕革命老区发展规划》
	2022年2月14日	安徽省政府办公厅	《安徽大别山革命老区"十四五"振兴发展规划》
	2022年2月16日	福建省发展改革委	《福建省"十四五"老区苏区振兴发展专项规划》

资料来源：根据媒体公开报道整理

二、新时代支持革命老区振兴发展的"1+N+X"政策体系

(一)"1":国务院《关于新时代支持革命老区振兴发展的意见》

2021年1月24日,国务院印发《关于新时代支持革命老区振兴发展的意见》(以下简称:《意见》),要求支持革命老区在新发展阶段巩固拓展脱贫攻坚成果,开启社会主义现代化建设新征程,让革命老区人民逐步过上更加富裕幸福的生活。《意见》明确,到2025年,革命老区脱贫攻坚成果全面巩固拓展,乡村振兴和新型城镇化建设取得明显进展,基础设施和基本公共服务进一步改善,居民收入增长幅度高于全国平均水平,对内对外开放合作水平显著提高,红色文化影响力明显增强,生态环境质量持续改善。到2035年,革命老区与全国同步基本实现社会主义现代化,现代化经济体系基本形成,居民收入水平显著提升,基本公共服务实现均等化,人民生活更加美好,形成红色文化繁荣、生态环境优美、基础设施完善、产业发展兴旺、居民生活幸福、社会和谐稳定的发展新局面。

《意见》明确了三个方面的重点任务:一是巩固拓展脱贫攻坚成果,因地制宜推进振兴发展,推动实现巩固拓展脱贫攻坚成果同乡村振兴有效衔接、促进大中小城市协调发展、对接国家重大区域战略。二是促进实体经济发展,增强革命老区发展活力,完善基础设施网络、培育壮大特色产业、提升创新驱动发展能力。三是补齐公共服务短板,增进革命老区人民福祉,提升公共服务质量、弘扬传承红色文化、促进绿色转型发展。

《意见》提出,要健全政策体系和长效机制。加强党的全面领导,把党的领导始终贯穿革命老区振兴发展全过程和各领域各方面各环节。加大财政金融支持力度,优化土地资源配置,强化组织实施。相关省(自

治区、直辖市）要将革命老区振兴发展列为本地区重点工作，加强组织领导，完善工作机制，明确责任分工，制定配套政策，健全对革命老区的差别化绩效评估体系。有关部门要研究制订支持革命老区巩固拓展脱贫攻坚成果、基础设施建设、生态环境保护修复、红色旅游等重点领域实施方案。

（二）"N"：新时代支持革命老区振兴的"N"项实施方案

国家发展改革委等15部门：《"十四五"支持革命老区巩固拓展脱贫攻坚成果衔接推进乡村振兴实施方案》

2021年11月22日，国家发展改革委、农业农村部等15部门联合印发《"十四五"支持革命老区巩固拓展脱贫攻坚成果衔接推进乡村振兴实施方案》，明确"十四五"时期，将聚焦重点区域、重点领域、重点人群，支持12个革命老区全面巩固拓展脱贫攻坚成果，衔接推进乡村振兴。首先是健全革命老区脱贫地区长效帮扶机制。包括健全防止返贫动态监测和帮扶机制、加大易地扶贫搬迁后续扶持、深入实施以工代赈和消费帮扶、集中支持一批革命老区乡村振兴重点帮扶县。其次是推动革命老区城乡融合发展。包括大力实施乡村建设行动、推进革命老区重点县城建设、支持革命老区重点城市发展、加强公共服务设施建设。同时支持革命老区特色产业发展。加快推进农业现代化、加快发展特色制造业、培育发展特色服务业、加强产业园区和产业平台建设、加快绿色转型发展。"十四五"时期，国家将加强政策支持、完善帮扶机制，扎实推进革命老区农业农村现代化，促进新型城镇化高质量发展，为社会主义现代化建设提供坚实支撑。

国家发展改革委：《"十四五"特殊类型地区振兴发展规划》

2021年11月26日，国家发展改革委发布《"十四五"特殊类型地区振兴发展规划》。这是第一个全国特殊类型地区振兴五年规划，也是"十四五"时期支持全国特殊类型地区振兴的纲领性文件。特殊类型地区包括以脱贫地区为重点的欠发达地区和革命老区、边境地区、生态退化地区、资源型地区、老工业城市等。其中，针对革命老区的振兴发展，规划明确了赣闽粤、陕甘宁、大别山、川陕、左右江、湘赣边、湘鄂渝黔、海陆丰、琼崖、浙西南、沂蒙、太行等12个革命老区的规划范围，明确了20个革命老区重点城市的目标定位，明确了促进大中小城市和小城镇协调发展、因地制宜发展特色产业、传承弘扬红色文化等领域的重点政策。

国家发展改革委等三部门：推动革命老区红色旅游高质量发展有关方案[2]

2022年1月，国家发展改革委会同文化和旅游部、国家文物局印发推动革命老区红色旅游高质量发展有关方案。方案从三方面部署了12项重点任务，适用范围为国家明确的12个革命老区及全国其他革命老区县市。在"加强红色资源保护利用"方面，方案提出了加大革命文物保护

---

[2] 2022年8月16日，湘鄂渝黔红色旅游推介会在湖南省张家界市举行，进一步深化区域合作，推动湘鄂渝黔红色旅游融合发展示范区建设，助力革命老区发挥特色优势，推进红色旅游高质量发展。湖南省张家界市、邵阳市、益阳市、常德市、娄底市、怀化市、湘西土家族苗族自治州，湖北省荆州市、恩施土家族苗族自治州，重庆市黔江区、石柱土家族自治县、秀山土家族苗族自治县、酉阳土家族苗族自治县、彭水苗族土家族自治县，贵州省铜仁市、黔东南苗族侗族自治州、黔南布依族苗族自治州，在大会上签订了红色旅游合作框架协议。大会期间，17个市（州）分别进行了红色旅游专题推介。下一步，湘鄂渝黔革命老区将充分用好联席会议制度，凝聚协作和发展共识，对接长江经济带、成渝经济圈、"一带一路"、西部大开发及中部崛起等国家战略布局，积极探索"区域合作，旅游联盟"机制，共争发展机遇，共绘发展蓝图，共建发展格局，共享发展经验，实现经验共享、优势互补、信息互通，助推湘鄂渝黔革命老区经济高质量发展。

力度、深入挖掘红色文化内涵、稳妥建设红色纪念设施、创新红色旅游产品开发等4项任务，明确要求以县（区、市）为单位开展革命文物资源专项调查和定期排查，全面摸清革命老区革命文物资源家底和保护需求，将革命文物资源资产使用和管理情况纳入国有资产报告，加强革命老区重大纪念设施项目建设管理，合理开发特色国防军事旅游产品，积极打造精品红色旅游演艺作品等。在"推进红色旅游品质升级"方面，方案提出了健全红色旅游基础设施、推进红色旅游资源整合、提升红色旅游服务质量、加强红色旅游人才建设4项任务。在"优化红色旅游发展格局"方面，方案提出了提升红色旅游规范发展水平、深化红色旅游与乡村振兴融合、促进革命老区城乡区域协调、推进红色旅游适度多元发展4项任务。

（三）"X"：新时代支持革命老区振兴的"X"项专项政策

国务院办公厅：《新时代中央国家机关及有关单位对口支援赣南等原中央苏区工作方案》[3]

2021年4月21日，国务院办公厅印发《新时代中央国家机关及有关单位对口支援赣南等原中央苏区工作方案》，要求立足新发展阶段、贯彻新发展理念、构建新发展格局，充分发挥中央国家机关及有关单位职

---

[3] 2022年6月13日，全国革命老区干部学院联盟成立大会在江苏盐城举行，来自江苏、福建、陕西、河南、宁夏、辽宁、山西、安徽、江西、新疆、广东等地的13家干部学院首批签约入盟，合力打造红色文化传承与弘扬的"平台"、联结优质干部教育资源的"纽带"、践行干部教育新模式新路径的"先锋"。大会通过了联盟章程，组成了联盟理事会。下一步，将依托联盟平台载体，加强对革命精神、老区精神的深入研究，常态化推进资源共享、经验分享、学习互鉴、交流协作，共同建好党性教育、革命传统教育的坚强阵地，争当老区精神的传承者和践行者，凝心聚力谱写新时代新篇章。

能作用，激发赣南等原中央苏区内生发展动力，努力构建人才、产业、项目、创新等相结合的对口支援工作格局，探索新时代推动革命老区高质量发展、逐步实现共同富裕的有效途径。方案明确，对口支援赣南等原中央苏区工作，对口支援单位包括63个中央国家机关及有关单位，受援地包括江西省赣州市、吉安市、抚州市和福建省龙岩市、三明市所辖共43个县（市、区）。工作期限为2021年至2030年。方案要求，各对口支援单位要结合自身职能和优势，充分考虑受援地比较优势和发展需要，以干部挂职、人才培训、营商环境营造、产业和创新平台建设等为重点，科学编制并推动落实对口支援实施方案。要把红色资源作为坚定理想信念、加强党性修养的生动教材，选派优秀干部到赣南等原中央苏区和其他革命老区挂职锻炼。要聚焦提升内生发展动力，支持受援地培训一批专业技术人才，推广一批改革创新举措，实施一批有利于推动高质量发展的政策与项目。

国家发展改革委：《革命老区重点城市对口合作工作方案》

2022年5月19日，国家发展改革委印发《革命老区重点城市对口合作工作方案》，明确了20个革命老区重点城市与发达地区部分城市的对口合作关系，以及对口合作的重点任务。这20个革命老区重点城市与发达地区部分城市的对口合作关系包括了赣州市（赣闽粤原中央苏区）与深圳市、吉安市（赣闽粤原中央苏区）与东莞市、龙岩市（赣闽粤原中央苏区）与广州市等。与此同时，方案还明确了对口合作关系的工作期限，从2022年至2030年。为促进革命老区和东部地区共同发展、协同发展，我国将从传承弘扬红色文化，衔接推进乡村振兴和新型城镇化等无方面展开合作。其中，在传承弘扬红色文化方面，要积极支持赴革命老区重点城市开展学习交流，鼓励共同开展革命文物保护利用，共同传承弘扬红色文化，共同搭建红色文化和旅游融合发展平台，合作促进红色旅游高质量发展。在衔接推进乡村振兴和新型城镇化方面，做好易地扶贫搬迁后续扶持，加大就业和产业扶持力度，推进乡村振兴，支持革命老区重点城市推进以人为核心的新型城镇化，因地制宜建设区域性节点城市、重要交通枢纽、现代产业基地、商贸物流中心等。

国家发展改革委：《赣州革命老区高质量发展示范区建设方案》[4]

2022年3月17日，国家发展改革委印发《赣州革命老区高质量发展示范区建设方案》，提出到2025年示范区建设取得重大进展，探索形成一批推进革命老区振兴发展的典型经验做法。2035年示范区与全国同步，基本实现社会主义现代化。方案从全面推进乡村振兴、发展特色优势产业、弘扬革命精神等六个方面作出部署。在全面推进乡村振兴方面，提出要推动巩固拓展脱贫攻坚成果，同乡村振兴有效衔接，加强乡村交通水利等基础设施建设，促进乡村产业兴旺，完善城镇功能布局。在革命老区创新发展特色优势产业方面，提出要加快提升区域创新能力，推动特色先进制造业高质量发展，大力发展现代服务业。在传承红色基因方面，提出要加强红色资源保护、利用，弘扬革命历史文化。方案明确，中央财政通过革命老区转移支付等现有资金渠道支持示范区建设，加大对赣州补助力度。中央预算内投资通过既有专项对赣州符合条件的项目予以支持。加大人才队伍建设力度，支持国家级人才工程和引智项目向赣州倾斜。

---

[4] 2022年7月29日，中国稀土集团与赣县区政府、赣州高新区管理委员会共同推进"中国稀金谷"建设合作备忘录签约仪式在集团公司总部举行。各方将充分发挥各自在资源、市场、技术及区位、产业、政策等方面的优势，打造央地合作新典范，不断提高稀土开发利用的技术水平，实现稀土产业绿色发展、可持续发展，共同推动"中国稀金谷"建设，将"中国稀金谷"打造成为国内领先、世界一流的稀土稀有金属高新技术产业集聚区。

国家发展改革委:《闽西革命老区高质量发展示范区建设方案》

2022年3月17日,国家发展改革委印发《闽西革命老区高质量发展示范区建设方案》,提出到2025年,闽西革命老区人均地区生产总值和居民人均可支配收入等经济指标位居全国革命老区前列,形成一批可复制可推广的典型经验做法,到2035年闽西革命老区与全国同步基本实现社会主义现代化。方案从巩固绿色优势、坚持创新驱动发展、促进城乡协调发展、推动互联互通、增进民生福祉、推动红色传承六个方面作出部署。

国家发展改革委:《湘赣边区域合作示范区建设总体方案》

2021年10月16日,国家发展改革委印发《湘赣边区域合作示范区建设总体方案》,提出将湘赣边区域打造成为全国革命老区振兴发展的先行区、省际交界地区协同发展的样板区、绿色发展和生态文明建设的引领区。方案提出了示范区建设总体要求。即共同促进红色文化传承、跨省产业协作、城乡融合发展、生态环境共保联治、基础设施互联互通、公共服务共建共享,引导湘赣边区域与赣南等原中央苏区协同发展,与长江中游城市群联动发展。方案明确,到2025年,示范区综合实力明显增强,红色文化保护利用不断加强,生态保护补偿机制更加健全,互联互通的综合交通网络基本建成,优势互补的现代产业体系基本形成,基本公共服务一体化水平明显提升,常住人口城镇化率增幅超过湘赣两省平均水平,探索积累和复制推广一批革命老区高质量发展的新经验。到2035年,湘赣边区域合作发展取得显著成效,形成红色文化繁荣、基础设施完善、产业发展协同、生态环境优美、基本公共服务均等、人民生活幸福的革命老区发展新局面。

财政部、国家乡村振兴局:《中央专项彩票公益金支持欠发达革命老区乡村振兴项目资金管理办法》

2021年6月8日,财政部、国家乡村振兴局联合印发《中央专项彩票公益金支持欠发达革命老区乡村振兴项目资金管理办法》,对项目资金使用管理作出规定。办法适应革命老区振兴发展的新形势,在延续脱贫攻坚期有效做法的基础上,做了进一步调整优化。一方面,优化支持方式。支持范围由原贫困革命老区县调整为经济社会发展相对落后的革命老区县,支持开展乡村振兴示范区建设(示范区是指革命老区县中具备一定发展基础、乡村全面振兴示范带动作用较强的乡镇或集中连片的若干行政村),充分发挥资金的聚集效应,防止"撒胡椒面"。另一方面,拓展资金用途。考虑到全面实施乡村振兴战略的深度、广度、难度不亚于脱贫攻坚,将资金用途由"十三五"期间"支持贫困村村内小型生产性公益设施建设"拓展为"主要用于统筹实施示范区内必要的农村人居环境整治和公益性基础设施建设、促进脱贫劳动力就业增收、发展农业特色产业等"。2021年安排革命老区转移支付198.66亿元。

中国证监会办公厅:《新时代中国证监会支持赣南等原中央苏区振兴发展的实施意见》

2021年7月9日,中国证监会办公厅印发《新时代中国证监会支持赣南等原中央苏区振兴发展的实施意见》,将充分发挥资本市场作用,全力支持赣南等原中央苏区经济社会振兴发展。意见提出,支持赣南等原中央苏区符合条件的企业通过首次公开发行股票并上市、新三板挂牌融资,用好企业上市"绿色通道"政策;支持赣南等原中央苏区普惠金融改革,支持符合条件的涉农企业、创新创业企业、绿色企业等在交易所市场发行债券;支持上市公司通过并购重组等方式,优化整合赣南等原中央苏区资源;支持私募投资基金等社会资本在赣南等原中央苏区投资;支持赣南等原中央苏区利用期货市场推动产业振兴发展;鼓励系统单位、行业机构继续大力实施消费帮扶,推动赣南等原中央苏区特色产业发展。

中国民用航空局：《新时代支持革命老区振兴发展工作方案》

2021年4月9日，中国民用航空局印发《新时代支持革命老区振兴发展工作方案》，将进一步提升革命老区民航基础设施综合保障能力，注重发挥民航行业比较优势和战略产业作用，加强与国家重大区域战略互动衔接，助力老区巩固拓展脱贫攻坚成果，帮助老区走出一条新时代振兴发展新路。到2025年，革命老区机场布局网络进一步完善，综合保障能力进一步提高，机场通达性和出行便捷性进一步提升，有效支撑老区振兴发展。重点任务主要包括强化规划指导、加快推进机场建设、加强老区机场与其他交通方式衔接、促进老区与重大区域战略对接、助力发展红色旅游、积极推动通用航空发展、积极扩大对外开放、加大资金支持等十个方面。

中国民用航空局、文化和旅游部：《关于促进民航业与红色旅游深度融合创新发展的指导意见》

2021年5月，中国民用航空局、文化和旅游部联合印发《关于促进民航业与红色旅游深度融合创新发展的指导意见》，进一步发挥民航业在推动红色旅游高质量发展中的重要作用，促进民航业与红色旅游深度融合创新发展。意见提出，加强红色旅游地区机场与其他交通方式的连接，推动建设一批红色旅游融合发展示范区。同时，针对提高红色旅游地区航空运输通达性，深入挖掘红色旅游文化内涵，遴选一批具有代表性的红色旅游航线，并支持航空公司在红色旅游地区机场加大运力投放，增开航线、加密航班，特别是推广通程航班和短途航空运输服务。此外，创新红色旅游航空运输产品供给等措施，如鼓励航空公司合理安排航线航班，为旅客提供更具差异化、个性化的红色旅游产品；在线旅游平台围绕"互联网+红色旅游"整合资源，推出更多一站式旅游产品。

国家开发银行：《关于支持革命老区振兴发展的意见》

2021年5月19日，国家开发银行印发《关于支持革命老区振兴发展的意见》，将充分发挥开发性金融在重点领域和薄弱环节的关键作用，着力巩固拓展脱贫攻坚成果，解决制约革命老区发展短板，提升革命老区内生发展动力。意见提出，计划2021年向革命老区发放贷款6000亿元以上，其中转贷款发放500亿元以上；到2035年，助力革命老区与全国同步实现社会主义现代化。

中国农业发展银行：《关于新时代支持革命老区振兴发展的指导意见》

2021年11月，中国农业发展银行印发《关于新时代支持革命老区振兴发展的指导意见》明确，继续做好广西隆林、云南马关、江西南丰的定点帮扶和对口支援工作，继续支持脱贫地区革命老区开展东西部协作和"万企兴万村"行动。服务支持龙岩市、赣州市、吉安市、临沂市等革命老区建设普惠金融服务乡村振兴改革实验区。研究建立发达省市分行与革命老区重点城市分行对口合作机制，支持革命老区重点城市分行与经济发达地区分行开展干部双向交流挂职。

中国农业银行：《关于支持革命老区振兴发展的意见》

2021年11月，中国农业银行印发《关于支持革命老区振兴发展的意见》，共7部分30条，包括总体要求和目标任务、加大重点领域金融服务力度、强化产品和服务创新、延伸金融服务渠道、加强人才队伍建设、建立资源保障机制、坚持党建引领促落实，把促进老区人民实现共同富裕作为金融服务的出发点和着力点，持续强化政策支持，建立健全帮扶机制，全面做好革命老区振兴发展金融服务工作。

交通运输部等4部门：《大别山革命老区综合交通运输"十四五"发展规划》

2022年5月，交通运输部会同国家铁路局、中国民用航空局、国家邮政局联合发布《大别山革命老区综合交通运输"十四五"发展规划》，进一步推进大别山革命老区交通运输发展，探索省际交界地区、革命老区交通运输高质量发展新路径。规划明确，大别山革命老区将以抢抓机遇、加快发展，便民富民、提质增效，立足实际、重点突破，统筹协调、创新融合，生态优先、安全可靠为原则，到2025年，加快构建安全、便捷、高效、绿色、经济的现代化综合交通运输体系，综合交通基础设施内外衔接、互联畅通，实现对外快速畅达周边省市，对内便捷联系各中心城市，广泛覆盖县乡农村，国道省际路段贯通比例、乡镇通三级路比例、建制村通等级路比例均达100%，建制村快递服务通达率超90%，努力建成革命老区、多省交界地区交通运输高质量发展先行示范区、协同发展绿色发展样板区。规划部署了7项重点任务，即加快构建内畅外联的快速交通网、着力完善衔接顺畅的干线交通网、全面建设覆盖广泛的基础交通网、积极打造衔接高效的综合交通枢纽、努力提升运输服务品质效率、稳步推进交通运输创新融合发展、促进交通运输安全发展绿色发展。

水利部：《关于支持江西革命老区水利高质量发展的意见》

2022年7月25日，水利部印发《关于支持江西革命老区水利高质量发展的意见》，坚持以人民为中心，统筹发展和安全，大力弘扬苏区精神、长征精神和脱贫攻坚精神，深入践行"节水优先、空间均衡、系统治理、两手发力"治水思路，以全面提升水安全保障能力为目标，支持江西革命老区推进水利高质量发展和赣州革命老区水利高质量发展示范区建设。意见从完善防洪工程体系、提升防洪减灾能力，实施水网重大工程、增强供水保障能力，推进流域生态综合治理、维护河湖健康生命，加快智慧水利建设、提高水利数字化网络化智能化水平，建立健全节水制度政策、提升水资源集约节约利用水平，强化体制机制法治管理、提升水利治理能力和水平，支持赣州革命老区水利高质量发展示范区建设等七个方面提出了24项重点任务。

三、新时代支持革命老区振兴发展的省级政策文件（部分）

河北：《河北省人民政府关于新时代支持重点革命老区振兴发展的实施意见》

2021年3月29日，河北省政府出台《关于新时代支持重点革命老区振兴发展的实施意见》，提出到2025年，太行革命老区乡村振兴和新型城镇化建设取得明显进展，基础设施和基本公共服务进一步改善，地区生产总值年均增长6%以上，常住人口城镇化率达到60%以上，居民人均可支配收入年均增长6%以上；到2035年，太行革命老区与全国同步基本实现社会主义现代化。根据实施方案，河北省将从以下几方面支持重点革命老区振兴发展：夯实老区振兴发展基础。实现巩固拓展脱贫攻坚成果同乡村振兴有效衔接，加快推进新型城镇化战略，深度融入国家重大战略；增强经济发展动力活力。完善基础设施网络，培育壮大特色产业，提高创新发展能力；提高可持续发展能力。提升公共服务质量，弘扬传承红色文化，促进绿色转型发展。此外，从财政金融、土地资源等方面加大政策支持力度。

江西：《关于新时代进一步推动江西革命老区振兴发展的实施意见》

2021年4月21日，江西省委、省政府出台《关于新时代进一步推动江西革命老区振兴发展的实施意见》，聚焦六大重点，推出20项具体举措，为老区振兴发展再添新动能。即聚焦实施乡村振兴战略，巩固拓展脱贫攻坚成果，加快发展现代农业，大力推进美丽乡村建设。聚焦夯实高质量发展基础，推进实施一批重大交通、能源、水利项目。聚焦增强内生发展动力，坚持创新引领，培育壮大优势产业，对接融入国家重大区域战略。聚焦筑牢绿色生态屏障，着力提升生态环境质量，促进绿色转型发展。聚焦增进老区人民福祉，加快发展教育事业，提升医疗健康服务水平，促进文化体育事业发展。聚焦推进传承红色基因，大力实施革命文物保护利用工程，促进红色旅游高质量发展。

甘肃：《甘肃省人民政府关于新时代支持革命老区振兴发展的实施意见》

2021年7月2日，甘肃省政府印发《关于新时代支持革命老区振兴发展的实施意见》（以下简称：《实施意见》），从实现巩固拓展脱贫攻坚成果同乡村振兴有效衔接、着力促进城乡融合发展、深度融入国家重大战略、加快完善基础设施体系、培育壮大特色产业、努力提高创新发展能力、大力提升公共服务质量、弘扬传承红色文化、促进绿色转型发展等9个方面，提出了20条具体举措。《实施意见》紧密结合甘肃实际，针对革命老区振兴发展的短板弱项，支持革命老区抢抓国家重大战略机遇，将加强陕甘宁革命老区区域合作、推动陇东综合能源化工基地高质量发展、建设全国一体化大数据中心国家枢纽节点等内容纳入《实施意见》，充分体现了甘肃省特色。同时，《实施意见》既体现政策倾斜，又突出资金支持，提出"十四五"期间，省财政每年继续安排庆阳革命老区建设专项资金1亿元；省级将原增值税地方留成部分全部留"两市一县"，不参与分享；资源税原基数部分全部留市县，增量部分省与市县按3∶7分成，充分体现了对革命老区的特殊支持。

浙江：《关于新时代支持浙西南等革命老区振兴发展的实施意见》

2021年7月30日，浙江省政府印发《关于新时代支持浙西南等革命老区振兴发展的实施意见》，提出到2025年，革命老区常住人口城镇化率总体达到65%；居民收入增长幅度高于全省平均水平，城乡收入比缩小到1.9以内，低收入农户人均可支配收入年均增长10%以上；红色文化影响力明显增强，生态环境质量持续改善，打通绿水青山就是金山银山转化通道的浙江方案初步形成。意见从加快提升革命老区振兴发展活力、着力完善革命老区基础设施网络、积极推动革命老区生态环境保护修复和大力弘扬传承红色文化等方面入手，将加快革命老区特色生态产业发展，增强内生发展动力，促进群众增收致富。加快交通基础设施、能源保障体系和水利基础设施建设。推进山水林田湖草一体化保护和修复，以及探索生态产品价值实现机制。把红色资源作为坚定理想信念、加强党性修养的生动教材，围绕革命历史创作一批文艺作品。

安徽：《关于新时代支持大别山革命老区振兴发展的实施意见》

2021年8月10日，安徽省政府办公厅印发《关于新时代支持大别山革命老区振兴发展的实施意见》，围绕加快推进乡村振兴、大力发展特色产业、加强基础设施建设、加大政策扶持力度等方面提出27条政策措施，全方位支持老区振兴发展。意见明确，从2021年起连续5年，省财政对老区10县（市、区）每年各补助2000万元，支持建立产业发展基金，撬动引入社会资本，支持老区高质量发展，并建立绩效考核机制。在安排革命老区转移支付、分配新增地方政府专项债券额度时，给予大别山革命老区倾斜支持。

陕西：《新时代支持革命老区振兴发展若干措施》

2021年8月12日，陕西省政府印发《新时代支持革命老区振兴发展若干措施》明确，加快汉中、榆林等区域中心城市建设，高水平打造延安国家陆港型物流枢纽承载城市和榆林全国综合性交通物流枢纽城市；支持延安市建设黄河流域生态保护和高质量发展先行区；支持川陕革命老区深化与天津、江苏、四川的对口协作和合作联动，加强在产业发展、革命文物保护利用、生态保护等方面的协作。到2025年，革命老区地区生产总值和居民人均可支配收入增速基本达到全省平均水平；到2035年，革命老区与全国同步基本实现社会主义现代化，逐步实现共同富裕。

广西：《加快推进新时代广西左右江革命老区振兴发展三年行动计划（2021—2023年）》

2021年8月12日，广西壮族自治区政府办公厅印发《加快推进新时代广西左右江革命老区振兴发展三年行动计划（2021—2023年）》，提出用三年时间，加快建设一批事关老区振兴发展全局的重大项目，带动老区进一步激发振兴动力、提升核心竞争力，维护老区生态秀美的良好环境。行动计划指出，2021—2023年，左右江革命老区重点围绕着力推进乡村振兴、培育发展新动能、补齐公共服务短板、强化生态功能修复等四大类工程，加快建设一批重大项目。三年行动项目分为实施项目和储备项目两大类。其中，实施项目共357项，总投资3611亿元。储备项目共449项，总投资4357亿元。经过三年努力，主要实现以下目标：一是因地制宜发展乡村经济，推动巩固拓展脱贫攻坚成果同乡村振兴有效衔接，实现城乡区域协调发展，增强老区振兴发展活力；二是完善老区基础设施体系，培育壮大特色优势产业，进一步筑牢发展基础，提升老区经济质量效益和核心竞争力；三是补齐公共服务短板，健全基本公共服务体系，大力发展红色旅游，传承和弘扬红色文化，提升老区基本公共服务质量，增强老区人民的获得感、幸福感；四是加大老区生态功能修复与生态保护力度，加快能源资源产业绿色发展，促进老区实现绿色转型发展，维护老区生态秀美的良好环境。

四川：出台支持革命老区振兴发展实施意见及支持政策

2021年8月25日，四川省政府发布《四川省人民政府关于新时代支持革命老区振兴发展的实施意见》，并配套出台《关于新时代促进革命老区振兴发展的支持政策》。根据实施意见，到2035年，该省革命老区与全国全省同步基本实现社会主义现代化。实施意见明确，要推动实现巩固拓展脱贫攻坚成果同乡村振兴有效衔接，重点任务包括：培育壮大特色优势产业；补齐基础设施和公共服务短板；弘扬传承红色文化；加强生态治理和环境保护等。为了确保振兴发展革命老区目标的实现，四川省配套出台五条支持措施：将加大财力薄弱县财政资金补助力度；加大重点公益性项目资金支持力度；支持培育壮大特色优势产业；加大用地保障支持力度；鼓励优秀人才到革命老区县干事创业。

天津：《关于新时代支持革命老区振兴发展的实施方案》

2021年8月26日，天津市发改委印发《关于新时代支持革命老区振兴发展的实施方案》。方案明确支持革命老区振兴发展的结对关系与东西部协作结对关系保持一致，由天津市9个区与甘肃省两市一县共13个革命老区县开展结对帮扶工作；确定了帮扶工作向革命老区重点倾斜支持、助力革命老区巩固拓展脱贫攻坚成果、支持革命老区全面推进乡村振兴等重点任务。

广东：《关于新时代支持革命老区和原中央苏区振兴发展的实施意见》

2021年8月28日，广东省委、省政府印发《关于新时代支持革命老区和原中央苏区振兴发展的实施意见》。该实施意见明确，广东省财政在继续加大投入落实好2019年出台的系列政策基础上，5年再新增安排210亿元，专门用于办好老区苏区专项财力补助提标、中央预算内投资配套以及人民群众"喝好水、走好路、读好书"等5项实事，支持老区苏区振兴发展。其中，2021年起再次提高革命老区和原中央苏区省级专项财力补助标准，实现4年4次提标。本次提标后，老区苏区专项财力补助标准已从2017年的部分老区苏区每县安排1000万元、年度总规模2.2亿元，提高至重点老区苏区每县安排5000万元，其他老区县每县2000万元、年度总规模达20.8亿元，助力老区苏区县持续改善民生。

贵州：《关于新时代支持革命老区振兴发展的实施方案》

2021年8月30日，贵州省发展改革委印发《关于新时代支持革命老区振兴发展的实施方案》。方案明确，支持左右江革命老区加强与粤港澳大湾区协作，支持湘鄂渝黔革命老区对接长江经济带发展、成渝地区双城经济圈建设。同时，研究建立省市会商和市（州）际协商机制，及时协调推动左右江、湘鄂渝黔革命老区振兴发展重要事项。支持革命老区重点城市选派干部到中央单位挂职学习，与对口帮扶城市互派干部挂职交流。

河南：《关于新时代支持革命老区振兴发展的实施意见》[5]

2021年9月6日，河南省政府印发《关于新时代支持革命老区振兴发展的实施意见》。意见明确，积极推动革命老区开展省际合作，鼓励信阳等地主动开展跨省合作，探索建立淮河流域园区合作联盟。支持大别山革命老区重点对接长江经济带发展、太行革命老区重点对接黄河流域生态保护和高质量发展。支持革命老区参加中国（郑州）产业转移系列对接和豫长三角、豫京对接等活动，鼓励信阳等地对接长三角一体化发展，积极推动发达地区的大型国企、头部企业、链主企业等主体在革命老区投资。

海南：《关于新时代支持琼崖革命老区振兴发展的实施意见》

2021年9月28日，海南省政府出台《关于新时代支持琼崖革命老区振兴发展的实施意见》，围绕促进巩固拓展脱贫攻坚成果与乡村振兴有效

---

[5] 2022年9月21日，2022年大别山革命老区鄂豫皖三省政协主席座谈会以视频方式在郑州召开。国家发展改革委振兴司负责人就新时代支持革命老区振兴发展"1+N+X"政策体系进行政策解读，对大别山革命老区振兴发展下一步重点工作提出相关建议：一是深入落实支持政策和专项规划，加强重点项目跨省区协商，加快开展前期工作。二是支持信阳与苏州、六安与上海、黄冈与宁波加强衔接，加快编制对口合作五年实施方案，继续充分发挥中央和国家机关定点帮扶革命老区县市作用。三是支持大别山革命老区各县市用好政策性开发性金融工具、制造业中长期贷款等稳住经济一揽子政策措施，助力巩固经济回升向好趋势。

衔接，促进中小城市协调发展，发挥老区在海南自由贸易港建设中的独特作用，培育壮大特色优势产业，提升创新发展驱动能力，加快基础设施提质升级，提升公共服务质量，大力弘扬传承红色文化，推动绿色转型发展等方面作出部署。

湖北：《关于新时代支持革命老区振兴发展的实施意见》

2021年10月17日，湖北省政府发布《关于新时代支持革命老区振兴发展的实施意见》，共7部分20条，包括巩固拓展脱贫攻坚成果、保护和传承红色文化、培育壮大特色产业、构建现代化基础设施体系、提升公共服务能力、强化环境保护与资源利用等。为将革命老区振兴发展落到实处，湖北省将从财税金融用地人才等多方面提供保障支持。包括将革命老区纳入城镇低效用地再开发范围；鼓励补充耕地指标跨省、跨市域交易。优先向老区选派各类技术人才担任"科技副职""科技副总"。持续实施"一村多名大学生计划"。对符合条件的自主创业人员按规定提供个人最高不超过20万元、小微企业最高不超过300万元的创业担保贷款，并给予贴息等。

山东：《关于新时代支持沂蒙革命老区振兴发展的实施方案》[6]

2021年10月25日，山东省政府印发《关于新时代支持沂蒙革命老区

---

[6] 2022年8月29日，临沂市政府印发《临沂革命老区振兴发展"十四五"规划》，提出全力打造全国革命老区高质量发展沂蒙样板。战略定位是：沂蒙精神传承发展示范区、乡村振兴齐鲁样板先行区、黄淮流域生态文明建设实践区、推进共同富裕引领区。主要目标是：到2025年，新时代现代化强市建设迈出坚实步伐，"由大到强、由美到富、由新到精"加快转变，活力老区、美丽老区、文化老区、幸福老区建设扎实推进，奋力在全国革命老区现代化进程中走在前、综合实力在全国地级市中进位次、人均占有在全省提水平，努力打造革命老区高质量发展沂蒙样板，成为全国革命老区率先实现现代化的一面旗帜。规划从实施乡村振兴先行，巩固拓展脱贫攻坚成果；加快新旧动能转换，着力构建现代产业体系；强化公共服务保障，增进老区民生福祉等方面，为临沂革命老区高质量振兴发展提供强大理论支撑和政策扶持。

振兴发展的实施方案》，提出7部分25项政策举措。方案突出老区地位，强化对老区各县（市、区）在政策、资金、项目等方面倾斜支持，同时强化政策集成，重点围绕痛点、难点、堵点，提出财政、金融、土地、人才等系列支持政策。在保障措施方面，方案提出建立省级部门对口帮扶老区县（市、区）工作机制，加强干部双向挂职交流；省政府有关单位在规划编制实施过程中强化对老区的统筹支持，指导编制沂蒙革命老区（市、县）振兴发展规划，对口争取更多重大事项和重大项目纳入国家相关规划。毗邻区县作为沂蒙革命老区协作区，积极融入、加快一体化发展。

重庆：《关于新时代推动革命老区振兴发展的实施意见》

2021年11月4日，重庆市政府发布《关于新时代推动革命老区振兴发展的实施意见》，明确到2025年，革命老区地区生产总值年均增长6%以上，常住人口城镇化率达到50%以上，居民人均可支配收入年均增长7%以上。意见围绕新时代推动革命老区振兴发展，从全面实施乡村振兴战略、统筹推进城乡融合发展、加强生态系统保护和修复、培育壮大特色优势产业、加强基层设施建设、弘扬传承红色文化、提升公共服务质量等15个领域明确了重点建设任务。其中提出，支持打造渝湘黔边城协同发展合作区、城宣万革命老区振兴发展示范区，积极推进渝东南武陵山区城镇群革命老区建设国家级文化产业和旅游产业融合发展示范区。

山西：《关于新时代支持山西太行革命老区振兴发展的实施意见》

2021年11月9日，山西省政府出台《关于新时代支持山西太行革命老区振兴发展的实施意见》。实施意见提出，将保持5年脱贫攻坚过渡期内主要帮扶政策总体稳定，加强对脱贫不稳定户、边缘易致贫户以及因病因灾因意外事故等刚性支出较大或收入大幅缩减导致基本生活出现严重困难户的动态监测，巩固"两不愁三保障"等脱贫攻坚成果。在社会保障方面，建立完善协同高效的公共卫生体系，实施农村区域性养老集中供养工程，完善城乡居民补充养老保险制度等。同时，加快实施新型城镇化战略，统筹革命老区县城旧城整修、新城建设和园区扩展，实施公共服务设施提标扩面、市政公用设施提档升级、产业培育设施提质增效等工程，建设一批具有时代气息的小城市和特色县城。

宁夏：《关于新时代支持革命老区振兴发展的实施意见》

2021年11月19日，宁夏回族自治区政府印发《关于新时代支持革命老区振兴发展的实施意见》，提出22项重点任务，支持包括吴忠、固原、中卫和灵武在内的革命老区振兴发展。意见明确，将深度对接国家黄河流域生态保护和高质量发展重大战略，深化闽宁对口协作，加强与沿黄城市群、呼包鄂榆城市群、山西中部城市群、兰西城市群、关中平原城市群等合作联动，协同推进生产要素自由流动和跨区域交通、水利、能源、环保等基础设施建设，积极推动革命老区参与共建"一带一路"。

云南：《关于新时代支持左右江革命老区振兴发展的实施意见》

2021年12月29日，云南省政府印发《关于新时代支持左右江革命老区振兴发展的实施意见》，坚持以人民为中心，传承红色基因，弘扬"老山精神""西畴精神"，推动文山州建设成为"三张牌"示范区、兴边富民示范区、民族团结进步示范区。实施意见提出，到2025年，地区生产总值年均保持两位数增长，较"十三五"末翻番，乡村振兴和新型城镇化建设取得明显进展，产业体系基本形成，生态环境质量持续改善，基本公共服务实现新提升，对内对外开放合作水平显著提高，居民收入增幅高于全省平均水平。到2035年，地区生产总值较"十三五"末翻两番，与全国同步基本实现社会主义现代化。意见明确，依托红色资源，打造红色精品旅游线路，联合广西、贵州共同打造左右江革命老区红色旅游圈。支持革命老区深度融入"一带一路"、长江经济带、粤港澳大湾区和广西百色重点开发开放试验区，打造粤港澳大湾区产业转移重要承接地。

| 机 制 |

在更高水平推动革命老区
对口合作机制的创新

⊙ 首都科学决策研究会课题组

【摘要】2022年6月,国家发改委印发《革命老区重点城市对口合作工作方案》,明确20个革命老区重点城市与发达地区部分城市的对口合作关系,以及对口合作的重点任务。对口合作,是一种优势互补、互相促进、共同发展的有效措施。推进对口合作落地落实,需加快建立对口合作长效机制,按照优势互补、互学互鉴、互惠互利、共谋发展原则,积极探索跨区域要素资源共享共用、产业关联互动和地区协同发展的新机制、新路径,在互惠互利中实现共同发展、协调发展。

【关键词】革命老区 对口合作 机制 模式 协同

党中央、国务院高度重视革命老区振兴发展工作,党的十八大以来,习近平总书记多次对革命老区振兴发展发表重要讲话,作出重要指示批示,站在时代和全局高度,指明了做好革命老区振兴工作的重大意义和目标要求。2020年底,革命老区中的贫困县全部摘帽,贫困人口全部脱贫,与全国同步全面建成小康社会。革命老区振兴发展虽取得阶段性成果,但高质量发展任务仍然艰巨。革命老区大部分位于多省交界地区,很多仍属于欠发达地区,经济发展水平和居民收入水平仍低于全国平均水平。"十四五"时期,要不断强化发达地区与革命老区对口合作,健全对口合作长效机制,构建全方位、宽领域、多层次的合作体系,加快形成协调发展、协同发展、共同发展的新格局,助推革命老区驶向振兴发展"快车道"。

一、从"扶贫协作"转向"对口合作",革命老区迎新机遇

(一)"1258"政策体系为革命老区建设汇聚重要资源要素和发展动力

为贯彻落实中央领导同志重要指示批示精神,按照国务院统一部署,近年来,国家发改委会同有关部门和地方,组织起草并推动实施了若干支持革命老区开发建设的规划和政策,形成支持革命老区振兴发展的"1258"政策体系,使相关资源要素向革命老区优先集聚、民生政策向革命老区优先覆盖、重大项目向革命老区优先布局,革命老区在基础设施、经济发展、社会事业、人居环境等方面取得较大发展。数据显示,2021年,20个革命老区重点城市实现地区生产总值超4万亿元,其中,临沂市超过5000亿元,赣州市、遵义市超过4000亿元;地区生产总值合计增长约8%,其中赣州、遵义、黄冈、六安等地增长超过9%;人均地区生产总值超过6万元,其中龙岩市、三明市人均地区生产总值超过10万元。

纵观老区近年建设发展,从东西部扶贫协作到中央单位定点扶贫,从贫困人口易地搬迁到建档立卡贫困户危房改造,从解决贫困地区行路

难、吃水难、用电难到实施地质灾害防治、易地搬迁工程，从发展老区特色产业到开发老区优势资源等，革命老区贯彻新发展理念和融入新发展格局的能力不断提升，革命老区振兴发展取得积极成效。

表1 支持革命老区振兴发展"1258"政策体系

方面	政策文件
1个总体指导意见	《关于加大脱贫攻坚力度支持革命老区开发建设的指导意见》
2个区域性政策意见	《国务院办公厅关于山东沂蒙革命老区参照执行中部地区有关政策的通知》 《国务院关于支持赣南等原中央苏区振兴发展的若干意见》
5个重点老区振兴发展规划	《川陕革命老区振兴发展规划》 《大别山革命老区振兴发展规划》 《赣闽粤原中央苏区振兴发展规划》 《陕甘宁革命老区振兴规划（2012—2020年）》 《左右江革命老区振兴规划（2015—2025年）》
8个区域发展与扶贫攻坚规划	《大别山片区区域发展与扶贫攻坚规划（2011—2020年）》 《滇桂黔石漠化片区区域发展与扶贫攻坚规划（2011—2020年）》 《六盘山片区区域发展与扶贫攻坚规划（2011—2020年）》 《罗霄山片区区域发展与扶贫攻坚规划（2011—2020年）》 《吕梁山片区区域发展与扶贫攻坚规划（2011—2020年）》 《秦巴山片区区域发展与扶贫攻坚规划（2011—2020年）》 《武陵山片区区域发展与扶贫攻坚规划（2011—2020年）》 《燕山-太行山片区区域发展与扶贫攻坚规划（2011—2020年）》

（二）加快构建新时代支持革命老区振兴发展的"1+N+X"政策体系

"十四五"时期，革命老区将与全国一道开启全面建设社会主义现代化新征程，考虑到革命老区很多仍属于欠发达地区，在胜利完成脱贫攻坚任务后，要继续研究实施新的支持政策，助力革命老区巩固拓展脱贫攻坚成果，开启社会主义现代化建设新征程。2021年初，国务院印发《关于新时代支持革命老区振兴发展的意见》（以下简称：《意见》），聚焦巩固拓展脱贫攻坚成果,压茬推进乡村振兴和新型城镇化,在新时代推动革命老区实现高质量发展。《意见》是新中国成立后出台的第一个支持全国革命老区振兴发展的国务院文件,也是"十四五"时期支持全国革命老区振兴发展的纲领性文件,聚焦解决革命老区高质量发展面临的共性问题,遵循统筹谋划、因地制宜、各扬所长的基本原则,提出了一系列目标任务和支持政策,完善了新发展阶段支持革命老区振兴发展的政策体系。《意见》从巩固拓展脱贫攻坚成果,因地制宜推进振兴发展;促进实体经济发展,增强革命老区发展活力;补齐公共服务短板,增进革命老区人民福祉等三个方面,明确了新时代支持革命老区振兴发展9个领域的重点任务。

2021年3月,国家发改委印发《〈国务院关于新时代支持革命老区振兴发展的意见〉重点任务分工方案》,明确三个方面50项重点任务。《分工方案》强调,要完善工作机制,积极将《意见》明确的重点任务、重点项目、重大政策纳入"十四五"相关规划,加快研究制订"十四五"支持革命老区巩固拓展脱贫攻坚成果、基础设施建设、生态环境保护修复、红色旅游等重点领域实施方案,建立健全新时代支持革命老区振兴发展的"1+N+X"政策体系。"1"即落实《关于新时代支持革命老区振兴发展的意见》重大任务分工,明确路线图、任务表,健全长效机制,落地落实落细相关任务;"N"即出台实施新时代支持革命老区振兴的"N"项实施方案,探索因地制宜振兴发展之路;"X"即制定新时代支持革命老区振兴的"X"项专项政策,精准支持革命老区振兴发展。

2021年4月,国家发改委召开第一届全国革命老区振兴发展现场经验交流会,要求各有关部门按照分工编制出台《"十四五"革命老区巩固拓展脱贫攻坚成果实施方案》《"十四五"革命老区基础设施建设实施方案》以及生态环境保护修复、红色旅游等重点领域实施方案,推动出台中央国家机关及有关单位对口支援赣南等原中央苏区工作方案，研究制订赣州、三明等城市革命老区高质量发展示范区建设总体方案。各有关省（区、市）突出重点区域、重点领域，加快出台支持革命老区振兴发展的具体实施意见，细化具体支持政策。

（三）对口合作助推革命老区驶向振兴发展"快车道"

2022年6月7日，国家发改委印发《革命老区重点城市对口合作工作方案》，明确20个革命老区重点城市与发达地区部分城市的对口合作关系，以及对口合作的重点任务，对口合作工作期限为2022年至2030年。这是新时代支持革命老区振兴发展"1+N+X"政策体系的重要组成部分，也是推动区域合作协作的创新举措，将有利于结对城市优势互补、互学互鉴、互惠互利、共谋发展，有利于加强区域协作合作，共同构建高质量发展动力系统。

工作方案明确对口合作的五方面重点任务：传承弘扬红色文化、衔接推进乡村振兴和新型城镇化、完善基础设施和基本公共服务、促进生态环境保护修复和绿色低碳发展、共同建设产业合作平台载体。同时，要求完善工作机制、编制实施方案、加大政策支持、加强评估督促，确保将各项任务落到实处，并提出支持其他革命老区市县主动对接东部、中部地区城市，比照方案建立对口合作关系。鼓励相关省（区、市）结合实际建立省域内结对帮扶革命老区市县工作机制。

国家发改委有关负责人表示，下一步将会同有关部门加强对革命老区对口合作工作的指导，支持结对城市共同编制对口合作五年实施方案，将革命老区对口合作工作纳入对口支援、协作、合作工作体系统筹推进，并加大政策支持力度，加强与区域重大战略衔接，加快启动重点领域合作，争取尽快形成一批合作成果，激发市场活力，稳定经济增长。

表2 20个革命老区重点城市与发达地区部分城市对口合作关系名单

序号	对口合作关系	序号	对口合作关系
1	赣州市（赣闽粤原中央苏区）——深圳市	11	百色市（左右江革命老区）——深圳市
2	吉安市（赣闽粤原中央苏区）——东莞市	12	巴中市（川陕革命老区）——金华市
3	龙岩市（赣闽粤原中央苏区）——广州市	13	郴州市（湘赣边革命老区）——佛山市
4	三明市（赣闽粤原中央苏区）——上海市	14	张家界市（湘鄂渝黔革命老区）——南京市
5	梅州市（赣闽粤原中央苏区）——广州市	15	恩施州（湘鄂渝黔革命老区）——杭州市
6	延安市（陕甘宁革命老区）——无锡市	16	遵义市（湘鄂渝黔革命老区）——珠海市
7	庆阳市（陕甘宁革命老区）——天津市	17	长治市（太行革命老区）——北京市
8	六安市（大别山革命老区）——上海市	18	汕尾市（海陆丰革命老区）——深圳市
9	信阳市（大别山革命老区）——苏州市	19	临沂市（沂蒙革命老区）——济南市
10	黄冈市（大别山革命老区）——宁波市	20	丽水市（浙西南革命老区）——宁波市

二、推进革命老区对口合作亟须突破的问题

（一）产业合作空间有待进一步拓展，亟待建立新型合作体系

产业协作是对口合作的核心，是变"输血"为"造血"，实现革命老区可持续发展的关键。由于受地形复杂、资源分散、经济薄弱、配套设施差等条件限制，在目前正开展的各类对口合作中，产业合作项目多数偏小，带动性强的大项目、龙头项目较少，大区域性的项目联动较欠缺。产业辐射存在一定结构性制约，全产业链协作模式尚需进一步完善。同

时，同其他西部地区情况一样，革命老区农村水、电、路、气等基础设施支撑能力比较薄弱，加大了投资方的隐形成本，影响发达地区企业的投资积极性。另外，合作体系还不健全，欠发达地区少数部门对产业合作的对接缺乏主动性，落实项目、推进工作不够积极。人力保障也较薄弱，难以承担产业合作的繁重任务，影响产业合作项目的引进、落地和有效运行。

（二）"订单式""定向式"培训机制尚不健全，技能培训有待进一步加强

要从根本上解决贫困问题，就必须抓好贫困家庭就业人口的生产能力、就业能力、创业能力。在目前普遍实施的教育对口合作中，仍存在就业培训针对性不强、培训专业面广而杂的问题，没有完全做到"订单式"培训、"菜单式"选修，培训与就业脱节。首先，就业稳定性相对较低。与城市劳动力相比，欠发达地区进城务工人员文化程度多数在初、高中以下，多数在务工以前没有参加过职业技能培训，与新时代企业产业转型需求相比，技能缺乏问题突出，并且多数从事技术含量较低的重复性强的工作，容易受市场因素及经济因素影响导致失业。其次，专业技术人才培训成效不明显。针对欠发达地区开展的专业技术人才培训主要都是短期培训，缺乏系统性培训，并且在完成技能培训之后，没有及时对培训成果进行评估，导致培训达不到预期效果。另外，劳务输出组织化程度低、基层就业服务水平偏低、地方劳务品牌培育力度不够等问题仍然存在，受经济下行压力及企业用工转型等影响，劳动力转移就业遭遇挑战。

（三）项目设计与实际需求未能紧密结合，带农益农成效亟待进一步提高

当前，很多欠发达地区的优势产业项目主要是当地优势农特产品，但由于受地理位置、资金、技术、资源、物流等因素制约，部分产业合作项目定位不够精准，引进项目不符合当地经济建设的相关要求，产业项目类型不够全面，形式比较单一，主要集中在种植业、养殖业等单一产业，消费替代性较强，市场竞争力不足，项目可持续性有待提高。同时，部分项目组织化程度低，新增主体带贫益贫联结机制不完善，相应联结机制不健全。部分乡镇产业项目多为租赁经营，租金收益低。部分项目前期论证不严谨，对地理、环境、气候、市场等诸多因素考虑不周。另外，合作双方未制定有利于实现低收入群体就业和增加收入的激励机制，企业在同等条件下更愿意选择技能更高的劳动力以及产品要素等，导致低收入群体无法更好地享受对口合作项目带来的成果。

（四）跨区域合作机制建设滞后，协调力度不够

近年来，各地着力探索跨区域合作机制，基本建立了多种形式的合作协商机制，如建立区域协调组织，举办经济协调会、经济论坛等，但这些机制主要以对话式协调为主，尚未制度化、法律化，普遍存在合作机制不稳定、组织形式不系统、战略规划不统一的现象，缺乏完善的区域竞合体制、严密的组织结构。同时，欠发达地区科学技术水平仍然落后，科技引进与应用之间存在脱节，经济发展水平缓慢而滞后。区域内部之间缺乏分工合作，产业"同构化"与低水平重复现象突出。一些地方政府盲目追求短期效益，利用在产业政策制定、招商引资、利用外资等方面的直接干预能力谋求地区利益最大化，竭力保证辖区利益不"外溢"，最终导致各自为战，在资源的跨区域调配中行政壁垒森严、地方保

护主义盛行、市场分割现象严重，在对外合作交流工作中很难进行统筹协调，无法形成对外合力。

（五）区域合作推动主体单一，社会力量作用有待进一步激发

社会力量是推进跨区域合作的主体，从目前情况来看，无论是以政府为主导的对口协作还是以政府牵线搭桥的企业合作，其倡导者和推动者一般都是当地政府，企业、科研院所、社团组织等社会力量难以统筹、难以集中、难以凝聚，在推进区域合作中还有很大空间可以挖掘。受自然、历史、社会等诸多因素影响，欠发达地区无论在地理区位、资源禀赋方面，还是在基础设施、产业发展方面都处于明显的劣势，产业基础薄弱，普遍存在着产业链不完备、上下游及配套产业缺乏、基础设施等公共服务不足等劣势。在对接产业合作项目中，企业面临着原材料及物流成本高、投资建设周期长、高端人才招聘难等突出问题，加之优惠政策不明确、服务机制不健全，导致企业投资积极性不高，投资落地难。另外，由于欠发达地区产业与发达地区产业落差大、产业对接难，再加上欠发达地区产业园区和龙头企业数量少，产业组织化程度不高，经营发展比较慢，部分企业存在观望情绪，合作项目的引领、辐射、带动作用难以在短期内充分发挥。

三、创新对口合作模式，打造对口合作样板

（一）共同打造双创服务中心，强化孵化载体模式对接

作为长春市与天津市对口合作的重点项目，由长春净月高新区与天津经开区合作建设的"津长双创服务中心"，于2018年5月投入运营。为更好服务企业，长春市与天津市多次围绕双创服务中心建设的管理模式、

政策引进、人才交流、资源共享等进行深入磋商，在双创服务中心重点布局4个分区，即双创会客厅、科技企业孵化器、企业加速器和综合服务中心。双创会客厅承载津长双创成果展示、双创企业综合服务等功能，为创业者提供综合性、专业化的线上线下相结合的双创服务。科技企业孵化器重点打造外部资源与本地资源相融合的双创企业孵化平台。其中，由津、浙地区引进的阿里云创新中心、榴莲众创等品牌性众创空间已经进驻孵化器。企业加速器重点引进较为成熟的高成长企业，承接天津、浙江较为成熟的产业化项目和平台。综合服务中心提供餐饮、会议、健身、物业等服务。同时，打造"双创文化广场"，为创业者提供户外休息、交流、活动场所。津长双创服务中心通过学习借鉴天津经开区的"双创通"软件，搭建了服务云平台。该平台围绕"线上线下相结合，全要素一站式"的服务功能，为企业提供全过程、全方位、个性化的"九大板块"服务，即双创服务云超市、项目申报、双创服务、双创项目、双创金融、双创导师、双创载体、双创地图、载体720全景图。

（二）推动对口合作项目化，构建资源共享、互融互补、互相促进新格局

根据《革命老区重点城市对口合作工作方案》部署，广东省广州、深圳、佛山、东莞、珠海5市分别与赣州、龙岩、吉安、郴州、百色、遵义、梅州、汕尾等8市建立对口合作关系，是对口合作结对关系最多的省。广东省围绕方案提出的五大方面重点任务，组织编制对口合作实施方案，细化对口合作重点领域、重点任务、重大项目、工作时序和保障措施。按照优势互补、互惠互利、共谋发展原则，组织各市联合结对城市研究合作项目。鼓励建立项目化推进机制，围绕重点任务，结合具体合作事项，加强对项目的跟踪、督导、调度和成效评估。探索建立对

口合作利益共享分配机制，在总部经济合作、重大项目合作、产业园区等领域，通过建立完善的利益共享机制实现合作双方共赢，推动合作走得更远更深。同时，积极推动各地市主要负责同志开展高层互访和系列对接交流活动，在健全机制、拓展领域、优化方式等方面开展深入交流，梳理对口城市优势产业、资源禀赋、平台载体、政策支持等情况，为进一步加强资源对接、强化产业协作夯实基础。

（三）合作推进园区共建，探索"飞地"互利共赢新模式

为深入开展对口合作，2019年5月9日，深圳市与哈尔滨市签订《合作共建深圳（哈尔滨）产业园区协议》，确定在哈尔滨新区划定26平方公里土地打造深哈合作首个深圳"飞地"项目，实现发展理念、体制机制、科技创新、高端产业对接融合发展。"双城"合力，要打造的不仅仅是一个物理上的空间，而是通过"带土移植"深圳经验、深圳制度，开辟哈尔滨新区体制机制创新的"试验田"。深哈产业园区通过借鉴深圳先进经验，已成功复制深圳招投标评定分离、新型产业用地等45项政策。同时，对标深圳负面清单做法，逐步建立服务企业全生命周期的运营服务体系，与哈尔滨新区共建定制化的"园区政务服务中心"和"党群服务中心"，推进企业办事不出园区，为企业发展提供全要素服务保障。目前，深哈产业园正在搭建以"哈尔滨大学大所＋深哈产业园＋深圳科技企业与深圳资本"为核心的"1+1+1"产学研深度融合合作机制，在打造"黑龙江数字经济产业发展核心示范区""国家新一代人工智能发展示范区"的新征程上跑出"加速度"，续写"深哈双城记"光彩篇章。

（四）"五个抓手＋五种模式"高标准高质量推进对口合作工作

自2015年实施打赢脱贫攻坚战以来，浙江省湖州市聚力"五个抓

手"、打造"五种模式",高标准高质量推进东西部扶贫协作、对口支援和对口合作工作,连续两年获省考核最高等次"好"。近年来,湖州市以产业协作、项目援建、劳务转移、产销对接、全面结对五大帮扶为重点,全力打造"一叶、一园、一羊、一品、一岗"五大帮扶品牌。同时,全力打造五种协作模式:一是"三产联动+国企引领",打造产业协作模式。把湖州特色种养循环农业引入对口地区,将湖州优势产业转化为对口地区的特色产业,实现三产联动。以"国企带民企+政策性贷款"模式,共建东西部扶贫协作产业园。二是"民生项目+产业项目",打造援建项目帮扶模式。围绕教育、医疗、住房等民生领域,加大帮扶力度,援建幼儿园、小学、中学、医院、疾控中心综合楼、住房保障类项目等。围绕发展乡村富民产业,推进实施产业扶贫项目,直接带动3万余名当地贫困人口增收脱贫。三是"一人就业+全家脱贫",打造劳务转移就业模式。在全省率先出台就业扶贫配套政策,对到湖州稳定就业1年以上的结对地区贫困劳动力给予交通、就业、探亲等补贴。帮助结对县建立农产品深加工和劳动密集型扶贫车间。四是"以购代捐+以买代帮",打造消费扶贫对接模式。强化产销对接,深入开展消费扶贫行动,开设对口地区特色农产品展销中心,建设对口地区农产品消费扶贫专柜、专区、专馆。五是"社会结对+干部驻点",打造全员结对帮扶模式。建立健全区县、镇镇、村村、村企、学校、医院和群团等多层次全方位的社会结对帮扶关系,积极开展慈善公益、捐资助学和扶弱济困等扶贫活动。

四、建立健全对口合作工作机制，探索资源共享共用、产业关联互动、地区协同发展新路径

（一）构建全产业链合作模式，打造产业发展利益共同体

结合对口合作双方"十四五"产业专项规划，梳理主导产业关联性，加强各领域产业规划衔接，共同编制产业链全景图、产业生态圈路径图，推动产业深度对接和联合创新，不断提高产业链供应链稳定性和竞争力。有序推进发达地区优势产业向革命老区梯度转移，整体设计产业转移利益分享、科技资源开放共享等机制，精心打造产业转移承载区与集聚区。探索推广"发达地区总部＋革命老区基地""发达地区研发＋革命老区生产""发达地区孵化＋革命老区产业化"等产业共建新模式，共建特色产业链和产业分工协作体系。建立专精特新"小巨人"企业产品对口推广平台，提升合作地区市场占有率。利用发达地区大市场、大平台、大流通优势，通过消费协作助推革命老区产业升级。

（二）共建产业合作平台载体，探索共赢发展新路径

鼓励革命老区以共建园区、建立"飞地园区"、设立分园区等形式与发达地区联动发展。支持革命老区产业园区以"整体外包""特许经营"等形式引入发达地区战略投资者、专业化园区运营商，与发达地区产业园区结对发展，加强新技术、新成果共享共用。打造承接产业转移优质载体，探索"反向飞地""反向孵化器"等承接产业转移新模式。创新产业园运营管理模式，探索"一区多园"叠加"园区＋市区镇协同、园镇联动""园区统筹组团发展"管理体制模式创新，鼓励以股份合作、委托招商等多种方式，实现共建共管模式创新。探索共建农业农村数字经济示范区，加大数字农业领域新技术、新产品、新模式的应用推广力度，

助力革命老区建立地方农业特色产业与消费结构相匹配的数字农业农村应用场景。共同研究以资金、技术成果、品牌、管理等多种形式作价入股，合理分担建设运营成本、征地拆迁、基础设施建设等事项产生的投入和费用，建立跨地区税收分成等利益共享机制，探索互惠互利合作模式。

（三）探索跨区域科技创新合作机制，推动政策互通、平台共建、资源共享

建立科技创新共享合作机制，推进高校、科研院所、科技园区、高新技术企业加强合作交流，共建科技创新服务平台、科技成果转化平台和科技研发生产基地，引导创新要素跨区域有序流动和高效集聚，打造优势互补、高效协同的跨区域科技创新合作新局面。支持在革命老区建设创新型城市和创新型县（市），布局建设一批国家级高新区、创新研发基地等创新载体。支持领军人才和创新团队在革命老区设立拥有核心技术、配置核心科研团队的独立研发机构、分支机构、科学家工作站、重点实验室、创新联盟等，培育一批源头创新的新型科研机构。强化对口合作两地开发区、经开区之间合作关系，在科技成果转化、人力资源挖掘、知识产权保护、创新组织培育等方面加大合作力度，大力建设"双创"特色载体，探索建立"科创飞地"园区。推动两地创新龙头企业、知名高校院所合作交流，开展创新资源共享、科技联合攻关、科技成果协同转化，探索共建一批科技创新园区和成果转化基地。积极引入发达地区各类科技创新基金，参与革命老区科技企业孵化器等"双创"平台建设，加速推进科技成果就地转化。鼓励高校开展学科共建和学生联合培养合作，定期组织师生交流互访，开展学分互认共享。鼓励高校合作办学，共建大学科技园和创新创业平台。

（四）建立干部交流挂职长效机制，多层次开展人才交流培养

围绕革命老区生态经济发展、传统产业升级、生态环境保护、教育、医疗、文化等领域紧缺的专业人才，探索"大组团"链接"小组团"的对口合作模式，通过研企合作、校企合作、定向培养、合作办学等方式为革命老区培训培养专业技术人才和实用人才。优先向革命老区选派各类技术人才担任"科技副职""科技副总"。采取"互联网+""师带徒""校地共建"等方式，开展远程教育和医疗服务，实现资源共享。通过设立"院士"工作站、"名师"大讲堂等方式，推动开展柔性人才支援。建立人才智力对口合作长效机制，探索建立共享专家人才库，共享科技人才。建立常态化干部挂职交流培训机制，扩大干部人才交流领域与数量，搭建人才信息共享交流平台。充分利用发达地区教育资源，采取"长班与短班""本地班与外地班""专班与普班"相结合等多种形式，大力开展"特色产业+实用技术""企业订单+岗位技能""民间工艺+实用技能""外出务工+提升技能"等订单、定向、定岗培训，为革命老区培养实用型高技能人才。坚持扶志扶智相结合，加大对革命老区低收入群体就业技能培训和外出务工的扶持力度。强化劳务协作，搭建完善用工信息对接平台，建立常态化跨区域岗位信息共享和发布机制。

（五）建立项目化推进机制，优先启动一批重点合作项目

聚焦主导产业生态体系构建、产业集群和新兴产业链培育等，把项目建设作为根本抓手，强化区域共赢发展项目支撑。按照"目标化、实体化、项目化、清单化"要求，推动结对城市双方密切对接，梳理形成一批重点推进落地事项清单。对列入清单的事项，分别建立工作台账，明确责任领导、责任单位与完成时限，实行"倒排工期、挂图作战"，推动落地见效。按照"成熟一项、启动一项"原则对已具备合作条件的事项，

加快推动落地实施。建立健全对口合作重大项目主动服务机制，综合运用多种方式支持项目建设。全面优化对口合作项目审批事项，构建一网通办、并联审批等项目审批管理新模式。坚持"按需、按规、按质、按效"原则，从对口地区项目库中遴选好项目，重点给予资金支持。加强完善项目监督检查制度，定期督促督查项目实施进度、质量、资金使用等情况。科学开展项目建设成效综合评估，加强项目后评价成果的反馈和应用，通过以评促建提升项目建设及服务成效。

（六）健全社会力量参与机制，形成全社会共同推进的强大合力

充分发挥各类市场主体、社会组织和社会各界作用，最大限度整合社会各方资源，构建政府、企业、研究机构和其他社会力量广泛参与的多层次、宽范围、广领域的合作体系。鼓励合作两地工商联、工会、团委、妇联、侨联、文联等群团组织和商会、协会等社会组织开展洽谈、产品展销、项目推介、招商引资等各类对接交流活动，积极为两地经贸合作牵线搭桥。建立智库常态化交流机制，探索建立智库联盟。采用股权投资等市场化方式撬动社会资本参与对口合作，推动发达地区金融机构为革命老区企业开展融资服务，支持具有市场潜力的企业上市融资和符合条件的企业通过多种方式进行融资。创新协作资金使用方式，探索通过贷款贴息、以奖代补等方式，精准引导市场主体、社会力量广泛参与革命老区经济社会发展。

| 理 论 |

乡村振兴的智库使命与担当

⊙ 《领导决策信息》周刊联合课题组

【摘要】 实施乡村振兴战略,是党的十九大作出的重大决策部署,是决胜全面建成小康社会、全面建设社会主义现代化国家的重大历史任务,是新时代做好"三农"工作的总抓手。党的二十大报告中强调:"全面推进乡村振兴。坚持农业农村优先发展,坚持城乡融合发展,畅通城乡要素流动。扎实推动乡村产业、人才、文化、生态、组织振兴。"乡村振兴战略作为一项涉及产业发展、乡村建设、社会治理、环境保护、文化传承等多方面的系统工程,既面临着尚未解决的历史矛盾,又必须应对新的发展挑战,其任务具有长期性和艰巨性。推进乡村全面振兴,加快农业农村现代化,需要发挥智库在咨政建言、理论研究、社会服务、人才储备、国际交流等方面的积极作用,不断创新智库咨询服务形式、管理方式和人才培养机制,为实现农业更强、农村更美、农民更富提供智力支撑。

【关键词】 乡村振兴战略 智库服务 智力支撑 乡村建设

智库既是党和政府科学民主依法决策的重要支撑，也是国家治理体系和治理能力现代化的重要内容。推动实施乡村振兴战略，推动农业全面升级、农村全面进步、农民全面发展，需要整合社科院和党校行政学院智库、高校智库、企业智库和社会智库资源，紧紧围绕党和政府在推进乡村振兴和农业农村现代化方面急需的重大课题和重大任务，开展前瞻性、针对性、储备性政策研究，提出专业化、建设性、切实管用的政策建议，充分发挥好思想库和智囊团作用，以科学决策助力"三农"工作再上新台阶，努力开创农业农村发展新局面。

全面把握实施乡村振兴战略需要关注的四大战略问题。乡村振兴是一项系统工程和复杂工程，在推动乡村建设与发展的过程中，要遵循乡村建设发展规律，强化乡村振兴的战略研究，研究清楚"乡村从哪里来、乡村到哪里去、如何建设乡村"这一底层逻辑，重点解决"谁来种地""如何发展农业产业""建设什么样的乡村""深化新阶段农村改革"四大任务，筑牢大国粮食安全根基，推动乡村产业高质量发展，激发农业农村发展动力，让乡村振兴的成果更多惠及农民。

深刻谋划乡村振兴战略研究中智库的功能定位与使命担当。推进乡村振兴是一项综合性强、涉及面广的系统性研究课题，这对智库研究和智库服务提出了更高的时代要求。智库要坚持问题导向、成果导向和服务导向，聚焦当前乡村振兴当中的重大问题，回答好"研究什么问题、形成什么成果、发挥什么作用"这一关键问题，立足更宽更广的视野进行研究，以全局性、战略性和前瞻性的乡村振兴重大理论和现实问题为主攻方向，承担好新时期的使命和责任，努力成为服务乡村振兴战略的新阵地、汇聚乡村振兴资源的新平台、培训乡村振兴人才的新讲堂以及展示乡村振兴成果的新窗口。

一、新型智库在实施乡村振兴战略中的重要意义

(一)智库是提高"三农"工作战略性、前瞻性和科学性的重要支撑

智库既是党和政府科学民主依法决策的重要支撑,也是国家治理体系和治理能力现代化的重要内容。2015年1月,中共中央办公厅、国务院办公厅印发的《关于加强中国特色新型智库建设的意见》提出,要努力建设面向现代化、面向世界、面向未来的中国特色新型智库体系,更好地服务党和国家工作大局,为实现中华民族伟大复兴的中国梦提供智力支撑。

我们国家是一个农业大国,"三农"问题关系到国计民生和社会稳定。党的十八大以来,我们国家的农业农村发展取得历史性成就、发生历史性变革,粮食总产量连续多年稳定在1.3万亿斤以上,决战脱贫攻坚取得全面胜利,乡村产业加快发展,农村改革深入推进,农民人均可支配收入稳步增长,这些成绩取得的背后离不开智库的鼎力支持。当前,"三农"工作重心已经转向全面推进乡村振兴,努力开创农业农村发展新局面,推动农业全面升级、农村全面进步、农民全面发展,让农业成为有奔头的产业,让农民成为有吸引力的职业,让农村成为安居乐业的美丽家园,需要更加重视发挥智库在前瞻预测、战略咨询、理论创新以及基层调研等方面的作用,充分发挥好思想库和智囊团作用,以科学咨询支撑科学决策,以科学决策助力"三农"工作再上新台阶,切实以智库力量支撑农业农村优先发展。

(二)智库是推进农业农村现代化的迫切要求

推进农业农村现代化是全面建设社会主义现代化国家的重大任务,是解决发展不平衡不充分问题的重要举措,是推动农业农村高质量发展

的必然选择。党的十九大报告提出，要坚持农业农村优先发展，按照产业兴旺、生态宜居、乡风文明、治理有效、生活富裕的总要求，建立健全城乡融合发展体制机制和政策体系，加快推进农业农村现代化。

近年来，我们国家在推进农业农村现代化方面取得显著进展，但是农业农村发展依然面临着不少矛盾和挑战，如农业基础依然薄弱、农业面源污染仍然突出、农村一二三产业融合发展水平不高、农业质量效益和竞争力不强、促进农民持续增收面临较大压力、脱贫地区产业发展基础不强等，解决这些问题不仅需要坚持和加强党对"三农"工作的全面领导，还要整合社科院和党校行政学院智库、高校智库、企业智库和社会智库资源，紧紧围绕党和政府在推进农业农村现代化方面急需的重大课题和重大任务，开展前瞻性、针对性、储备性政策研究，提出专业化、建设性、切实管用的政策建议，为加快推进农业农村现代化提供智力支持。

（三）智库是提升乡村治理能力的关键力量

实现乡村有效治理是乡村振兴的重要内容，智库则是提升乡村治理能力和水平的关键力量，是乡村治理体系的重要组成部分。2019年，中共中央办公厅、国务院办公厅印发《关于加强和改进乡村治理的指导意见》提出，要建立健全党委领导、政府负责、社会协同、公众参与、法治保障、科技支撑的现代乡村社会治理体制，以自治增活力、以法治强保障、以德治扬正气，健全党组织领导的自治、法治、德治相结合的乡村治理体系，构建共建共治共享的社会治理格局，走中国特色社会主义乡村善治之路。2021年，中共中央国务院印发的《关于加强基层治理体系和治理能力现代化建设的意见》明确指出，要"加快基层治理研究基地和智库建设，加强中国特色社会主义基层治理理论研究。"加强智库建设，不仅可以整合各方面的社会力量，有效参与到乡村协商治理当中，提升乡村治理的民主性和科学性，还可以引导各方面资源向乡村流动，推进乡村治理体系和治理能力现代化，夯实乡村振兴基层基础。

二、实施乡村振兴战略需要关注的四大战略问题

（一）解决"谁来种地"的问题，筑牢大国粮食安全根基

近年来，随着城镇化的不断推进，越来越多的农村青壮年劳动力开始进城工作，"谁来种地，如何种好地"日益成为乡村振兴中亟待破解的一大难题。而解决这一问题的关键，就是推动农业生产经营模式变革，让农业龙头企业、农业合作社、家庭农场等新型农业经营主体成为农业生产的"主力军"。

一是加快机制创新，提升新型农业经营主体规范运营水平。鼓励农业龙头企业建立现代企业制度，加大科技创新，优化产品结构，强化品牌建设，提升农产品质量安全水平和市场竞争力。扩大龙头企业认定范围，将乡村新型服务业、乡村文化和旅游业、农村电子商务等领域的龙头企业纳入农业产业化龙头企业认定范围。完善家庭农场名录管理制度，鼓励农户家庭农场使用规范的生产记录和财务收支记录，提升标准化生产和经营管理水平。引导农民合作社依法建立健全成员（代表）大会、理事会、监事会等组织机构，加强档案管理，执行财务会计制度，加强内部审计监督，依照章程加强民主管理、民主监督，提升农民合作社规范化水平。鼓励和引导各类人才围绕特色优势产业发展适度规模的种养殖，选择优良品种、使用新型农业技术、实施标准化生产，迅速提升种养大户质量和数量。按照主体多元、形式多样、服务专业、竞争充分的原则，加快培育一批社会化服务组织。推进服务标准建设，建立服

务主体信用评价机制和托管服务主体名录管理制度，加强服务组织动态监测和服务合同监管，推动社会化服务规范发展。同时，发挥智库力量，推动现代农业产业方面的地方性立法，用法治方式保障和推动农业产业"特""优"战略。智库机构要积极参与和加快推动本地区产业发展专项规划和地方标准建设，用法律政策保障特色产业提质增效。推进完善区域公用品牌的培育、推介、保护机制，为市场主体、行业协会参与区域公用品牌建设建言献策。

二是加强能力建设，拓宽新型农业经营主体产业链条。围绕现代种养业、农产品加工业、乡村新型服务业、农产品流通产业、乡村文化和旅游业五大主导产业培育壮大一批新型经营主体，通过新型经营主体的发展壮大进一步带动产业发展，形成良性循环的发展生态。引导各类新型经营主体融合发展，培育和发展农业产业化联合体，前端联结农业研发、育种、生产等环节，后端延展加工、储运、销售、品牌、体验、消费、服务等环节，优化提升产业链供应链水平，实现全环节提升、全链条增值、全产业融合，进一步提高农业产业整体规模效益。引导新型农业经营主体集群集聚发展，促进农业专业化布局、规模化生产、集约化发展。

三是完善政策体系，营造新型农业经营主体发展良好环境。充分发挥政策引导作用，通过先建后补、以奖代补等形式，扩大政策受惠面，落实各项要素保障措施，推动新型农业经营主体高质量发展。强化政策宣传解读，用足用好各类纾困解难政策。加大财政扶持力度，整合和统筹相关资金，做好扶持新型农业经营主体培育发展的基础设施设备建设、品牌创建、科技创新、产品营销等工作，支持新型农业经营主体的建设和发展。做好信贷支持和落实风险防控措施，建立政金企合作机制，鼓励金融机构通过贷款贴息、担保费补助等方式，加强对新型农业经营主体的金融服务。积极落实中央财政地方优势特色农产品保险奖补政策，不断完善自然风险、市场风险的"双托底"保险机制。加大对现有和入库项目的用地规划调整对接和统筹协调力度,努力保障各类新型农业经营主体的用地需求。

(二)解决"如何发展农业产业"的问题,推进乡村产业高质量发展

乡村振兴,产业兴旺是重点。只有立足特色资源,关注市场需求,发展乡村优势产业,促进一二三产业融合发展,才能解决乡村发展的动能问题,促进乡村发展成果更多更好惠及农村农民。

加强战略谋划,助力培育支柱产业和牵头产品。发挥第三方专业服务团队优势,招募一批产业规划辅导团队,结合乡村资源禀赋优势与发展基础、发展方向,按照特色化、差异化发展原则,精准选择特色主导产业。综合考虑乡村发展定位,有序推动土地流转、土地集中和土地治理,宜茶则茶、宜菜则菜、宜果则果、宜草则草、宜牧则牧、宜林则林、宜游则游,形成乡村支柱产业,打造拳头产品。发挥智库、科研院所等专业第三方优势,在广泛调研摸清基本底数的基础上,助力乡村对自身拳头产品进行差异化定位。

研判战略路径,大力推进乡村产业集群打造。在发展特色产业基础上,强化产业融合,推动关联产业集聚发展,拓展休闲观光、文化传承、生态保护等农业多种功能,大力发展休闲农业与乡村旅游,推进农业与文化、康养等产业深度融合。引导龙头企业、农民合作社和家庭农场等新型农业经营主体集群集聚发展,组建农业产业化联合体,参与乡村产业结构调整,促进农业专业化布局、规模化生产,建设一批优势特色产业和乡村旅游示范基地。

细化战略要求,建言农业产业化龙头企业做大做强。面向市场需求,挖掘特色产品,通过特色主导产业的发展壮大来做大做强龙头企业。聚焦优势主导产业，引导一批经济规模大、市场竞争力强的大型龙头企业，采取兼并重组、股份合作、资产转让等方式，组建大型企业集团，培育一批头部企业。引导头部龙头企业发挥人才优势、技术优势和创新优势，解决关键共性问题，带动同领域企业发展，构建龙头企业发展梯队，培育全产业链优势，做优一批引领行业发展的骨干企业，做大一批联农带农紧密的龙头企业。支持农业龙头企业整合要素资源，以"龙头企业＋合作社＋农户"模式为基础，因地制宜推行"合作社＋家庭农场""合作社＋小农户""家庭农场＋小农户"等利益联结模式，尊重民意，积极构建分工协作、优势互补、联系紧密的利益共同体。鼓励龙头企业通过提供技术指导、创业孵化、信息服务，带动小农户围绕产业链发展初加工、库房租赁、物流运输、门店加盟、直播销售等，以创业带就业，加快农民致富步伐。

（三）解决"建设什么样的乡村"的问题，让乡村振兴的成果更多惠及农民

2022年，中共中央办公厅、国务院办公厅印发的《乡村建设行动实施方案》提出，要顺应农民群众对美好生活的向往，以普惠性、基础性、兜底性民生建设为重点，强化规划引领，统筹资源要素，动员各方力量，加强农村基础设施和公共服务体系建设，建立自下而上、村民自治、农民参与的实施机制，努力让农村具备更好生活条件，建设宜居宜业美丽乡村。

一是推动建设宜居宜业乡村。深入实施乡村建设行动，切实把公共基础设施建设的重点放在乡村，适应农村现代生产生活的更高要求，不断提升农村基础设施的质量等级和便利程度。加快完善村庄发展规划，细化村庄分类，按照立足未来发展、尊重农民意愿、传承传统特色的原

则，建设风光秀美、生态宜居、生活便利的村庄。支持有条件的乡村建设一批农业创新创业基地，积极吸引农民创办家庭农场、农民专业合作社、个体工商户和小微企业，支持农民工、大中专毕业生、退役军人、科技人员等返乡下乡人员和本乡"田秀才""土专家""乡创客"到乡村创新创业。

二是给力建设特色田园乡村。通过保护、修复和改善乡村生态环境，塑造有别于城市风光的特色农村生态景观；挖掘民族村寨、传统村落的特色元素，传承传统文化、农耕文明，重构承载乡愁记忆、充满文化内涵的精神家园，塑造体现乡土、乡愁、乡情的特色乡村文化，重塑乡村个性特色和乡土气息，延续田园牧歌式的生产生活方式。保护好溪流、林草、山丘等生态细胞，融合乡村所处地域的自然环境特色，促进"山水田林人居"和谐共生，呈现原生的山村风光、原真的乡村风貌、原味的历史质感。充分考虑不同村庄在山水自然、文化风俗、生产方式、空间布局等方面的差异，注重保护乡村风情，在风貌塑造上留住乡村的"形"，保护和优化好村庄传统肌理与格局。

（四）围绕"深化新阶段农村改革"的任务，激发农村资源要素活力

《"十四五"推进农业农村现代化规划》明确提出，要聚焦激活农村资源要素，尊重基层和群众创造，加快推进农村重点领域和关键环节改革，促进城乡要素平等交换、双向流动，促进要素更多向乡村集聚，增强农业农村发展活力。

一是推动宅基地制度改革。加快构建宅基地使用权流转、宅基地跨村保障、宅基地退出统筹利用、宅基地有偿使用等机制，鼓励村民自愿退出宅基地，引导宅基地有偿退出，采取"权属转让、权益转化、土地

整治、转换入市"等方式，支持腾退的宅基地建设用地指标在满足村庄建设的前提下调剂使用，解决"一户多宅""违法超占"等问题，有效盘活利用闲置的宅基地，发展乡村养老、观光农业、乡村民宿等新产业新业态。

二是深化农村集体经营性建设用地入市改革。全面摸排集体经营建设用地，定基数、定图斑、定规模，规范推动农村集体经营性建设用地入市，将存量农村集体经营性建设用地使用权出让、租赁、入股，激活土地发展权价值，引导低效工业更新置换、推动高效益产业提质升级，大力发展新型集体经济，完善管理和收益分配制度，增加农民财产性收入，增加特色田园乡村建设资金。

三是加快城乡要素双向流动。推进城乡统一的要素市场建设，促进人才、资金、科技等要素更多向乡村流动，推动城乡要素平等交换、双向流动。建立健全城乡人才合作交流机制，制定激励城市人才下乡创业政策措施，推进城市教科文卫体等工作人员定期服务乡村。持续改善乡村营商环境，引导工商资本和金融资本投向农业农村，拓展乡村建设资金来源渠道。健全涉农技术创新市场导向机制和产学研用合作机制，完善农业科研成果入乡转化。

三、乡村振兴战略研究中智库的功能定位与使命担当

（一）建设服务乡村振兴战略的新阵地

推进乡村振兴是一项综合性强、涉及面广的系统性研究课题，这对智库研究和智库服务提出了更高的时代要求。智库要聚焦当前乡村振兴当中的重大问题，积极开展重大理论问题，深入基层一线做好调查研究，切实发挥推动乡村全面振兴的战略咨询服务功能。

一是以写实性、全面性的态度部署开展乡村振兴基层调研。智库的乡村振兴研究素材是要"取之于民",即所有的研究问题、数据、资料均是基于"三农"工作实践进行的再总结、再统计、再提炼和再加工,从而以最真实的数据反映出"三农"的实际生产生活情况。

二是以概括性、创新性的视角总结提炼乡村振兴理论。智库的研究结论应"释之于民",即基于以最切合实际的角度分析乡村振兴战略推进中的现象和问题,通过科学的研究方法进行概括性、创新性总结,从而找到规律和问题产生的根源,有效破解"谁来种地""如何发展农业产业""建设什么样的乡村"等新时代核心乡村建设发展问题,并总结形成相关理论模式和理论体系。

三是以前瞻性、战略性的眼光谋划设计乡村振兴规划。智库是以自身前瞻性、战略性产出高质量的研究政策"用之于民",即在政策学习和业务对接不断强化的基础上,开展乡村振兴规划咨询服务,将理论研究和实践研究中得到的成果,运用到乡村振兴的各级各类规划中,实际解决和化解乡村振兴战略推进中面临的问题和困难。

四是以敏感性、全局性的思维来解读分析乡村振兴政策。智库是将乡村振兴有关政策文件的科学分析"传之于民",即发挥阐释党的理论、解读公共政策的专业能力,及时进行专业、科学的政策分析解读,充分地将政策制度让公众知晓、理解与支持,形成有益的、有助于理解政府政策的环境。

(二)搭建汇聚乡村振兴资源的新平台

推进乡村全面振兴是一项长期性、复杂性和艰巨性的工作,这就决定了全面推进乡村振兴中将会面临各种各样的问题。智库作为"思想库"和"智囊团",具有高效的统筹协调能力,能聚集各领域人才共商共讨,能形成与政府部门联系沟通的便利渠道,能充分将研究成果运用到解决乡村振兴面临的问题当中,并为其不断输入"解决方案"。

一是以灵活的运作机制汇聚各类人才。智库是由大量综合型、交叉型、融合型的知识背景人才组成,这不仅为各类人才提供了大量的就业机会,其灵活的运作机制也能有效打破传统课题研究小组和机构的限制,聘用各行各业人才作为顾问,形成由相关领域专家、政策专家、管理专家等各类人才组成的综合型项目专家队伍,共同为推动乡村振兴出谋划策。

二是以丰富的学术资源调动各方专家。智库机构具有连接各领域专家资源的功能,能依靠影响力和号召力定期组织乡村振兴领域的研究性论坛、研讨会、交流会等活动,围绕国家重大战略、热点问题进行探讨交流和观点碰撞,共享第一手行业领域资料,共同为乡村振兴战略推进实施提供有价值的意见和建议。

三是以便利的沟通渠道联系政府部门。智库核心功能就是决策咨询研究,为各级党委和政府的公共决策提供客观、准确、优质的咨询服务,即"以政引智、以智辅政"。因此同党政部门政策研究机构的联系沟通就是智库机构的重要功能之一。智库机构作为联系政府相关研究部门的桥梁渠道,可以获取更及时、更真实的数据资源以及更丰富、更全面的研究素材,一方面能站在统揽全局的高度上,聚焦乡村振兴开展战略性、前瞻性、应用性研究,另一方还能联合当地政府部门共建"乡村振兴村情信息平台""乡村振兴人才数据库""乡村振兴重点项目服务平台"等综合平台,为乡村振兴战略推进实施提供常态化的决策咨询服务。

(三)打造培训乡村振兴人才的新讲堂

加快推动乡村振兴人才队伍建设,是促进农业全面升级的现实需要,是推动农村全面进步的客观要求,是实现农民全面发展的重要举措。因此,要充分发挥智库机构和智库人才的作用,推动建立多层次的乡村振兴人才培养体系。

一是健全乡村振兴人才培养链,推动人才发展良性循环。突出"强内培外"与"内外兼修"联动,围绕政策解读、研究策略、学术能力等领域展开培训,提升智库人才专业素养,构筑智库人才"蓄水池",强化乡村振兴战略智力支撑;根据乡村振兴及农业农村现代化发展需求开展专题培训,逐步建立层次丰富、内容饱满、特色鲜明、形式多样的乡村振兴人才培训体系,打造乡村振兴人才成长全链条式"生态圈"。

二是紧扣农村需求推进智库下乡,提升各类人才服务乡村格局。推动智库人才"下乡",强化专业知识输出,引导农民学习新知识、新技能、新理念,提升本土人才素质,培育乡村振兴急需紧缺的高素质职业农民和新型农业经营主体带头人,纾解基层人才短缺的发展困境。邀请"三农"领域专家"下沉"农村基层进行授课培训,厚植乡村人才绿洲沃土,发挥智库人才和农村本土人才协同支撑农村产业、文化、生态、组织振兴的作用,筑牢乡村振兴基础。

三是结合乡村发展需求,开展"训以致用"的联合培训。结合地方发展实际以及乡村发展需求,发挥智库"桥梁"作用,探索"智库+"多元培训模式,集聚高校、科研院所、涉农企业等力量,聘请农业专家、行业典型等优秀顶尖人才,定期开展农业农村人才培训。以就业创业需求为导向,打通从育才到用才的梗阻,对接企业用人标准,建立乡村振兴人才库和需求目录,落实乡村振兴人才培训"持证产出"机制,孵化适用性本土人才。

（四）建成展示乡村振兴成果的新窗口

近年来，虽然我们国家在乡村振兴方面取得丰硕成果，但是整体在国际上的影响力还有待进一步提升。新型智库的重要功能之一就是国际交流，对外讲好中国故事、传播好中国声音，提升国家软实力，增强我国国际话语权。因此，要鼓励智库聚焦乡村振兴中的发展成果进行总结研究，持续推出质量高、成效好、先进性强的研究成果，并通过文字出版、媒体传播等形式呈现，实现产品渗透决策、指导实践，打造乡村振兴战略研究领域的成果产出基地，建成党和政府用得上、人民群众看得着的新型智库。

一是打造传播矩阵，扩大舆论影响及成果共享。建立智库成果"产出-宣传"机制，借助社交平台、会议、访谈、讲座等宣传渠道，通过政策解读、反映民意、引导热点、凝聚共识等途径，输出乡村振兴战略研究成果，强化"三农"舆论支撑。立足公共传播，创建权威性强、可信度高、影响力大的智库网络矩阵，打破智库与智库、农业企业、高校院所、机关单位等业界学界信息壁垒，突破"农业+"融合创新的地区、行业、身份等制约，实现信息互通、联动共建、成果共享。

二是研判民众诉求，提高乡村振兴成果理解度。智库对乡村振兴战略成果进行汇集、梳理、解读，发挥公共决策话语的转换职能，力求通俗易懂、便于宣传，满足更广泛的受众需求，为社会公众答疑解惑，实现乡村振兴战略研究成果从"精英化"向"大众化"转变，要让农民唱主角，尊重农民意愿，确保将乡村振兴战略研究成果内化为价值认同、外化为实际行动，营造社会全员关注、支持乡村振兴的良好氛围。

三是打造涉农智库特色品牌，增强中国国际话语权。拓展国内外交流合作网络布局，汇聚"外脑"合力协同创新，做强中国涉农智库特色品牌，通过举办论坛、交流会、发布会等形式公开展示智库研究成果，发挥行业引领支撑作用，切实提升中国乡村振兴成果的国际影响力。

[数报告]

数字赋能助力乡村产业振兴

| 案 例 |

都市现代农业发展战略与实现路径研究

⊙ 《领导决策信息》周刊联合课题组

【摘要】都市现代农业是以都市消费需求为导向,以调整结构、优化提升高端农产品生产能力为基础,以拓展农业休闲观光、康养旅游、示范体验、科普教育多种功能为标志,涵养生态、构筑城市绿色藩篱,改善城市微环境,融高标准农产品供给、农业多种业态和生态功能于一体,高质高效、可持续发展的现代农业。近年来,都市现代农业在保障"菜篮子"产品供应、促进新产业新业态发展、深化农村改革、推动城乡融合发展方面取得较大成效。

【关键词】农业供给侧结构性改革 都市现代农业 高端农产品 乡村全面振兴

都市现代农业是农业在都市地区的特殊表现形式,精准把握其内涵和要义是发展都市现代农业的基本前提。其中,"都市"要提升满足都市需求的高质量农产品供应能力,"现代"要把握好良机良种良田良资关键环节,同时要突出"特色"与"高效",体现"人无我有、人有我优、人优我新"的差异性和创新性,实现从重视农产品数量到重视农产品高产优质的转变。发展都市现代农业，是推进农业供给侧结构性改革、促进农业高质量发展的必然要求，是推进农业绿色发展、助推乡村全面振兴的重要举措，对于助力全面乡村振兴、推动农业农村现代化发展具有重要意义。

在对上海崇明区和天津宁河区的都市现代农业发展经验进行深入分析的基础上，本报告提出都市现代农业发展的战略路径。一是突出都市现代定位，优化农业产业发展布局，推动特色优势产业提质升级，统筹乡村产业发展。二是突出融合发展重点，推进农商文旅体融合发展，大力发展农产品深加工，构建农产品流通服务体系，激活产业发展动能。三是突出产业链生态圈，建设一批农业产业基地，建设一批农业产业强镇，建设一批现代农业产业园区，建设一批农业产业集群，以全产业链体制机制建立健全为保障，推进农业延链、补链、稳链，推动质量效益变革。四是突出生态绿色导向，推动品质品牌提升。大力发展绿色农业，推动农业生态价值转化；提升品牌价值和市场竞争力，促进优势产业和产品向价值链中高端跃升；提高农业产业标准化水平，塑造标准化"领跑者"和"生产者"。五是突出数据驱动核心，加快现代智能创新。提高农业物质技术装备水平和农业机械化水平，发展"大数据+"现代农业，以众筹农业、定制农业、共享农业、云农场等新模式，促进农村电商转型升级，推进数字农业试点示范，打造成为具有影响力的数字农业品牌。

同时，提出都市现代农业发展的对策建议。一是打好"市场"牌，促进新型经营主体高质量发展，创新发展农业产业化联合体，大力完善社会化服务体系，构建现代农业经营体系。二是打好"要素"牌，提升土地利用效率，加大财政扶持力度，强化人才服务，优化发展要素保障机制。三是打好"改革"牌，深化农村土地制度改革，纵深推进农村"三变"改革，强化农村改革成果应用。

一、都市现代农业发展的内涵意义

（一）都市现代农业是农业在都市地区的特殊表现形式

精准把握其内涵和要义是发展都市现代农业的基本前提。一是"都市"，即要提升满足都市需求的高质量农产品供应能力。都市农业融生产、生活、生态功能于一体，在地理上位于城市周边，在功能上服务于城市发展，在资源要素上与城市工商业紧密互动。推进都市农业发展，是在稳定发展粮食生产的基础上，重点将都市农业建成城市"菜篮子"产品重要供给区、农业现代化示范区、农业先进生产要素聚集区、农业多功能开发样板区、农村改革先行区。二是"现代"，就是要把握好良机良种良田良资关键环节。农业现代化是一个持续过程、长期任务，其本质是农业生产过程的现代化。农机、种子、耕地、农资是农业发展的物质要素，良机良种良田良资是现代农业的关键环节。随着我国农业已进入发展动力升级、发展方式转变、发展结构优化时期，农业现代化也进入全面推进、重点突破、梯次实现阶段。发展现代农业就是要坚持质量兴农、绿色兴农、品牌强农，增加优质绿色和特色农产品供给，提升质量效益和竞争力。三是要突出"特色"，体现"人无我有、人有我优、人优我新"的差异性和创新性。随着农产品消费需求向多样化、高端化、服务化转型升级，城乡居民对农产品品质和个性化追求与日俱增，特色农业越来越成为现代农业产业发展的战略制高点。2020年，农业农村部印发的《全国乡村产业发展规划（2020—2025年）》提出，有序开发优势特色资源，做大做强优势特色产业，形成特色农业产业集群。因此，要充分利用地理优势独特、气候优势突出、物种优势明显、开放优势巨大等条件，发展优势特色产业。四是注重"高效",从重视农产品数量到重视农产品高产优质。意味着农业产业发展要在重视产品数量的基础上,转入高产优质并重、提高效益的新阶段。发展高产优质高效农业,要在更大程度上依靠科技进步,推动各种生产要素最优组合,以实现经济效益、生态效益、社会效益全面提高。

(二)推进农业供给侧结构性改革、促进农业高质量发展的必然要求

农业供给侧结构性改革是"三农"领域的一场深刻变革,是提高农业质量效益的治本之策。都市现代农业立足生产功能,提升农业综合效益和竞争力,促进质量兴农。发展都市现代农业有助于加快改造传统农业、转变农业发展方式、提高农业生产效率,是顺应社会经济发展需求,推进农业供给侧结构性改革、推动农业高质量发展的有效途径。推进都市现代农业发展有利于加快转变农业发展方式、调优农业产业结构、突出优势特色产业发展,加快农村一二三产业融合,推进农业现代化,促进农业增效、农民增收和农村繁荣,实现农业强、农村美和农民富。

(三)推进农业绿色发展、助推乡村全面振兴的重要举措

一是推进农业绿色发展,是守住绿水青山、建设美丽城市的时代担当。只有建设高度的农业生态文明,农业现代化才能得以实现。都市现代农业融生产、生活、生态功能于一体,注重农业生产过程的节能减排和农业废弃资源的循环再利用、减量农业投入品,持续构建农业可持续发展新机制,是贯彻绿色发展理念、推动自然资本增值,有效保护环境、实现可持续发展、推进生态文明建设的重要途径。二是

都市农业作为现代农业的引领与示范载体，对于助力乡村全面振兴、推动农业农村现代化发展具有重要意义。发展都市现代农业，有利于城市资金、技术、人才等流入农村，有利于加快转移农业剩余劳动力，促进农业产业转型、功能拓展、效益提升。加快发展都市现代农业，有助于补齐农村发展短板，在乡村振兴上发挥示范、带动、辐射功能和引领作用，促进城乡要素自由流动、平等交换和公共资源合理配置，形成城乡互补、共同繁荣的新型城乡关系，是推动乡村全面振兴，实现城乡融合、产城融合，逐步化解城乡发展不平衡、农村发展不充分矛盾的重要途径。

二、都市现代农业发展的经验分析

（一）上海崇明区：科技创新引领，建设都市现代绿色农业高地

上海崇明区位于长江入海口，是世界上最大的河口冲积岛和中国第三大岛，气候温和湿润，日照充足，雨水充沛，四季分明。崇明作为上海最大的农村地区，以上海1/5的陆域面积，供给了上海1/3的地产农产品。

一是以全域管控为抓手，优化绿色发展环境。制定负面行为清单。崇明制定了国内首份绿色农业发展负面行为清单，确定农业生产的生态评价指标标准，清退落后产能和不规范生产经营行为。加强源头封闭管控。建立"1个总仓+16个涉农乡镇门店"的绿色农资供应体系，实现绿色投入品实名制供应、一站式服务、全过程溯源、全域化管控。实施土地精细管理。推进整村制农村土地归并整合，建立GIS农业地理信息监管系统，引导土地从"规范有序"向"规模高效"转变，实现资源环境动态监测和精准化管理。绿色农产品供给能力显著提升，全区绿色食品

认证面积比重达91.8%；农业生态环境不断优化，农作物秸秆、畜禽粪污综合利用率分别达97%、100%。

二是以科技创新为突破，加快产业转型升级。推广绿色种养模式。创新使用"无化学肥料、无化学农药"的"两无化"种植模式，逐步推动"两无化"生产从水稻向蔬菜、林果等领域拓展。鼓励探索"稻鱼""稻虾鳖"等立体种养模式，持续推动化肥农药减量。构建生态循环体系。实施水稻秸秆机械化还田和离田利用，构建"全粪+秸秆"新型生态循环链，建立蔬菜杂草类废弃物回收处置"基地+村"模式，实现农业废弃物统一收运、智能堆肥、就近利用。强化科技创新支撑。组建崇明生态农业科创中心理事会，引入专家技术团队，落地建设"中国农业绿色发展研究会崇明实验站""崇明农业科技小院""全国农业科技成果转移服务中心崇明分中心"等平台，开展农业科创项目应用型研究。农业智慧化、科技化管控水平不断提升，形成全区农业"一张网""一张图"。

三是以项目建设为引擎，激发现代农业活力。引培重大农业项目。持续深化全球农业招商，引进国际高水平农业生产经营企业。制定出台花卉产业扶持政策，围绕打造特色花卉研发中心、种源生产繁育中心、花卉交易中心和家庭园艺服务中心，放大"后花卉博览会时代"溢出效应。推进数字农业建设。探索"5G+智慧农业"，推进数字农场建设。建设国家农业绿色发展长期固定观测崇明试验站，打造"数字模型"。持续推动"机器换人"，建设蔬菜耕种收全程机械化基地和翠冠梨数字农业基地，加快智慧农机融合应用。2019—2020年连续两年农业绿色发展指数位列全国前列，农业绿色发展处于全国领先水平。

（二）天津宁河区：聚焦"三大体系"打造现代都市农业先导区

近年来，天津宁河区抢抓建设国家现代农业产业园政策机遇，落实小站稻振兴计划，发展"小站稻""生猪"两条产业链，2020年产业园总产值52.2亿元、较2019年提高48.6%，为丰富天津人民"米袋子菜篮子"、确保全市人民"从吃饱到吃好"作出应有贡献。

一是聚焦产业融合，提升农业产业体系。深挖农耕稻作文化和运河水文化，加快农业与现代产业要素跨界配置、交叉融合，形成"大生产＋精加工＋高科技＋深融合＋强服务"的全产业链发展格局。显著扩大生产基地规模，以蓟运河、潮白河流域为重点扩大水稻种植面积，吸引温氏集团等有实力的农企进驻产业园，2020年建成15万亩优质稻、13万亩稻蟹混养、65万头生猪存栏，带动宁河全区小站稻种植面积25万亩、占全市总面积的31.3%，生猪年出栏65万头、占全市总量的33.5%。做强农产品加工业，吸引培育丰盈米业、金芦米业等加工企业，实施玉祥牧业畜牧屠宰、生宝集团中央厨房等精深加工项目。培育电商创业园、"吃乐马"电商公司等平台，建立特色农产品综合物流园、全国直销、电商网点，宣传"小站稻""金世神农作物种子""宁河种猪""七里海河蟹"等津农精品品牌形象。

二是强化科技支撑，夯实农业生产体系。与中国农业大学、天津农学院等建立科研合作平台，成立"博士后工作站"，提升科技支撑和成果转化能力。推进生产良种化，建设北方水稻研究中心、天津市"食味米"科技发展中心、原种猪遗传育种科研平台，在良种繁育、良种良法、有机栽培、种养配套技术研发服务等方面走在全市乃至北方地区前列。建成全国最大的小站稻、丹系长白原种猪生产基地，通过国家、省级审定"津原系列"水稻新品种35个、覆盖全市水稻面积的95%，每年向津、冀、鲁、辽等地区供应"津原"系列优质水稻原种

300余万公斤,"天河牌"种猪获"中国名牌"称号、年供种能力4万头。推进园区数字化。建立智慧农业大数据中心和综合管理服务系统,布局186个物联网点位,完成农业云基础平台、农产品质量追溯、专家在线、移动APP、农业遥感大数据监测等系统板块设计开发,2020年"智慧农业平台"为宁河区13万亩农田和40家农业企业提供数据支撑服务、覆盖面达52%。

三是聚焦龙头带动,健全农业经营体系。培育壮大金世神农、天津祥润等新型经营主体,引导龙头企业、专业合作经济组织与农民建立利益联结机制,切实将产业链增值收益留在农村、留给农民。新型经营主体蓬勃发展。培育市级以上农业产业化龙头企业12家,发展农民合作社190家,培育家庭农场260家。联农带农机制不断创新,推广"益农信息社+农户""公司+农户"等4种合作模式。发展"订单农业模式",种植农户订单率达到16.2%,园内农民人均可支配收入3.09万元、高于周边农民30%。政府信用担保壮大集体经济,与天津邮储银行、市农担公司合作,设立专业合作社和家庭农场发展基金,以担保、联保等形式向每个村提供30~50万元启动资金。健全"龙头企业+村党支部+合作社+农户"经营模式,引导村集体资产量化入股,与龙头企业、种植大户建立长期稳定合作关系,带动村集体收入增幅10%。

三、都市现代农业发展的战略路径

(一)突出都市现代定位,统筹乡村产业发展

一是统筹抓好乡村振兴与现代农业发展。产业兴旺是实施乡村振兴的物质基础,发展都市现代农业,要始终以乡村振兴战略为统领,围绕发展都市现代农业的重点领域和关键环节,促进乡村振兴和现代农业协

同发展，以现代农业发展助推乡村产业振兴。二是优化农业产业发展布局。结合全市农业资源禀赋、产业基础和市场特点，以市场需求为导向，进一步优化粮食、蔬菜、水果、生态家禽、禽蛋产业等农业产业功能区划战略格局，促进农业功能区与"一县一品""一县一特"战略衔接融合，扶持发展"一乡一业""一村一品"，加快区域化、专业化、特色化的农业生产力布局。三是推动特色优势产业提质升级。在项目、资金方面优先向特色产业优势区倾斜，促进特色优势产业规模化、集约化、标准化发展。加快建设现代农业产业强镇、优势特色产业集群、特色农产品优势区，做优做强县域优势主导农业产业。四是深挖都市农业文化功能。高度重视都市现代农业的文化功能，改变传统观念、创新思维模式，跳出农业看农业。在政策、项目等方面设立专项支持，加强都市现代农业文化研究。加大对都市现代农业文化活动的支持，不断总结积累都市现代农业文化经验，在创造物质财富的同时，不断创造精神财富，使都市现代农业永驻活力。

（二）突出融合发展重点，激活产业发展动能

一是推进农商文旅体融合发展。加快建设美丽乡村、特色小镇和田园综合体，合理布局养生养老、康体康旅、观光农业、乡村旅游等产业，推动农业"接二连三"发展。推动乡村旅游与农家乐、农业科普、农业教育、农耕文化、生产体验等要素配置和产业有机融合。大力支持田园景观型、草地畜牧（禽）型、特色种植型、农业科技型、主题公园、农家乐、度假酒店、养生健康等休闲农业发展。二是大力发展农产品深加工。全面实施农产品加工业提升行动，大力支持加工企业技术创新、品牌建设、市场开拓、信息技术应用，打造一批产加销一体的全产业链企业集群。积极推进农产品加工业集团化发展，引导农产品加工业向特色

农产品优势区、规模化产业发展中心区、现代农业示范园区集中布局。巩固提升现有农产品加工园区，新增一批加工园区建设，引进一批农产品加工、食品等中高端生产及其产业链企业。三是构建农产品流通服务体系。加快完善产地集配中心、产地市场、批发市场和零售市场共同组成的公益性农产品市场网络，形成覆盖农产品采收、产地处理、储藏、加工、运输、销售、冷链物流等各环节紧密结合的农产品市场体系。构建"农产品生产基地＋批发市场＋冷链运转＋惠民生鲜超市等终端环节"紧密结合，"供销生鲜分拣配送中心＋社区生鲜超市＋终端网络直供直销"的农产品现代流通体系。打造通道化、枢纽化物流网络，大力发展多式联运，汇聚物流、商流、信息流、资金流等，创新农产品"物流＋贸易＋产业"运行模式。

（三）突出产业链生态圈，推动质量效益变革

一是建设一批农业产业基地。引进战略投资集团参与农业企业合作联合投资，在共同建设都市现代农业的研发中心和实验室、新品种选育及组培繁育基地的基础上，建设一批具有影响力的优势特色产业基地，生产高端、错季、高品质农产品。二是建设一批农业产业强镇。以村镇1－2个农业主导产业为主体，加快全产业链建设、全价值链开发，着力支持提升生产基地、仓储保鲜、加工营销等设施装备水平，培育一批主导产业突出、一二三产业深度融合、创新创业活跃、产村产城一体的"一村一品"农业产业强镇，示范带动乡村产业转型升级。三是建设一批现代农业产业园区。协同推动要素资源高效集聚，推进"生产＋加工＋科技"一体化发展，进一步补短板、强弱项、上台阶，高质量高标准推进国家现代农业产业园创建、省级现代农业园区培育。创新完善现代农业园区建设管理体制机制，高水平规划建设一批"绿色、特色、高效、活力、

智慧、开放"的现代农业产业园区。四是建设一批农业产业集群。按照市场主导、政府引导、培育特色产业集群的思路，通过引进一批龙头项目，打造一批蔬菜、水果、茶叶、中药材、生猪等农业优势产业集群，推进全产业链开发、全价值链提升，形成集群发展新格局和市场竞争新优势。四是以全产业链体制机制建立健全为保障，推进农业延链、补链、稳链。探索建立现代农业"链长制"和"链主制"，由市级主要领导任"链长"，建立统筹推进、分工协作的工作机制，建立基础能力改造升级甚至换代清单、延链补链清单，提出产业链技术路线、应用领域、区域分布等，推动出台配套支持政策；选育能起主导作用的龙头企业担任"链主"，构建农业产业化联合体。

（四）突出生态绿色导向，推动品质品牌提升

一是大力发展绿色农业，推动农业生态价值转化。加强农业资源保护利用、农业面源污染防治和农业生态保护修复，形成涵盖生态保护、环境治理、绿色发展的先进农业生态文明标准体系。加强适应性广、实用性强的绿色技术研究，加快建设农业绿色发展先行区、生态农业示范区和绿色产品集聚区，引导农产品加工企业建设清洁化、智能化综合利用生产线。二是提升品牌价值和市场竞争力，促进优势产业和产品向价值链中高端跃升。实施"区域、企业、产品"三位一体的农业品牌发展战略，开展农业产业品牌价值提升行动，探索利用"物联网溯源"技术，利用"短视频＋网红"的营销模式对农产品进行"带货"，增强品牌建设的推动力，拓展品牌营销的影响力，完善农产品品牌使用、保护和营销机制。三是提高农业产业标准化水平，塑造标准化"领跑者"和"生产者"。围绕农产品品质、质量安全、绿色生态等方面，加强农业产业的全过程、全要素、各类主体等分析，加快工厂化育苗、精准化种植、智

慧化管控、规模化推广，支持各类标准化技术机构、科研院校、社会团体、农业经营主体等参与标准研制，构建全要素、全链条、多层次且适用于高质量发展阶段的现代农业标准化体系。

（五）突出数据驱动核心，加快现代智能创新

一是提高农业物质技术装备水平和农业机械化水平。引导企业和科研院所积极研发都市现代农业农机以及适应特色作物生产、特产养殖需要的高效专用农机装备。推进农业全程机械化示范区建设，深入推进农田宜机化改造，支持农机合作社、农业企业、集体经济组织等农业服务主体实施宜机化改造项目。二是发展"大数据+"现代农业。充分应用新一代农业信息技术，建设农业大数据中心，推进重点行业业务系统数据与农业物联网、益农信息服务等数据资源互联互通，促进农业大数据在农技服务、农产品质量安全监管、农业执法、农机管理服务等农业生产领域集成应用，实现数据融合、服务融合及业务融合，提升农业生产、经营、管理和服务水平。三是以众筹农业、定制农业、共享农业、云农场等新模式，促进农村电商转型升级。实施"互联网+"农产品出村进城工程，推动人工智能、大数据赋能农村实体店，全面打通农产品线上线下营销通道。加强农村电商主体培训培育，引导农业生产基地、农产品加工企业、农资配送企业、物流企业应用电子商务。四是推进数字农业试点示范。实施数字农业示范工程，以省级现代农业产业园、专业村镇为载体，推进数字农业应用示范，打造成为具有影响力的数字农业品牌，形成一个区域有一批示范领域，一个产业有一群示范主体的局面。

四、都市现代农业发展的对策建议

(一)打好"市场"牌,构建现代农业经营体系

一是促进新型经营主体高质量发展。加大龙头企业培育力度,支持龙头企业对区域内同类农产品加工企业进行整合。实施家庭农场培育工程和农民合作社规范提升工程,鼓励农村能人、专业大户等牵头发展合作社,重点扶持培育一批示范合作社和家庭农场,提升合作社和家庭农场经营管理水平。二是创新发展农业产业化联合体。创新利益联结形式,探索双向入股、按股分红与二次利润返还等模式,建立紧密型利益联结机制,促进新型经营主体与农户之间形成分工明确、协作紧密、互利共赢共享的产业化联合体,加快发展股份合作、股份制等紧密型利益联结模式,让农民成为利益共享主体,增强农村产业融合发展的后劲。三是大力完善社会化服务体系。实施专业化社会化服务组织培育工程,促进农业服务主体之间融合发展,探索构建集农资供应、农机服务、技术咨询、农产品购销等服务为一体的综合型社会化服务体系,探索社会化服务规范化创新试点,推进乡镇专业化服务组织实现全覆盖。

(二)打好"要素"牌,优化发展要素保障机制

一是提升土地利用效率。强化现代农业产业发展的用地保障,实施"闲置农房激活计划",支持农民利用闲置农房院落发展农家乐,鼓励集体利用"四荒地"、厂矿废弃地和闲置校舍等用于现代农业产业发展项目。二是加大财政扶持力度。加强财政专项资金对农业特色产业、农产品加工业、乡村旅游、电子商务等新产业、新业态的扶持力度,重点扶持农业龙头企业、农业产业化联合体等农村产业融合发展主体。通过PPP模式、设立基金、财政奖补、贷款贴息等方式,激发社会资本投资

农村产业融合领域的积极性。三是强化人才服务。优化人才要素供给，大力引进高端农业人才，建立完善农业人才培训体系，加快培育高水平职业经理人和新型职业农民。鼓励引导外出经商人员、大中专毕业生、退伍军人等各类人才回乡创业，发挥企业家在农村产业融合发展中的引领作用，构建"一主多元"的新型职业农民培育体系，开展百万农民线上免费培训工程，通过"线上＋线下"模式，打造"聚千名讲师、集万堂课程、惠百万农民"的培训模式。

（三）打好"改革"牌，强化农村改革成果应用

一是深化农村土地制度改革。巩固和完善农村基本经营制度，持续深化农村产权制度改革，健全农村支持保护制度，推动城乡融合发展体制机制和政策体系落地见效，激发农业农村发展动力活力。巩固和完善农村基本经营制度，落实农村土地"三权分置"，坚持土地集体所有的改革底线，稳定农户承包权，加快放活土地经营权，依法落实集体收回利用抛荒耕地承包权的权利，探索推广土地承包经营权有偿退出模式。落实宅基地集体所有权，保障宅基地农户资格权和农户房屋财产权，适度放活宅基地和农民房屋使用权。二是纵深推进农村"三变"改革。持宜农则农、宜工则工、宜游则游、宜林则林，以城乡"三变"改革为载体，推动城乡要素自由流动，推动集体经济加强资源资本运营收益，因地制宜探索发展集体经济的有效途径。积极引导农民将土地承包经营权、自有资金入股到企业、合作社等经营主体，完善股权设置、劳动力入股、股权管理、股权收益等方面的机制，提升农民"三变"参与主动性和积极性。引领一批自身实力强、信誉好的企业参与"三变"改革，鼓励返乡农民工、社会能人反哺农业，形成合股联营、合作生产、共同发展的格局。三是把着力点放在系统集成、协同高效上来，着力发挥城乡统筹、

农业农村改革试验的引领、示范、带动作用，实现各项改革试点有机衔接、融会贯通，推进改革成果的目标集成、政策集成、效果集成，扩大农村"三变"改革等多项改革政策红利，确保改革成果有效落地运用。

| 标杆 |

杭州未来乡村建设的实践探索及启示

⊙ 大数据战略重点实验室课题组

【摘要】 从2003年"千万工程"到2019年新时代美丽乡村,浙江乡村建设一直走在全国前列。2019年浙江省政府工作报告首次提出"未来社区",并出台《浙江省未来社区建设试点工作方案》,对未来社区的内涵、目标作出阐释。2020年8月,杭州市余杭区率先提出"未来乡村实验区"概念,并印发了《余杭区"未来乡村实验区"改革实施方案》。2021年,浙江省在杭州、丽水等地率先开展"未来乡村"试点的基础上,进一步总结建设经验,将"未来乡村"建设上升为省级战略,并先后出台了《浙江省未来乡村建设指导意见》《浙江省未来乡村建设导则(试行)》等文件,标志着浙江省开始系统地开展"未来乡村"建设工作。作为全国率先启动"未来乡村"建设试点的城市,杭州"未来乡村"建设的实践探索具有重要的借鉴和启示价值。

【关键词】 未来乡村　美丽乡村　数字乡村　共富乡村　人文乡村　善治乡村

浙江"千万工程"与村庄整治、美丽乡村建设一脉相承,未来乡村建设以人本化、生态化、数字化为建设方向，以原乡人、归乡人、新乡人为建设主体，以造场景、造邻里、造产业为建设途径，以有人来、有活干、有钱赚为建设定位，以乡土味、乡亲味、乡愁味为建设特色，致力于打造未来产业、风貌、文化、邻里、健康、低碳、交通、智慧、治理等场景，集成"美丽乡村＋数字乡村＋共富乡村＋人文乡村＋善治乡村"建设，这既是对"千万工程"的坚守践行、延续深化，也是美丽乡村建设的升级版，还是对农业农村现代化的前瞻探索与集成创新。

2021年以来，杭州市按照"美丽乡村普惠、数字乡村赋能、未来乡村引领"新时代美丽乡村建设格局要求，在全省率先启动未来乡村创建，通过建立健全未来乡村建设的政策体系，明确建设思路、建设目标和建设要求，推动试点先行探索，打造了一批彰显江南韵味、呈现未来元素、引领乡村共富，融亮丽乡村底色、现代科技产业、和谐文明乡风、便利公共服务、共享美好生活于一体的未来乡村建设样本。如西湖区长埭村以切实满足老百姓需求为核心，按照"1+N个场景"要求，建设未来乡村。萧山区横一村坚持数字赋能，积极打造产业主导型乡村。富阳黄公望村依托"公望"品牌，全面优化提升服务配套、景观环境及人文氛围，重点打造"中国风、国际范"的风情旅游未来乡村。建德市之江村以摄影产业为媒介，全域规划打造"摄影之乡"。钱塘区江东村全力打造"智慧漫居"乡村。

未来乡村建设是基于农村实际和农民需要的"三农"工作的前瞻性、战略性探索，关乎农业农村待开发的未知领域和待提升的关键环节，对农村地区的全面、协调、可持续发展具有重要意义。第一，强调以人为核心的建设前提，强化乡村建设统领力。坚持以人为本、党建为基、改革支撑，培养未来农民，提升党建实力，推动更多资源和要素下乡。第二，嵌入"数字"智慧脑，提升乡村善治现代化水平。推动数字技术与未来乡村建设深度融合，加强农村信息基础设施建设，促进数字乡村提档升级，强化数字赋能乡村产业，不断弥合城乡数字鸿沟，运用"数智"手段全面提升基层治理水平。第三，把握村庄差异性，因村制宜建设特色乡村。摸清乡村资源禀赋，彰显地域特色，统筹推进乡村高质量发展和差异化发展。第四，注入生命力，推动乡村建设全过程创新。保持战略定力，提高发展站位，强化考核评估，明确未来乡村建设思路和建设重点，汇聚多方共建合力，共同推进未来乡村建设实现新突破、取得新成绩。

一、未来乡村建设的时代价值

未来乡村是浙江在高质量建设共同富裕示范区和建设"重要窗口"大背景下，乡村建设的又一次全新探索，对打造"千万工程"和美丽乡村升级版、深入实施乡村振兴战略、加快推进农业农村现代化具有重要意义。

（一）未来乡村建设是对"千万工程"的坚守践行和持续深化

2003年，浙江省委、省政府在杭州召开全省"千村示范、万村整治"工程（简称"千万工程"）工作会议，提出用5年时间，从全省近4万个村庄中，选择1万个行政村进行全面整治，把其中1000个中心村建设成全面小康示范村，由此拉开了农村人居环境整治的序幕。2010年，浙江省委、省政府印发了《浙江省美丽乡村建设行动计划(2011—2015年)》，在全国率先开展美丽乡村建设。这些年来，"千万工程"持续发力，美丽乡村建设不断推进，大幅改善了农村人居环境，农民群众在乡村振兴中的获得感、幸福感不断提升。统计数据显示，2021年，浙江省创建美丽乡村示范县11个、美丽乡村示范乡镇110个、特色精品村315个；新时代美丽乡村达标村5512个，全省50%以上行政村建成新时代美丽乡村。

基于美丽乡村建设取得的丰硕成果，浙江并没有停止在乡村建设方面的探索与实践。2021年，浙江省人民政府办公厅印发的《关于开展未来乡村建设的指导意见》提出，要打造未来产业、风貌、文化、邻里、健康、低碳、交通、智慧、治理等场景，集成"美丽乡村＋数字乡村＋共富乡村＋人文乡村＋善治乡村"建设，着力构建引领数字生活体验、呈现未来元素、彰显江南韵味的乡村新社区，到2025年，全省建设1000个以上未来乡村。未来乡村是对"千万工程"的坚守践行和延续深化，是美丽田园、美丽乡村、美丽环境、美丽经济之上叠加的新形态和新模式，必将引领未来乡村建设的新趋势和新方向，擘画宜居宜业美丽乡村的新蓝图。

（二）未来乡村建设是对乡村振兴战略的深入贯彻和全面推进

《乡村振兴战略规划（2018－2022年）》明确提出，要牢固树立和践行绿水青山就是金山银山的理念，坚持尊重自然、顺应自然、保护自然，统筹山水林田湖草系统治理，加快转变生产生活方式，推动乡村生态振兴，建设生活环境整洁优美、生态系统稳定健康、人与自然和谐共生的生态宜居美丽乡村。未来乡村的立足点是乡村，"美丽乡村＋数字乡村＋共富乡村＋人文乡村＋善治乡村"叠加的发展目标与"乡村产业振兴、乡村人才振兴、乡村文化振兴、乡村生态振兴、乡村组织振兴"五个振兴的具体路径是一脉相承的。

未来乡村聚焦主体风貌美丽宜居的发展目标，一方面提出要打造未来风貌场景，安排健全乡村规划建设体系，推进乡村微改造、精提升，打造美丽河湖、美丽水站、美丽山塘、绿色水电站等工作；另一方面提出要打造未来低碳场景，部署全面保护和修复生态环境、建设森林村庄、深化"肥药两制"改革、建设生态文化基地和生态文化村等工作，既是对乡村振兴工作中创新做法的继承和完善，同时又有了更加细致、更加严格、更加超前的要求，有助于更好地推进乡村全面振兴。

（三）未来乡村建设是对农业农村现代化的前瞻探索与集成创新

《"十四五"推进农业农村现代化规划》指出，推进农业农村现代化，必须立足乡村地域特征，科学合理规划农村生产生活的空间布局和设施建设，保留民族特点、地域特征、乡土特色，保留大量优秀传统乡土文化，发掘乡村多元价值，推动乡村自然资源增值，赓续传承农耕文明，促进传统农耕文化与现代文明融合发展，让乡村文明展现出独特魅力和时代风采。

未来乡村建设坚持以党建为统领，以人本化、生态化、数字化为建设方向，以原乡人、归乡人、新乡人为建设主体，以造场景、造邻里、造产业为建设途径，以有人来、有活干、有钱赚为建设定位，以乡土味、乡亲味、乡愁味为建设特色，聚焦"什么是现代农业""什么是现代农村""什么是现代农民"进行了前瞻化的探索与集成式创新。聚焦现代农业，则是通过培育提升一批农业龙头企业、农民专业合作社、家庭农场、农创客和农业服务组织等经营主体，发展生态农业、休闲农业、创意农业、体验农业，建设特色产业园、小微创业园，壮大电子商务、养生养老、文化创意、运动健康、乡村旅游等业态，做强村庄品牌、农产品品牌、活动品牌等工作，打造一批农业产业带头人、农业产业园区、农业产业新业态以及农业产业品牌。聚焦现代农村，则是通过打造未来产业、风貌、文化、邻里、健康、低碳、交通、智慧、治理等场景，塑造一个宜居宜业、文明和谐、绿色低碳、数字智能的乡村新社区。聚焦现代农民，则是通过公共服务的布局和治理手段的创新，努力实现幼有善育、学有优教、劳有厚得、病有良医、老有颐养、住有宜居、弱有众扶。

二、杭州未来乡村建设的典型经验分析

2021年以来，杭州市按照"美丽乡村普惠、数字乡村赋能、未来乡村引领"新时代美丽乡村建设格局要求，在全国全省率先出台《杭州市未来乡村建设工作方案》、《杭州市未来乡村创建评价指标体系》（试行）和《杭州市未来乡村建设指南（试行）》，积极推动建成一批引领时代潮流、呈现未来元素、彰显江南韵味的标杆型乡村，为全国农业农村现代化提供杭州案例。

（一）西湖区长埭村：打造人本化的未来健康场景

长埭村让"数字"走进乡村、服务村民，以切实满足老百姓需求为核心，按照"1+N 个场景"要求，建设未来乡村。在未来健康场景中，运用"健康大脑＋智慧医疗"模式，通过建设全民健康数字管理平台，将个人健康档案上传供家庭医生诊疗参考，提供更加精准的健康服务。在未来服务场景中，将24小时全天候运营的无人便利店布置在篮球场等公共场所，为人们提供无时间限制的服务；将创意园区的文创工作室从线下搬到线上，借助"长富云"小程序展示整体介绍，进行线上商品销售。在未来文化场景中，同中国美术学院资产经营有限公司开展合作，坚持"艺术＋数智"的核心理念，打造集教育、研究、创作、交流、体验、展示、生活为一体的"长埭未来创意文化村"。在未来治理场景中，搭建了"桐富云"线上场景，在经济富裕、文化活跃、生态宜居、服务优质、社会和谐等多个方面，提升乡村治理水平。

数字化科技是手段，最终是要为"人"服务的。长埭村的健康医疗、无人贩售机、"长富云""桐富云"线上平台等现代化数字场景走进了现实生活，数字技术与村庄每一位百姓有机融合，改变了乡村的生产方式和治理形态，让人们享受到了真真切切的实惠和便利，感受到了"未来感"十足的乡村生活。

（二）萧山区横一村：建设数字赋能的产业主导型乡村

推动农文旅融合。横一村坚持乡村经营和强村富民理念，引入专业运营团队，用活山水林田湖等资源，围绕"稻子、柿子、院子"做文章，系统培育生态种养、农业观光、休闲旅游、亲子研学、运动康养等农文旅融合发展业态，让村庄成为菜园、公园、学园、家园，实现"山水林田村"的价值再造。做好场景化的三产融合。横一村结合国内外先进理念，积极打造横一村特色IP。目前横一村共有两个IP，一个柿子，一个水稻。横一村所有场景都是基于这两个IP来打造。如Hi鸭公社、Hi稻星球、Hi稻小火车等，主题鲜明，紧跟主打产业。推动数字赋能乡村治理。通过平台将乡村治理的数字化、共享经济的数字化、农文旅的数字化进行整体把控，创新落地邻里、文化、治理等多个场景，让数字治理真正惠及群众。打造城乡共荣、城乡共富模式。引入现代元素、现代产业，吸引年轻人带着流量回归乡村，实现网红带村红。

（三）富阳黄公望村：依托"公望"品牌，打造"中国风、国际范"的风情旅游未来乡村

全面优化提升服务配套、景观环境及人文氛围，重点打造"中国风、国际范"的风情旅游未来乡村。重点围绕"一心三区多点"布局，拓宽文化定位，保护文化资源，落实产业配套，打造黄公望·综合服务中心，

创建白鹤街·庙山茶径游园区、庙山坞·国际艺术街区、公望路·飨食游宴街区等三条特色文化产业线，并在现有"黄公望隐居地""国画艺术园地"等基础上，新增串联春江畔·印象公望门户、公望里·乡村文化市集等九大场景。擦亮公望品牌，助推文化产业集聚。依托现状业态布局和存量建筑，以旅游产业为龙头，以文化创意为引擎，实现村庄产业有机更新，彰显文化特色。在深入挖掘黄公望与《富春山居图》深刻文化内涵的基础上，做大"公望"文化 IP，打造"金秋火柿节""公望绿茶"等品牌。依托"海峡两岸交流基地""两岸文化创意合作实验区"，承办"传承民族·对话世界公望国际文化交流节"等活动，擦亮了两岸文化"国字牌"。以村文化礼堂为中心构建15分钟文化圈，串联纪念馆、隐居地等文化服务体验点，丰富了公望文化体验感。建好公望家园，丰富文化延伸载体。黄公望村将公望文化内涵融入村级事务管理服务中。引入数字管理，建设数字乡村工程和智慧旅游工程，打造数字乡村治理标杆样板。打造景村融合的"富春山居 公望智理"平台，以先富带动后富的理念成立了"公望女管家"队伍，并利用开心农场、公望书屋、文化礼堂等场所，建设未来教育乡村角，让孩子们在村里也能享受高端教育资源。立足本地实际，通过完善生态保护长效机制，还原出整洁有序、山清水秀、蓝天白云的富春山水美景。

（四）建德市之江村：选准核心产业，全域规划打造"摄影之乡"

以摄影产业为媒介，打造产业发展新途径。以本村为核心，打造精品摄影点，全域规划打造"摄影之乡"；以摄影展览馆为核心，以摄影创客工作室为节点，以摄影团队为纽带，举办摄影论坛、摄影大赛等活动；重点实施朴宿文旅综合体、山边精品民宿等配套项目，助力摄影产业发展。以摄影业态为牵引，探索合作共建新模式。将村民闲置房屋、土地等入股，推动民宿、餐饮、文创等业态融合发展。先后招引朴宿文旅、西部医学等旅游项目，打造了国家乡村度假区。强化扶持引导，建立了民宿协会和摄影协会，为村民开展摄影培训，同时开展"微影计划"，提供整体授信、线上平台助销等服务。以数智应用为目标，创新"我在之江读新语"党建品牌，面向未来统筹推进"9＋N"场景建设。以数字服务场景为导向，推出图书馆、摄影展、未来卫生室云诊间智慧化诊疗等，借助数字化浪潮打造"建村钉""三务公开""云上法庭"等数字化场景，积极探索未来乡村运营模式。

（五）钱塘区江东村：全力打造"智慧漫居"乡村

党建引领特色产业孵化。江东村牵头组建了"田城汇"乡村振兴党建联盟，联动周边村庄推进区域化协同发展，联合浙江传媒大学、农商银行等8家联盟成员单位，落地浙江省首个大中小学劳动教育综合实践基地、钱塘区首个乡村振兴学院等项目，并启动了全区首条农旅线，打造了七彩油菜花、党建田园等一批网红打卡点。教育优先吸引产业落地。以美丽乡村普惠建设为基础，以教育产业为切入点，江东村大力推进产业融合发展，吸引了2所幼儿园、1所高中、1家成人教育培训中心落户江东。环境营造助力产业发展。积极打造宜居宜业新环境，众多企业入驻和乡贤、青年选择回乡投资创业。钱塘芯谷、善企科创园等创业基地先后落户，电商产业集聚程度在村内科创园已初具规模，多家高新企业、培训机构已注册入驻，导入大量人流，促进了农村产业兴旺。数字赋能丰富产业业态。江东村利用数字技术促进乡村经营和产业发展，构建适用于多场景应用的轻量化、可视化"数字一张图"，呈现"人事地物"各类空间及多元数据，实现"一图通用、一图统管、一图通办"，如"红星居"应用场景，通过简便操作实现闲置农房的可视化、动态化上线，为闲置资源交易提供了技术支持，拓宽了交易渠道，带动了共享经济发展；通过"数智"门锁应用、数字乡村建设等方式，将数字技术与农业农村发展深度融合，实现乡村生产科学化、治理可视化、生活智能化和服务便捷化。

三、杭州未来乡村建设对乡村振兴的经验启示

未来乡村建设是基于新时代美丽乡村建设的新跨越，也是实现农业农村现代化和高质量建设共同富裕示范区的新需要，具有深远的时代意义。继数字乡村建设后，杭州未来乡村建设迈出了推动乡村振兴的新步伐，勾勒出现代版富春山居图，让未来乡村成为全面推进乡村振兴的标杆引领，为农业农村农民的进一步发展提供新的想象空间，为西部地区乃至全国乡村发展探索出一条可持续发展的新路子。"未来乡村"建设必将成为大势所趋，成为统筹推进农村地区抓重点、补短板、强弱项的关键举措，引领中国乡村迈向更加光明的未来。

（一）以人为核心，强化乡村建设统领力

一是以人为本。乡村振兴为农民而兴、乡村建设为农民而建，要坚持自下而上、村民自治、农民参与的原则，以同群众对话沟通为前提，尊重农民的主体地位，了解农民需求，以原乡人、归乡人、新乡人为建设主体，支持"新农人"干事创业，培养未来农民，激发农村内生动力。二是党建为基。推进基层党支部标准化规范化建设，着力加强党建统领网格智治，改进基层党组织领导方式，严格党员干部选拔任用，建立健全责任清单，强化督查考核，加强党员学习培训及结对帮扶，提高党员服务水平，通过汇聚党建力量，夯实未来乡村建设基础，提升未来乡村

"硬实力",实现乡村更高质量、更快速度发展。三是改革支撑。充分发挥改革的引领作用,加快推动科技进乡村、资金进乡村、人才回农村、乡贤回农村,促进城乡要素自由流动、平等交换和公共资源合理配置,形成人才、土地、资金、产业、信息汇聚的良性循环,为未来乡村建设持续提供动力。

(二)嵌入智慧脑,提升乡村善治现代化水平

一是促进数字乡村提档升级。挖掘农村数字价值,发展乡村数字经济,依托"乡村振兴+大数据"推动数字技术与未来乡村建设深度融合,借力现代信息网络建立更稳固的乡村数字生态体系,加快实现乡村生产、乡村治理、乡村生活的数据化、智慧化、现代化。二是强化数字赋能乡村产业。突出"数字"解码农业功能,建设农业生产、经营、服务、监管等数字化应用场景,将现代信息技术融入农业生产全过程,实现农业生产的实时监测、有效调度和精准化,提高农业生产效率,拓展农产品销售市场。三是弥合城乡数字鸿沟。加强农村信息基础设施建设,提高农民数字素养与技能,打破城乡信息壁垒,坚持设施共建、资源共用、产业共兴、文化共融、服务共享、区域共治,协同推进数字乡村与未来乡村建设。四是智治提升基层治理实效。推动"数智"赋能乡村基层社会治理,加速城市数字化建设下沉到农村,构建乡村教育、医疗、养老、住房等智能化生活场景,促进数字技术与农村生产、经营、管理、服务深度融合,推动"互联网+政务服务"向乡村延伸,加强农村智慧应急管理体系建设,加强农民数字素养与技能培训,提升村级事务管理智慧化水平,推动社会综合治理精细化,让乡村社会更加充满活力、和谐有序,让广大农民在乡村善治中不断提升获得感、幸福感、安全感。

（三）把握差异性，因村制宜建设特色乡村

一是立足资源禀赋，推进高质量发展。摸清村庄发展资源底数，统筹山水林田湖草等自然资源，种养殖、加工、旅游等产业资源，以及遗址遗迹、历史文物、传统节日、古典建筑、民族手工艺等文化资源，丰富群众精神文化生活，科学合理保护、开发、管理、利用农村资源，实现外来资金、资源等要素与乡村本土资源有机融合，推动村庄发展全面提速。二是彰显地域特色，探索差异化发展。综合考虑资源优势、要素条件和环境特点等，明确发展定位，选准核心主导产业及优势特色产业，提升规模化、标准化、产业化水平，加快生产方式绿色低碳转型，加强品牌建设，打造"一村一品"特色经济发展格局；在人居环境上，依托村庄原有生态文化底色和发展现状，在整治提升的同时避免大拆大建，保留有别于城市的建筑风貌和风格特色，突出生产、生活、生态协调发展，避免同质化，打破"千村一面"的发展困境，提高村庄辨识度。

（四）注入生命力，推动乡村建设全过程创新

一是提高站位做规划。强化调查研究，摸清村情民情，把握乡村发展方向，高站位、高起点、高品质制定未来乡村发展规划；加强与高校院所、智库等机构的战略合作，注重系统创新、协同创新、方式创新，打造乡村生活共同体、建设共同体和服务共同体。二是汇聚合力强建设。以市级统筹、县级主体加强市县乡三级联动，发动社会组织、企事业单位等社会力量共同参与未来乡村建设，引导各类资源要素向农村流动；聚焦农村产业发展，培育农业龙头企业、家庭农场、农民专业合作社等经营主体，创新人尽其才的用人方法，支持领军人才、拔尖人才、创新人才带资本、带技术、带团队参与乡村建设，激发农民和入乡人才参与乡村建设积极性、主动性、创造性；着眼农村人才短板，为到农村创新

创业的人才送政策、送培训、送服务、送平台，优化用才留才环境，完善乡村人才住房及公共服务配套支持，打造农村人才"小高地"。三是结果导向严考核。探索创新可量化的考核指标体系和更科学的考核办法，发挥干部考核的指挥棒、风向标、助推器作用，以考核促发展，提升党员干部专业化能力水平，有效带动产业发展、农民致富。

治报告

党建引领照亮乡村治理之路

| 战 略 |

文化赋能乡村治理的天鹅书院模式

⊙ 《领导决策信息》周刊联合课题组

【摘要】本报告从农耕文明与乡村治理、城乡文明与乡村治理、乡风文明与乡村治理三大视角,对文化赋能乡村治理的内涵逻辑与重大意义进行深入研究。一是从农耕文明与乡村治理的视角看,乡村治理体系基于农耕文明所建构,要在历史发展进程中审视农耕文化的时代价值与意蕴,有利于激发乡村治理活力。二是从城乡文明与乡村治理的视角看,城市文化与乡村文化背后代表着两种不同的文明形态,却又具有融合发展的趋势与特性,要在不同空间区域中找准城乡文化的融合趋势与特性,有利于推进乡村治理现代化。三是从乡风文明与乡村治理的视角看,乡风文明在乡村治理过程中始终发挥着积极引领作用,要在乡村振兴战略中把握文化治理的核心要义与方向,在乡村治理中突出文化凝聚,有利于提升乡村治理效能。

【关键词】文化赋能 乡村治理 乡风文明 书院战略 公益服务社

文化是一个国家、一个民族的灵魂。乡村振兴既要塑形,也要铸魂。文化赋能乡村治理是乡村治理的重要支撑,乡村振兴必然同时要求推进乡村治理的文明型转变。2022年中央一号文件在"突出实效改进乡村治理"部分，对乡村治理提出"创新农村精神文明建设有效平台载体"的新要求。全面推进乡村振兴的新发展阶段，要以社会主义核心价值观为引领，统筹优秀传统乡土文化保护传承和创新发展，充分发挥文化赋能作用，推动农耕文化、民俗文化等融入乡村治理，加强农村公共文化建设，持续开展移风易俗，激发优秀传统乡土文化活力，丰富农民精神文化生活，焕发乡村文明新气象，为全面推进乡村振兴、加快农业农村现代化作出积极贡献。

天鹅山书院坐落于贵州省黔东南苗族侗族自治州从江县高增乡新生村，作为文化赋能乡村治理的典型模式，在示范引领全国乡村治理能力和水平提升方面具有重要的意义。其实践探索模式可总结为：一是以"五大理念"高标准高质量统筹书院建设，坚持科学规划，系统保护；数智引领，安全先行；文化为魂，活态传承；绿色生态，节约集约；政府主导，村民主体。二是以"三大品牌"探索社会服务参与治理格局，通过新生文化广场改造和新生乡村公益图书馆、天鹅山文化大舞台建设，打造了乡村文化重要阵地；通过成立新生智库公益服务社，打造了乡村振兴社会服务品牌；通过从江县新的社会阶层人士联谊会，创办新生艺术公益工作室，打造了新的社会阶层人士乡村振兴社会服务实践创新基地。三是以"三大工程"助力打造乡村文化治理地标。通过实施乡建计划、乡愁计划和乡墅计划，打造中国最清洁乡村、让城市人拥有一分田园和有温度的公益旅居。四是以村晚分享会、五大村民学堂、乡村教师培训计划、乐童书画展、天鹅侗族大歌艺术团"五大载体"营造乡村社会良好治理氛围。

结合文化赋能乡村治理的内涵与意义，在深度总结天鹅山书院建设经验启示的基础上，提出构建文化赋能乡村治理的路径思考和对策建议。

一是推动公共文化空间建设,提升文化治理服务效能。充分发挥公共文化空间建设作为乡村治理"软实力"的重要作用,优化乡村公共文化空间与服务的供给机制,用好"绣花功夫"法,合理建设既"好看"又"好用"的乡村公共文化空间。二是引导村民参与文化建设,提高乡村治理内生动力。引导村民挖掘乡村文化,重塑主体地位和文化自信。尊重农民文化需求,鼓励自行开发多样性文化活动。推动乡村文化产业谋发展,夯实乡村治理基础。三是实施乡风文明培育行动,营造良性运行社会秩序。找准乡风文明与社会治理契合点,推动文明乡风与有序治理的相互促进。开展以"移风易俗"为重点的乡风文明建设,将优秀传统文化嵌入乡风文明,构建乡村文化治理网络。四是推动城乡文化深度融合,重构乡村社会价值认同。抢抓城乡融合发展契机,推进城乡公共文化服务体系一体建设。统筹城乡文化事业发展,提升公共文化服务设施普惠性。有效整合城市和乡村文化资源,推动乡村公共文化服务数字化、网络化、智能化建设。五是积极培育发挥乡贤作用,提升乡村社会治理能力。构建以新乡贤为引领的多元社会治理共同体,拓宽"新乡贤"参与农村基层治理的渠道,健全完善"新乡贤"回乡返乡政策服务体系。

一、文化赋能乡村治理的内涵逻辑与重大意义

(一)农耕文明与乡村治理:在历史发展进程中审视农耕文化的时代价值与意蕴,激发乡村治理活力

一是农耕文化具有厚重的文化意蕴和重要的时代价值。习近平总书记指出,农耕文化是我国农业的宝贵财富,是中华文化的重要组成部分,不仅不能丢,而且要不断发扬光大。中华农耕文化源远流长,自人类进入原始社会以来,逐渐发展的农业文明便在神州大地上传播,中华文明

五千年的历史与农耕文化相伴而生。千百年来，农耕文化已成为中华民族文化自信的基础与中华民族共同的乡愁基因，凝聚着亿万农民自强不息的精神追求和历久弥新的精神财富。二是乡村治理体系基于农耕文明所建构，农耕文化在乡村治理中发挥重要作用。农耕文明形态构成了当代乡村文明和乡村治理文明的基本构造与形态体系。农耕文化协调人与自然的关系，渗透着"天人合一"的理念，体现尊重自然和利用自然的智慧，许多农业信仰维系了人与自然的和谐共生，成为保护环境和生态建设的重要精神，对促进自然生态、社会生态、涉农产业的和谐发展具有重大意义。同时，农耕文化附着在农事活动之中，有助于塑造人的良好品格，其珍惜农业劳动成果、锻炼勤劳节俭与吃苦耐劳的品质等教育与熏陶作用，有助于形成文明乡风、良好家风、淳朴民风，在乡村治理中越来越受到人们的重视。三是健全乡村治理体系应传承发展农耕文明中的优秀传统，加大对农耕文化的开发保护力度。当前，传承保护农耕文化正当其时、迫在眉睫，保留农业农村的自然风貌、乡土风韵，引导发展特色鲜明、优势突出的乡村富民产业，既促进农民增收，也为乡村文明铸魂。以中国农民丰收节庆为代表的农耕文化活动，正是以挖掘农耕传统文化、开发弘扬田园文化、培育繁荣节日文化为目标的一场盛会，充分彰显了中华优秀农耕文明所蕴含的思想内涵、人文精神与时代价值。在乡村振兴战略中将农耕文化元素融入乡村治理建设中，让农耕文化精华与基层治理有机结合，将在乡村治理中展现出生机和活力而又彰显厚重的文化底蕴，为健全乡村治理体系提供新引擎。

（二）城乡文明与乡村治理：在不同空间区域中找准城乡文化的融合趋势与特性，推进乡村治理现代化

一是城市文化与乡村文化背后代表着两种不同的文明形态。城市以市民为主体，乡村则以农民为主体。城市和乡村是人类创造与建构的两种不一样的文化空间形态，相互之间有着明确的社会生产力条件下的文化分工，是人类社会建构的两种文化模式、两种文化生产形态与文明建构力量和机制。城市文化源于农耕文明，始于乡村文化，但又超越于乡村文化。然而，在现代化建设领跑的城市，却没有"望得见山、看得见水、记得住乡愁"的乡村文明社会生态，成为城市居民对美好生活的一种现代性追求。二是城市文化与乡村文化具有融合发展的趋势与特性。城乡一体化蕴藏着中国城市和乡村的文化关系，即为城乡文化的融合与发展。城乡融合既是一个城乡文化的互鉴过程，也是在城乡文明互鉴、发展意义上的一次融合。2019年4月15日，中共中央、国务院《关于建立健全城乡融合发展体制机制和政策体系的意见》指出，"健全城乡公共文化服务体系，统筹城乡公共文化设施布局、服务提供、队伍建设"，同时提出要"立足乡村文明，吸取城市文明及外来文化优秀成果，推动乡村优秀传统文化创造性转化、创新性发展"。三是以城乡融合构建乡村治理发展新格局。推进乡村治理体系和治理能力现代化建设，是实现乡村全面振兴、满足农民群众美好生活需要的内在要求。城市更新和乡村建设作为"十四五"时期我国发展与改革的两大战略任务，城市更新提出了城市文明的现代转型和现代城市治理的双重命题，乡村建设明确了乡村文明的现代化建设与现代化治理能力提升的重大使命。推进乡村治理体系和治理能力现代化建设，要构建城乡融合的乡村治理体系，积极借鉴、消化吸收城市文化治理的经验和理念，保持乡村文化治理自身的特质与属性；既保留乡村文化治理应当与城市文化治理的区别，又要在乡村建筑、村落形态与格局建构上，增加城市与乡村文化治理之间的互补性，形成构建城乡融合、良性互动的乡村治理新格局。

乡风文明与乡村治理：在乡村振兴战略中把握文化治理的核心要义

与方向，提升乡村治理效能

一是乡风文明与乡村治理既是乡村振兴的重要内容，也是乡村振兴的重要推动力量和软件基础。从我国经济社会发展的客观实际看，乡风文明与乡村治理不仅是实现共同富裕与推进农业农村现代化的重要抓手，也是整个乡村振兴战略中十分关键的要素。乡风文明本质上是农村精神文明建设的传统文化根源，其内容包括文化、风俗、法治、社会治安等，在乡村振兴发展的各个环节发挥着提纲挈领的精神引领作用，始终是乡村建设的精神文明灵魂所在。探索以乡风文明创新基层治理、不断推动乡村有效治理，形成了乡村文明新气象，为经济社会发展营造了良好氛围，为实施乡村振兴战略提供强大动力。二是乡风文明助力提高乡村振兴治理效能。乡风文明在乡村治理过程中始终发挥着重要且积极的方向性引领作用，乡村治理的全过程则更是乡风文明建设的全景展现，二者关系紧密、相辅相成。以村规民约、农村移风易俗工作为代表的乡风文明建设，充分有效地推动了乡村治理。我国在弘扬优秀传统文化和社会主义核心价值观的过程中，始终坚持敦化乡风文明，不断推动乡村自治、法治、德治治理体系的构建完善工作，为提高乡村治理的有效性发挥出更大促进作用。三是乡村治理要突出文化凝聚。中央农办主任、农业农村部党组书记、部长唐仁健在《以务实管用的方法加强和改进乡村治理》中谈到，"如果长期缺乏健康向上的精神文化生活，农民群众就容易被封建迷信、拜金主义、个人主义等侵染，影响对集体的归属感、认同感，侵蚀党在农村的思想基础。"当前农村仍然存在镇村文化阵地建设与需求不匹配，群众性文体活动覆盖面较小、参与率较低，精神文化生活比较单调等问题，因此要弘扬乡村优秀传统文化，丰富乡村惠民文化活动，持续提升乡村文化服务效能，使广大群众充分享有丰富精神生活和文化享受，用优秀的文化滋养身心、凝聚人心。

二、文化赋能乡村治理背景下天鹅山书院模式的实践探索

(一)"五大理念"高标准高质量统筹书院建设

一是科学规划,系统保护。天鹅山书院在规划建设之初,加强科学规划,强化对建筑体量、高度、立面、色调、环境等要素与侗族传统建筑形式相统一,建筑风格与传统村落风貌相一致,既体现传统建筑元素,又彰显地域文化特色。同时注重系统保护,不提倡突变式改造,而是以动态的历史观来考量,采取部分新建和部分改造相结合的方式,力求新建建筑和既有建筑空间相互渗透、相互包容,与周围环境融为一体、浑然天成,因地制宜地呈现新生村动态、嬗变的历史进程和独具特色的民族文化,注重历史与文化的有机延续。

二是数智引领,安全先行。天鹅山书院以数字孪生理念为引领,利用现代科技手段将传统的、古朴的、民族的风格延续到现代的、时尚的、个性的建筑体系中,实现建筑设计实体化和数字化同步设计、同步实施,探索数字乡村建设。充分突出安全设计,深入分析村域内地质灾害、洪涝等隐患,划定灾害影响范围和安全防护范围,并提出综合防灾减灾措施。尤其是消防安全方面,由于书院所在地周边木结构建筑集聚,重点采取功能分区、封火墙、利用环境水系和强化消防管理等防火设计和措施,确保消除消防隐患。

三是文化为魂,活态传承。天鹅山书院建设坚持一切从实际出发,以人民为中心,保护弘扬中华优秀传统文化和民族文化,注重优化环境生态、传承文化形态、培育新型业态,形成人、村落、文化和谐共生的良性循环系统。一方面,以传承文化为主,避免过度商业开发,尊重村落原始风格,避免过度设计,在有效服务新生村的同时,积极推动天鹅山乡村旅居计划和侗族大歌非遗传承计划带动周边共同发展。另一方面,

书院规划建设注重长远发展，不采取"标本式"保护，而是充分考虑"活态"保护，尊重原住村民意愿，维护村民利益和村集体的合法权益。

四是绿色生态，节约集约。在天鹅山书院的规划设计中，坚持顺应自然、保护生态、绿色发展理念，优先遵循生态系统的动态平衡规律和自然资源的再生循环规律，促进规划建设可持续发展。一方面，以保护和修复新生村生态环境为先，采用新技术、新工艺、新材料等绿色循环的环保型建筑材料进行建设，维护好村庄生态环境；另一方面，科学布局生产空间、生活空间、生态空间，合理规划建筑结构布局，确保土地空间的节约集约利用。建设过程尽量降低对村民正常生活造成影响，尽可能采用当地材料以及建筑节能材料，形成安全、环保、节能、生态的优良环境。

五是政府主导，村民主体。天鹅山书院建设坚持共建、共治、共享的理念，充分发挥政府主导作用，在党委统筹和政府支持下，指导监督书院建设，协调解决建设过程中的相关事宜。注重发挥村民主体作用，保障村民的知情权、参与权、决策权和监督权，调动村民参与保护发展的积极性、主动性和创造性，鼓励村民积极参与融入书院的建设和管理。同时，积极鼓励和引导社会力量参与，特别是引入全国新的社会阶层人士积极参与、贡献才智，捐建捐赠和公益服务。

（二）"三大品牌"探索社会服务参与治理格局

一是打造乡村文化重要阵地。通过新生文化广场改造和新生乡村公益图书馆、天鹅山文化大舞台建设，打造具有民族特色的乡村公共服务文化品牌，有效提升了乡村治理效能。其中，天鹅山文化大舞台拥有文艺演出和放映露天电影等功能，成为从江县标志性乡村文化大舞台。新生文化广场改造以鼓楼为中心，重塑水排放系统、完善中心广场消防设施，利用锦簌（当地蜡染风格）点缀周边建筑，成为新生村文化生活中心。新生乡村公益图书馆以"藏书、研究、交流、服务"为主要功能，分传统文化经典、全国地方史志、家风家教书籍、中外名著绘本和影像有声读物五大类；并探索建立了以"纪录片、科教片、故事片、美术片"为主要特色的藏影馆，成为全国地方史志典籍藏书馆、家风家教时代精神讲习所、现代科技文化传播新窗口和乡村振兴文明乡风传承地。

二是打造乡村振兴社会服务品牌。通过成立新生智库公益服务社，由新型智库联合新的社会阶层人士共同组建乡村社会服务团，以"健康服务、安全服务、创业就业服务、养老服务、教育服务、文化服务、科技服务、家政服务和法律服务"为主要内容，积极建立新生乡村智库服务大数据平台，探索建立"新生公益银行"和"新生公益无人超市"，打造城乡融合研究新基地、数字乡村建设新亮点、乡村智库服务新品牌和乡村文化文明新形象，形成全国社会服务参与乡村振兴的新模式。

三是打造新的社会阶层人士乡村振兴社会服务实践创新基地。从江县新的社会阶层人士联谊会（简称为"从江县新联会"）成立于2021年4月，通过将民营企业和外商投资企业管理技术人员、中介组织和社会组织从业人员、自由职业人员、新媒体从业人员等新的社会阶层人士，通过联谊交友、开展活动、提供服务等形式，依托天鹅山书院，充分发挥新联会平台优势，创新开展天鹅山公益等乡村振兴社会服务实践。如通过创办新生艺术公益工作室，组织全国新的社会阶层人士中的著名摄影家、知名书画家和艺术工作者，以天鹅山自然风光和人文景观为背景、以新生村脱贫攻坚和乡村振兴为主线，开展影像拍摄和艺术创作，并在国内外组织开展"新生写生摄影艺术展"，向世界讲好新生故事、从江故事、贵州故事和中国故事。

(三)"三大工程"助力打造乡村文化治理地标

一是实施乡建计划,致力于打造中国最清洁乡村。乡建计划以建设"清洁家园、清洁水源、清洁田园"为宗旨,加快乡村管网建设和改造,补齐水、气、污水处理设施等突出短板,完善乡村基础设施运维体系,改善农村人居环境,改造水源质量,改良田园生态,打造中国最清洁乡村。让乡村农民享有现代化生活的便捷,让城市居民体认乡村生活的乐趣,让传统乡村的魅力因现代化基础设施的支撑而提档升级,打造具有全国示范意义的乡村建设行动样板。

二是实施乡愁计划,致力于让城市人拥有一分田园。乡愁计划积极探索乡村产业生产方式和组织模式创新,以流转、租赁等形式让城市人拥有一分田园,让城市人开启恬淡、优雅、逍遥、闲适的田野之旅、人文之旅,领略"采菊东篱下,悠然见南山"的田园诗意,让乡村成为回得去的故乡,助力破解城乡二元结构问题,促进城乡融合发展,为乡村振兴探索新路径、培育新动能、注入新活力。

三是实施乡墅计划,致力于有温度的公益旅居。乡墅计划着力营造场景式田园栖居生活,为新时代乡村人居生活提供实践范本。在保留乡村农房原有外观和院落田园风貌的基础上,对房屋内里进行自然的现代化高品质设计装修,配置全线酒店式管家运营服务,让改造后的农房更自然地融入村落文化中,让更多乡村古老文化遗产传承迭代,构筑城市人群生活第二居所,让城市人寻找到一片心灵净土,为城乡要素双向流动打造家园载体和情感纽带。

(四)"五大载体"营造乡村社会良好治理氛围

一是举办村晚分享会。村晚分享会是为村民们搭建的一个在家长里短中话家风,在共商共信、共建共享中谋发展的共享平台。月夜中,青山里、江水畔，村民们促膝畅谈，一幅涵养文明乡风、良好家风、淳朴民风的乡村善治图景跃然眼前，共建聚众力、汇众智、集众志的村民自治载体，为乡村振兴夯实基础，为乡村治理体系和治理能力现代化探索路径，让活力、和谐、有序蔚然成风，成为乡村隽永的味道。

二是建设五大村民学堂。村民学堂，顾名思义就是村民们的学堂。以志愿者服务的形式，聚焦乡村生产生活具体场景，深化群众性精神文明创建活动，为村民提供文学、戏剧、音乐、舞蹈、美术、书法、摄影、曲艺、花艺等兴趣课程及其他专业技能培训，坚持文以载道、文以化人，在思想交互中提升生活美学，将新知识、新技能、新思想更加深入地融入乡村，让更多具备现代技术、现代思维的新型农民为乡村振兴注入"源头活水"。

三是实施乡村教师培训计划。乡村教师培训计划致力于打造常态化深度对接首都等优质教育资源的开放性平台，推动城市先进教学资源促进乡村教学队伍建设能力、管理革新水平提升，在巩固拓展脱贫攻坚成果同乡村振兴有效衔接中，助推乡村师资可持续发展，助力发展更加公平、更高质量的乡村教育，为乡村振兴培育更多更优人才，以人才振兴助力乡村振兴。

四是举行乐童书画展。乐童书画展是一个让孩子更好拥抱艺术、陶冶心灵的平台。天鹅山书院每年与从江县委统战部、从江县教育局联合举办乐童书画展，甄选出优秀作品，制作成小学生书画作品集，激励从江广大小学生用文字和色彩表达心中的美好，用艺术启迪智慧、陶冶情操、展现情怀、承载梦想，获得心灵的自由、美好的情感和有力的自信。

五是成立天鹅山侗族大歌艺术团。天鹅山侗族大歌艺术团是依托"中国侗族大歌之乡"的文化优势，由天鹅山书院发起成立的以当地侗族人民为主的艺术团。通过对侗族大歌如清泉潺潺流淌、似山鸟婉转啁啾的精彩演绎，展示中国民族地区特有的民族风情与文化形态。以音乐唱响民族团结进步主旋律、以文化陶冶情操、以艺术丰富生活的同时，天鹅山侗族大歌艺术团还将作为文化使者，为侗族大歌走向世界插上翅膀，打造世界化的民族文化品牌，增强文化自信，提升民族文化在世界的影响力、感召力、辐射力和生命力。

三、从天鹅山书院模式看文化赋能乡村治理的路径思考

（一）推动公共文化空间建设，提升文化治理服务效能

一是充分发挥公共文化空间建设作为乡村治理"软实力"的重要作用。乡村公共文化空间是承担村民进行日常生活交往、娱乐休闲等诸多活动的重要载体。推动公共文化空间建设，要坚持以村民实际需求为导向，科学规划乡村公共文化空间布局。通过阵地建设和空间营造将文化设施和公共资源下沉至基层村社，构建集宣传教育、信息服务、文化娱乐、乡村治理等于一体的功能多、体验性强的公共文化空间，从而推进村庄集聚提升和农业转移人口市民化进程中的共治共享，提升乡村治理的精细化水平。二是用好"绣花功夫"法，合理建设既"好看"又"好用"的乡村公共文化空间。深化乡村微更新、微改造、微整治，推进改造范围从主干道、出入口等核心节点向乡村犄角旮旯延伸覆盖，利用低效零星土地和闲置建筑物进行创意美化与功能提升。通过发动群众、引导社会筹资，将乡村的"边角料"区域创新打造为"群众议事厅"、健身散步的"枕木步道"等创意景点，将脏乱差地带转型为网红打卡地。三是优化乡村公共文化空间与服务的供给机制。强化乡村公共文化服务的制度性供给，健全完善乡村公共文化服务相关制度，推动乡村文化建设

制度化、常态化。建立公共文化设施供给需求反馈机制和决策参与机制，提高农村文化设施利用率。

（二）引导村民参与文化建设，提高乡村治理内生动力

一是引导村民挖掘乡村文化，重塑主体地位和文化自信。鼓励村民和村集体参与乡村文化的挖掘保护和传承利用，加强乡村文化骨干和人才挖掘培育，培养农民文化骨干、民间艺人、乡土艺术家，扶持培养非遗传承人、文学爱好者、书画爱好者，组建农村文艺队，集中推出一批乡村文化保护传承和乡村文艺发展的模范典型。二是尊重农民文化需求，鼓励自行开发多样性文化活动。深入了解村民的习俗偏好和文化需求，充分尊重民族习俗、结合地域特色，支持村民依托传统节庆、民俗文化活动，自行开展符合乡村特点、切合群众需要的文娱活动，编排创作符合乡土文化气质的文艺作品，增强群众的生活体验感、参与获得感、集体归属感。三是推动乡村文化产业谋发展，夯实乡村治理基础。以发展村级集体经济为抓手，推动传统技艺、文化习俗、民间工艺等文化与乡村旅游、新型城镇化建设相结合，开发具有地域特色的手工艺产品、文创产品和体验项目，形成"文化+科技""文化+旅游""文化+康养"等产业融合格局，提高乡村文化产品附加值，促进乡村产业深度融合发展，构建具有城乡深度融合特色的文化产业群落，促进村集体和农民增收。

（三）实施乡风文明培育行动，营造良性运行社会秩序

一是找准乡风文明与社会治理契合点，推动文明乡风与有序治理的相互促进。基于地方文化和基层民俗挖掘总结符合乡村实际的治理经验，充分整合闲置空间资源和挖掘乡村文化价值，努力推动农村精神文明建

设助力乡村治理。如河北邯郸市峰峰矿区以乡风文明建设为突破口,创新实施"文明银行"积分制度,形成家家做好事、户户争先进的良好氛围;青海省贵南县以村规民约、居民公约、寺规僧约和清真寺管理制度、一户一档等为抓手,走出了一条具有民族地区特色的乡村治理新路径。二是开展以"移风易俗"为重点的乡风文明建设。突出长久持续、自觉规范和持之以恒,推动农村移风易俗入脑入心,高度重视培育和践行社会主义核心价值观。在乡村治理中推广运用"积分制""清单制",严格遏制高价彩礼、厚葬薄养、大操大办、封建迷信等现象,持续提高乡村治理效能。深入开展"县乡长说唱移风易俗"等活动,运用地方传统方言、山歌等方式进行宣传,为广大农民群众提供精神家园。三是将优秀传统文化嵌入乡风文明,构建乡村文化治理网络。完善乡村文化传承保护与振兴的制度机制,加强对优秀农耕文化的保护和传承,以线上、线下相结合的方式,开展"新时代乡村阅读季"、地方特色文化展览等农村文化活动。推进乡村文化治理的理论创新,加强乡村文化自治,开展农村文化公益活动,完善乡村社会信用体系建设、文明乡风淳朴民风培育制度机制,推动传统乡村文明向现代乡村文明转型,重建乡村文明关系现代秩序。

(四)推动城乡文化深度融合,重构乡村社会价值认同

一是抢抓城乡融合发展契机,推进城乡公共文化服务体系一体建设。优化乡村公共文化资源配置,加强资源资金投入向农村倾斜,逐步缩小乡村公共文化空间与城市社区公共文化空间的质量和水平差距。构建更加完善的城乡文化要素市场化配置体制机制,健全文化要素市场体系。优化城乡文化管理体制、完善城乡文化协调运行机制,深化城乡公共文化社会化服务体系和效能建设。二是统筹城乡文化事业发展,提升公共文化服务设施普惠性。有效整合城市和乡村文化资源，利用各类民间文化艺术资源，加快推动优秀民间文化艺术进校园、进课堂、进社区。构建市级有标志性设施、县市区有馆、乡镇有站、村（社区）有文化中心的公共文化服务网络。实施文化馆、图书馆总分馆制改革，扩大公共文化普惠性。建立公共文化服务城乡联动机制。三是推动公共文化服务数字化、网络化、智能化建设。健全乡村公共数字文化服务体系，加强5G、区块链、大数据、云计算、物联网、人工智能等高新技术的应用，探索发展乡村数字文化大众化实体体验空间，加强数字艺术、沉浸式体验等新型文化业态在乡村的应用场景建设，增加大众普及型数字文化体验服务项目，推动数字图书馆、文化馆等项目在乡村落地生根，推动农村、城市社区公共文化服务资源整合和互联互通。

（五）积极培育发挥乡贤作用，提升乡村社会治理能力

一是构建以新乡贤为引领的多元社会治理共同体。将"乡贤文化"纳入农村基层治理环节中，在新乡贤的组织带领下，整合多元化社会资源，积极发挥村支两委干部、退休教师、老党员等村社文化精英，成立乡贤理事会、慈孝文化促进会、爱心文明委员会，形成乡村文化治理高效协同的合力效应。二是拓宽新乡贤参与农村基层治理的渠道。因地制宜结合各地历史文化资源优势、经济发展水平以及现实发展具体条件，构建以"乡镇政府领导—村两委监管村民参与—新乡贤自治"为原则的新乡贤参与农村基层治理机制，成立学术型、事务型、经济型新乡贤组织，通过学术研讨、挖掘区域文化史料文献、推动农村经济发展等多种形式，搭建更为立体、广泛、多层次的参与渠道。三是健全完善新乡贤回乡返乡政策服务体系。科学合理建立新乡贤人才引进机制，为各类新乡贤在农村的住房、医疗、养老、子女教育等方面提供坚实的政策扶持与生活保障。积极优化农村投资环境，努力构建"风清气正"的营商环境和"亲清"的新型政商关系，吸引外来投资客商等回乡投资设厂、兴办企业。

| 比 较 |

从贵阳"五治"看乡村治理的现实抓手

⊙ 《领导决策信息》周刊联合课题组

【摘要】乡村治理是乡村振兴的重要内容,是国家治理体系和治理能力建设的重要方面。习近平总书记强调,要加强和创新乡村治理,健全自治、法治、德治相结合的乡村治理体系,让农村社会既充满活力又和谐有序。实现乡村治理有效需要务实管用的方法,将相对模糊笼统的乡村治理概念和要求,转化为目标清晰明确、运行有章可循、监督评价科学合理的工作任务,形成具有可操作性的工作抓手。本文在分析乡村治理内容和任务升级的基础上,总结了贵阳市在农村"五治"中典型做法的内在规律、关键环节,为解决乡村治理面临的难题找到方法,助推乡村全面振兴。

【关键词】乡村治理 农村"五治"移风易俗专项治理 数字化治理

新形势下,我们要不断深化对乡村治理任务不断升级和改进的再认识。一是乡村发展、乡村建设与乡村治理三者相辅相成,抓好乡村发展、乡村建设、乡村治理是全面推进乡村振兴的重点内容,要系统谋划、协同推进。加强和改进乡村治理是全面推进乡村振兴的重要支撑。二是推进农村移风易俗已成为乡村治理工作的重点难点，是推进乡村振兴战略的重要内容。目前，移风易俗专项治理工作已在全国范围内逐步开展。三是积分制、清单制已成为乡村治理创新的典型模式。积分制、清单制作为具有乡村特色的内生型乡村治理创新模式，可以有效解决农民参与乡村治理积极性不高、公共意识不强等问题，以及有效解决基层组织负担重、村级权力运行不规范、为民服务不到位等问题。四是标准化、数字化已成为破解乡村治理困境的关键抓手，促进现代信息手段与乡村治理资源有效衔接，有利于提高乡村治理效能。数字化治理是乡村治理体系转变的应然方向，目前推进乡村治理标准化的地方经验正在不断涌现。

通过全方位剖析贵阳在乡村振兴上开新局新要求下乡村治理的经验模式，可以看到，2021年以来，贵阳市认真贯彻落实中央、省关于加强和改进乡村治理的决策部署，探索形成了农村"五治"（治房、治水、治垃圾、治厕所、治风）的有效典型做法，有针对性地解决了一些难点堵点问题。一是制订"一套方案"，强化工作统筹协调推进。坚持高位推动，将治理格局"统起来"。建立四级治理机制，将治理责任"担起来"。强化资金统筹，将治理工作"立起来"。二是打赢治房、治水、治垃圾、治厕所、治风"五大战役"，精准把握治理重点难点。三是抓好强化质量标准和技术创新、因地制宜探索多元治理模式、逐步建立长效治理机制"三个关键"，探索多元整治标准模式。四是紧盯抓好示范引领、抓好群众参与、抓好宣传培训"三个抓手"，构建点面结合治理格局。

当前，要精准研判新格局下乡村治理的五大现实挑战。乡村社会正在发生深刻变革，乡村的社会结构、经济结构和农民思想观念仍处于深刻变化之中，乡村治理面临不少新形势新挑战。一是村民参与度积极性有待提升，由于乡村治理中的公共服务错位等原因，村民自治与自治组织未拓展与深化，乡村自治趋于形式化。二是乡村治理人才队伍待壮大，乡村治理人才总量不足和质量不高，乡村治理人才"引、育、用、留"的体制机制有待健全。三是乡土文化引领作用待增强，铺张浪费、滥办酒席现象仍然存在，乡土文化引领性不足，乡村德治效果不理想等。四是乡村治理权责边界待理顺，乡村治理实践中存在的权责事务分配不合理。五是乡村治理经费和数字化治理等基础支撑待夯实。

面对新的挑战，提升乡村治理现代化水平的五大抓手及对策建议。一是以加强农村基层党建为抓手，通过选优配强农村基层党组织带头人，加强农村党支部建设，构建党建引领乡村治理新格局，健全乡村治理组织体系。二是以整治农村人居环境为抓手，通过深入推进农村厕所革命，加快推进农村生活污水治理，全面提升农村生活垃圾治理水平，加强农村自然风貌和生态环境保护，把乡村独特的生态资源转化为经济价值，推动建设美丽宜居乡村。三是以创新积分制、清单制为抓手，扎实推进农村移风易俗。要统筹考虑村情农情和历史文化传统有序推进；制度化推进农村"五治"，结合实际落细落实约束性措施；加快积分制、清单制"两个创新"，有效提升治理效能；培育积极向上的乡村文化。四是以推进推动自治法治德治数治"四治融合"为抓手，坚持自治为基、法治为本、德治为先、数治为用，提升农民治理参与度。五是以发展壮大集体经济为抓手，通过创新农村集体经济管理体制和经营方式，确保集体资产有稳定收益，加强治理项目全方位融合，推进农村基础设施建设，夯实乡村数字化基础，以政策激活人的因素，强化治理基础各项支撑。

一、新形势下乡村治理任务不断升级和改进的再认识

(一) 乡村发展、乡村建设与乡村治理三者相辅相成

一是抓好乡村发展、乡村建设、乡村治理是全面推进乡村振兴的重点内容。"治理有效"是乡村振兴战略二十字方针的重要组成部分,而乡村五大振兴中的人才振兴、文化振兴、组织振兴也是乡村治理的重点任务。2022年中央一号文件围绕全面推进乡村振兴二十字战略方针,聚焦"聚发展,抓建设,善治理"三大领域,首次提出全面推进乡村振兴重点工作,着重强调扎实有序做好乡村发展、乡村建设、乡村治理重点工作,全面推进乡村振兴取得新进展。二是乡村发展、乡村建设、乡村治理三者相辅相成,要系统谋划、协同推进。在推进乡村振兴的过程中,既要通过产业发展、乡村建设打牢乡村全面振兴的物质基础,也要通过加强和改进乡村治理,提供高效组织动员的社会基础和农民向上向善的精神力量,实现产业兴旺、生态宜居、乡风文明、治理有效、生活富裕的总要求。三是加强和改进乡村治理是全面推进乡村振兴的重要支撑。通过加强农村基层党组织建设,完善村党组织对村级各类组织和各项工作的领导,提升村干部为民服务能力,推动党员在乡村治理中带头示范等,建强带动农村发展的引领力量。通过畅通让农民群众参与乡村振兴的平台和途径,引导村民主动说事、议事、主事,真正实现"民事民议、民事民办、民事民管",激发农民群众的内生动力。通过深化农村法治宣传教育,完善多元化纠纷解决机制等,为农村改革发展提供和谐稳定的环境。通过加强农村精神文明建设,引导农民自觉弘扬道德新风,为农村发展提供积极向上的精神力量。

（二）推进农村移风易俗已成为乡村治理工作的重点难点

一是推进移风易俗是推进乡村振兴战略的重要内容。习近平总书记指出："实施乡村振兴战略，不能光看农民口袋里的票子有多少，更要看农民的精神风貌怎么样"。2022年上半年，全国农村居民人均可支配收入9787元，增长5.8%，随着农民生活水平的不断提升，对于精神文明的追求更加迫切。推进移风易俗、建设文明乡风，是实施乡村振兴战略一项非常重要的工作，是培育和践行社会主义核心价值观的必然要求，也是当前农民群众最为关心的现实问题。二是我国一直高度关注移风易俗工作。2019年5月，习近平总书记主持中央深改委会议审议通过了《关于进一步推进移风易俗　建设文明乡风的指导意见》。2021年中央一号文件指出，要"推进农村公益性殡葬设施建设"，"持续推进农村移风易俗，推广积分制、道德评议会、红白理事会等做法，加大高价彩礼、人情攀比、厚葬薄养、铺张浪费、封建迷信等不良风气治理，推动形成文明乡风、良好家风、淳朴民风"。2021年12月，中央农办主任，农业农村部党组书记、部长唐仁健发表署名文章《以务实管用的方法加强和改进乡村治理》，指出要"持续推进农村移风易俗，解决好高价彩礼、人情攀比、厚葬薄养等突出问题。"三是移风易俗专项治理工作已在全国范围内逐步开展。2022年8月1日，农业农村部、国家乡村振兴局等8部门联合印发《开展高价彩礼、大操大办等农村移风易俗重点领域突出问题专项治理工作方案》，将高价彩礼、人情攀比、厚葬薄养、铺张浪费四个方面作为治理重点，专项治理工作自2022年8月启动，2023年12月基本结束，给农村移风易俗工作制定了明确的路线图和时间表。随后，全国多个试点示范单位启动移风易俗活动，如江西出台了《江西省农业农村厅关于印发推进移风易俗乡风文明三年专项行动实施方案的通知》，陕西省农业农村厅印发《关于在乡村治理体系建设试点地区率先开展农村移风易俗突出问题专项治理的通知》等。

（三）积分制、清单制已成为乡村治理创新的典型模式

一是积分制、清单制都是创新完善乡村治理工作的方式方法。积极推进乡村治理模式的创新，既是实现基层社会和谐稳定的必然要求，也是国家治理体系和治理能力不断优化和提升的具体体现。积分制、清单制作为具有乡村特色的内生型乡村治理创新模式，可以有针对性地解决乡村基层治理中的重点难点问题，符合农村社会实际，具有很强的实用性和操作性，是推进乡村治理体系和治理能力现代化的有效探索，在较短时间内取得了显著成效。二是在乡村治理中推广运用积分制，可以有效解决农民参与乡村治理积极性不高、公共意识不强等问题。积分制源于农村基层自发创造，是以积分评价管理为主要形式，将乡村治理的相关事项量化为积分指标，通过民主程序制定积分评价办法，运用该办法对相关主体行为进行评价并形成积分，根据积分给予相应的精神鼓励、物质奖励或者行为约束。积分制最早写入中央文件是2018年《中共中央国务院关于打赢脱贫攻坚战三年行动的指导意见》。从2019年试点探索到如今全面铺开，总体来看依然处于起步阶段，其实践探索和经验总结的时间还相对较短，应用范围有待进一步拓宽，常态化推进机制有待健全。三是在乡村治理中推广运用积分制，可以有效解决基层组织负担重、村级权力运行不规范、为民服务不到位等问题。清单制是针对基层小微权力"任性"，管理服务事项不清、责任不明、基本逻辑监督无章可循等问题，将清单制运用到乡村治理中。通过梳理清单、制定操作流程、明确办理要求、建立监督评价机制等措施，形成制度化、规范化的乡村治理方式。2021年11月16日，在乡村治理中推广运用清单制暨农村移风易俗视频会议指出，要推广运用清单制，科学编制村级组织自治事项清

单、村级组织协助政府工作清单、村级小微权力清单、公共服务事项清单等，明确实施的主体、内容、流程，充分发挥上级党委政府、村务监督委员会、群众和社会各方面的监督作用，定期开展考核评议，着力解决基层组织负担重、村级权力运行不规范等问题。清单制的运用有利于减轻村级组织负担、提高乡村治理效率、提升为民服务能力和密切基层党群干群关系。四是积分制、清单制已形成较为成熟的经验模式。为进一步发掘和总结各地典型经验做法，以点带面推进全国乡村治理工作，2020年中央农办、农业农村部印发《关于在乡村治理中推广运用积分制有关工作的通知》，鼓励各地结合实际，在乡村治理中规范有序开展积分制。2021年，农业农村部办公厅、国家乡村振兴局在总结地方实践经验的基础上，深入分析乡村治理中运用积分制、清单制，以及整治高价彩礼、大操大办等方面典型做法的内在规律、关键环节，分别归纳提炼形成了"积分制"一张图、"清单制"一张图和农村高价彩礼、大操大办

表1 2019-2022年全国乡村治理典型案例

时间（年）	批次	案例内容	个数（个）
2019	第一批	完善治理体制；健全治理体系；提升治理能力；实现治理有效。	20
2020	第二批	强化党的建设；创新议事协商形式；创新基层治理方式；加强县乡村三级联动；引导多元主体参与；解决突出问题。	34
2021	第三批	运用清单制、创新治理方式；强化组织领导、完善治理体制；发挥"三治"作用、健全治理体系；保障民生服务、提升治理能力。	38
2022	第四批	加强基层党组织建设；发挥农民主体作用；推进农村移风易俗；推进县乡村联动；发挥驻村第一书记和工作队等作用；清单制、积分制的创新、推广和"三治"融合等；设立乡村治理数字化专题。	-

等不良风气整治一张图的三个"一张图",作为乡村治理典型方式工作指南。2021年第三批全国乡村治理典型案例中增加了运用清单制、创新治理方式的典型案例(见表1)。如浙江省宁波市宁海县的小微权力清单"36条",构建乡村反腐新机制;上海市金山区漕泾镇的"网格化党建+四张清单",打通基层治理"最后一公里";"小积分"开启乡村环境美颜模式——重庆市铜梁区农村人居环境整治积分制度等。

(四)标准化、数字化已成为破解乡村治理困境的关键抓手

一是促进现代信息手段与乡村治理资源有效衔接,有利于提高乡村治理效能。随着互联网、云计算、大数据和人工智能等现代信息科技迅猛发展,深刻地改变了人们的思维方式、生产方式和生活方式,也为基层社会治理创新带来了无限空间和广阔前景。现代信息技术带来的共享理念和互联网思维正在重塑基层社会生态,正有效地激活个体的主动性,增强社会多元主体的有机组合。充分利用现代信息技术推进治理方式和治理手段的转变,探索建立"互联网+"治理模式,推进各部门信息资源的整合共享,可以有效提升乡村治理的智能化、信息化、精准化、高效化水平。二是推进乡村治理标准化的地方经验正在不断涌现。浙江是全国标准化工作的先行区,也是最先提出全面实施标准化战略的省份。2018年宁海县提出聚焦乡村治理全面开展标准化研究,成功列入第三批全国农村综合改革标准化试点,积极推进"36条"经验上升成为地方标准、国家标准,并成功筹建成立了全国首个省级乡村治理标准化技术委员会。湖南省衡阳市聚焦乡村治理过程中的重点、难点、堵点问题,推行标准化改革,用标准引领、依标准治理、靠标准检验、拿标准衡量,有效提升了乡村治理体系和治理能力现代化水平。三是数字化治理是乡村治理体系转变的应然方向。数字化治理既是数字经济健康发展的重要保障，也是构建现代乡村数字治理体系的必然要求。数字化治理在乡村的扩展和应用，是利用政务数据平台及时采集、反馈环境信息，发挥多元主体协同治理的决策优势，做到准确研判核心治理矛盾，精准洞悉农民真实诉求，从而提高政府治理决策的有效性，实现乡村的精准治理与高效治理。2022年全国第四批乡村治理典型案例征集活动专门设立了乡村治理数字化专题，要求各地推荐利用互联网、物联网、大数据等数字化手段赋能乡村治理的典型做法，包括了农村智慧党建体系建设，推动"互联网＋政务服务"向乡村延伸，村级事务管理信息化，"互联网＋网格治理"模式等。

二、新要求下贵阳农村"五治"的经验模式分析

（一）制订"一套方案"，强化工作统筹协调推进

一是坚持高位推动，将治理格局"统起来"。贵阳市委、市政府高度重视，主要领导亲自谋划部署农村"五治"工作，把"五治"工作作为强民生的重要内容，整合各级各类资金10亿多元投入到2022年农村"五治"工作中，并多次进村入户开展调研，与农户深入座谈，制订出台了开展农村"五治"工作行动方案和子方案，以及《贵阳贵安农村"治风"专项督查制度》等19项配套制度。二是建立四级治理机制，将治理责任"担起来"。建立健全农村"五治"工作格局，创新市、县、乡（镇）、村四级治理机制，明确由市统筹、县为主、镇负责、村实施，层层压实治理责任，引导各部门各层级在工作中担起各自责任。三是强化资金统筹，将治理工作"立起来"。坚持科学统筹资金，建立资金统筹机制，采取政府统筹解决一部分、市场化运作解决一部分的方式，吸引社会资本依法合规投入农村"五治"项目，探索建立公益发展基金管理机构，鼓

励各类企业投资农村"五治"涉及的工程项目,规范推广政府和社会资本合作(PPP)模式,有效破解了发展过程中的资金瓶颈。

(二)打赢"五大战役",精准把握治理重点难点

一是全力打赢"治厕"攻坚战。科学精准把握改造标准,实行倒排工期、挂图作战,构建"治厕"推进机制和分类奖补政策,全面宣传发动农民群众,选准"治厕"模式,制定"治厕"标准,强化"治厕"队伍建设和技术指导,切实解决"小厕所、大民生"的问题。截至2022年6月,贵阳贵安开工建设了农村户用卫生厕所54017户,完成建设31122户。二是全力打赢"治房"攻坚战。按照"全面清、严格管、集中建"的要求,围绕建房、管房、用房三个重点,全面清理违法违规建房,严格建房规划管理,倡导集中建房,简化建房审批程序,切实提升了农房建设品质,积极推进农村宅基地改革,加强了宅基地审批管理,盘活闲置农房,让农民从中受益。已完成了1万户农房风貌整治村寨选点,启动建设4153户,累计完工1846户;启动了641个村庄规划编制工作,完成编制成果12个;完成了10个闲置宅基地和闲置住宅盘活利用示范点选点工作,启动盘活109户;完成全市(危改保障范围外)农村危房集中排查整治。三是全力打赢"治垃圾"攻坚战。坚持有效分类、规范运输、无害处理,突出分类投放、分类收集、分类运输、终端处理四个重点环节,引导农民群众开展生活垃圾"干湿分类",配置完善分类设施,推动垃圾源头粗分,减少外运处置量,促进了农村垃圾分类处置工作规范化、标准化。已启动建设了67个乡镇转运站收集间、135个示范村可回收物及有害垃圾收集点、135个首批村级沤肥沼气池项目。四是全力打赢"治水"攻坚战。注重从实际出发调查研究、解剖麻雀,精准推动农村饮用水、生活污水、黑臭水体"三水同治",开展农村供水、污水、黑臭水体现状调查，分别编制完善治理规划，明确"治水"标准，强化源头管控，有序推进了"治水"工作取得实效。15个农村供水保障工程方案已全部完成编制，开工建设15处，完成建设1处；完成了59个行政村农村生活污水治理工程；启动16个乡镇生活污水治理提升工程；18条农村黑臭水体治理已完成7处。五是全力打赢"治风"攻坚战。提倡婚事新办、丧事简办、其他不办，通过"两书"（《文明节俭操办婚丧事宜承诺书》《摒弃婚丧陈规陋习 弘扬时代文明新风倡议书》）、"一约一会"（村规民约、红白理事会）等方式，坚决整治大操大办、厚葬薄养、人情攀比等陈规陋习，促进社风民风持续改善。全市24.1万名党员干部100%签订承诺书，50.5万名干部职工和村（居）民主动签订承诺书，1660个村（居）100%修订完善村规民约（居民公约）、建立红白理事会；共劝阻办理其他酒席1253起。

（三）抓好"三个关键"，探索多元整治标准模式

一是强化质量标准和技术创新。坚持以质量实效为导向，加强全过程监管加大巡查、暗访力度，确保工程质量得以保障。通过鼓励和组织高等学校、科研单位、企业分类开展农村"五治"工作中关键技术、工艺和装备等研发，编制了相关建设标准、技术规范和运行维护技术指南等，并充分发挥高等院校、科研院所、社会力量等服务农村"五治"的智力支持作用，强化了技术和人才支撑。二是因地制宜探索多元治理模式。加强对各区（市、县）农村"五治"工作的指导，鼓励地方结合当地特色进行模式创新。如息烽县创新使用"两图一卡"工作模式，全面摸清村庄实际情况，因地制宜制定整治措施；贵安新区创新建设"智慧乡镇"平台，通过微信端接入，以公众号、小程序等为载体对辖区居民提供信息登记、信息更新等服务，村民可便捷反映农村生活环境问题，

干部也能第一时间接收处置；观山湖区在农村"五治"的基础上，创新加入"治路"民生工程，强化农村道路整治，推动周边产业发展，实现人居环境与产业发展共赢。三是逐步建立长效治理机制。引导有条件的地区将农村"五治"中设施建设与特色产业、休闲农业、乡村旅游等有机结合，实现了农村产业融合发展与人居环境改善互促互进。同时，建立健全农村"五治"统筹协调、齐抓共管、相互配合、运转顺畅的长效工作机制，鼓励专业化、市场化建设和运行管护，切实提高了农民群众的获得感和认可度。

（四）紧盯"三个抓手"，构建点面结合治理格局

一是抓好示范引领。坚持示范引领，选择群众基础好、村"两委"强的村寨先行先试，并以蹲点调研的方式打造"五治"示范点，让周边群众看到了"五治"工作带来的实实在在的好处。同时，注重典型引路，立足可持续、可复制、可推广的原则抓典型示范，把典型示范打造成说服群众、让群众发自内心想学习、想干起来的民心工程。截至2022年6月，共开展了375个试点示范村（点）建设。二是抓好群众参与。贵阳贵安把农村"五治"工作的重心下移至村，最大限度地调动了农民群众的积极性和主动性，并要求县、乡两级干部深入到村到组到户，在做好发动引导农民群众的同时，进一步开展调查摸底，精准摸清各村寨"五治"工作的基础、存在问题，并因地制宜、分类施策，帮助村一级制订好"五治"实施方案。截至2022年6月，共召开坝坝会634场次，进村走访农户41.3万户、征求群众意见47万余份，梳理短板弱项问题意见6751条。三是抓好宣传培训。积极开展宣传活动，创新宣传方式，努力营造农村"五治"工作的良好氛围。如白云区艳山红镇高山村制作说唱视频宣传农村"五治"，花溪区马铃乡马铃村通过布依山歌宣传"五治"工作。通过召

开"五治"工作动员部署暨农村建筑工匠培训会等形式,邀请全国知名改厕专家、省内农村建筑及农村人居环境整治专家进行授课,提高相关领导干部和各类人员能力本领。截至2022年6月,开展实操培训和技术指导349次,共培训指导各级技术服务人员、农村工匠、农户等1.5万余人次。

三、新格局下乡村治理面临的五大挑战

(一)村民参与度积极性待提升

一是村民自治与自治组织未拓展与深化,乡村自治趋于形式化。由于"资源下乡""项目下乡""规则下乡"等方式进入乡村治理中,导致了乡村自治能力发挥不足,农民群众参与乡村治理的积极性不高,参与的途径有待拓宽。二是由于乡村治理中的公共服务错位导致农民满意度不足。在基层调研中发现,有的地方政府做了大量工作,农民群众却无感,原因就在于公共服务的供给和需求不匹配,脱离了农民的现实需要与最迫切需要。如有的村最迫切需要的是改水,有的村是改电,有的村是建路,每个村的农民需求都不一样。

(二)乡村治理人才队伍待壮大

一是乡村治理人才总量不足。由于农村劳动条件艰苦、农业经济效益较低、劳动报酬不高,且乡村社会保障体系有待进一步完善,导致农村对优秀人才的吸引力远逊于城市,规模不足,难以满足乡村发展需求。二是乡村治理人才质量不高。近年来,农村老龄化、空心化现象日益严重,留守农民的年龄偏大、文化水平偏低、性别结构不协调的现象有日益加剧的趋势,治理中坚力量日益流失缺位。村干部普遍学历不高,不

熟悉乡村治理的系统理论，开展工作主要依托政策规定和个人经验，常因对政策的解读不到位而造成工作失误，甚至激化村民与村干部的矛盾，乡村治理效能整体不高。三是乡村治理人才"引、育、用、留"的体制机制有待健全。由于长期以来乡村治理人才管理体制机制不畅，导致人才队伍建设的领导机制、投入机制、市场机制、培训机制、激励机制和服务机制等方面的建设不到位。目前尚缺乏乡村治理人才认定标准，不少乡村缺少真正发挥作用的服务性、公益性、互助性的农村社会组织。

（三）乡土文化引领作用待增强

一是铺张浪费、滥办酒席现象仍然存在。近年来，各地各部门围绕移风易俗、提升农民精神风貌、培育文明乡风进行了积极探索，取得了一系列成果，但高价彩礼、人情攀比、厚葬薄养、铺张浪费等陈规陋习仍旧屡禁不止。二是乡土文化引领性不足。随着乡土文化的解构，乡土文化中的传统美德没有得到有效传承，先进文化亟待建设，乡村已然成为"半熟人社会"，亟待推动移风易俗，培育法治文化，建立规则意识。三是乡村德治效果不理想。在经济社会快速发展的背景下，村庄由封闭走向开放，空心化现象日趋严重，由此导致人员互动少、成员间依赖性减弱、道德自律普遍下降以及农民精神生活匮乏等问题。

（四）乡村治理权责边界待理顺

一是乡村治理实践中存在的权责事务分配不合理。村委会是基层群众自治的组织载体。乡镇政府与村委会之间是指导、监督、协助的关系，村委会可以受政府有关部门委托开展工作。但从近几年的实践观察来看，基层乡镇为了完成上级任务，在向各村压实责任方面形成了路径依赖，作为村民自治组织的村委会，在实践中承担着依法应当由乡镇政府承担的部分工作职能，存在一定的行政化倾向。二是部分村党组织群众组织力待提升。部分村党组织带头人素质能力不适应乡村治理新要求，一些党支部书记运用数字技术能力不足，习惯于以"经验"为主、靠"面子"办事。部分村党组织管理松散，自身不硬，存在组织生活不经常不规范问题，党员参与意识不强、参与率低，部分村党组织群众组织力不强，缺少有效吸引凝聚群众的措施。

（五）乡村治理基础支撑待夯实

一是乡村治理经费支撑不足。由于村级集体经济薄弱，多数行政村集体经济规模较小，经费支撑不足，存在无钱办事的问题。不少地方存在综合服务水平较低、服务内容和服务供给方式单一等问题。基础设施建设仍需进一步提升，乡村公路建设与农民群众的热切期盼还存在一定差距，农村污水垃圾治理待提升。二是乡村数字治理能力不足。目前政府主导依旧是乡村数字治理的主要模式。一方面，社会组织与民众的参与缺失与多元主体的整体性治理原则相悖，导致共建共享共治的数字化治理格局难以形成；另一方面，乡村基层管理人员由于受到传统治理思维的桎梏，数据意识淡薄，数字思维缺乏，导致乡村整体的信息平台建设滞后且利用率不高。因此，乡村当前的治理数字化程度与真正意义上的数字治理体系仍相差甚远。

四、新挑战下提升乡村治理现代化水平的五大抓手

（一）以加强农村基层党建为抓手，健全乡村治理组织体系

以农村基层党组织建设为主线，大力实施党支部建设工程，健全乡村组织体系。一是选优配强农村基层党组织带头人。实施农村基层党组

织带头人队伍整体优化提升行动，提高村党支部书记的服务意识和服务能力。建立选派驻村第一书记长效机制，完善村级后备干部储备制度。二是加强农村党支部建设。全面开展党支部标准化规范化建设，严格"三会一课"等制度，提高村党支部组织生活质量。深入推进软弱涣散基层党组织整顿转化。三是构建党建引领乡村治理新格局。发挥党组织对乡村组织的领导核心作用，推广运用新时代"枫桥经验"，加快形成共建共治共享的乡村治理格局。四是以改革为乡镇赋权。推进县乡体制改革，坚持权责对等，强化乡镇政府的社会管理和服务能力。推动行政执法重心下移，探索乡镇综合执法有效形式，真正把乡镇建成乡村治理中心。

（二）以整治农村人居环境为抓手，推动建设美丽宜居乡村

一是深入推进农村厕所革命。提升项目建设统筹规划实施力度，户厕、公厕、旅游景区厕所的扩建改造，必须把握好技术，统筹考虑环境影响以及能否实现资源的再生利用。将工作重点放在粪污无害化处理、资源化利用的先进技术研发和典型经验推广上，联合推进农村"治厕"工作。二是加快推进农村生活污水治理。根据不同区位条件、村庄人口聚集程度、污水产生规模，因地制宜采用低成本、低能耗、易维护、高效率的污水处理技术，着重鼓励采用生态处理技术。推进现有农村污水处理设施提标改造，推动城镇污水管网向周边村庄延伸覆盖。强化县级政府监管主体责任，开展农村生活污水处理设施运维标准化试点，完善落实"河长制""湖长制"。三是全面提升农村生活垃圾治理水平。进一步排查、整治非正规垃圾堆放点，深化减量化、资源化、无害化处理，加强农村资源化站点建设，提高处置能力。加大农村生活垃圾分类宣传、教育引导工作力度，组织村干部、垃圾清运员及村民参与生活垃圾分类处理培训。建立健全符合农村实际、简单可行、经济可靠、管理可持续

的生活垃圾分类收运处置体系。四是加强农村自然风貌和生态环境保护，把乡村独特的生态资源转化为经济价值。按照"保护性改造，配套性开发"的思路，研究制定农村闲置房产盘活利用的特色规划，明确农民闲置房产的盘活标准、运营模式、合同规范、收益分配等问题，最大程度保持乡村民居的原有风貌，保护村落的生态环境，促进乡村绿色产业发展。

（三）以创新积分制、清单制为抓手，扎实推进农村移风易俗

一是要统筹考虑村情农情和历史文化传统有序推进。坚持把夯实基层基础作为固本之策，把提升人居环境和精神文明面貌作为主攻方向，把保障和改善民生作为根本目的，走乡村善治之路，建设充满活力、和谐有序的乡村社会。二是制度化推进农村移风易俗，结合实际落细落实约束性措施。充分借鉴河北省邯郸市肥乡区移风易俗经验，结合本地传统和实际情况，出台红白喜事指导标准，由村委会或村民红白理事会参照指导标准，制定本村细则，明确待客范围、礼金数量、席面规模、办理天数、仪式程序等"治风"具体标准。三是加快积分制、清单制"两个创新"，有效提升治理效能。创新积分管理制度，创新推广运用清单制，通过探索积分智慧管理、创新"股份分红＋乡村治理积分"收益分配、强化积分管理成果运用等模式，搭建农村移风易俗积分数字化管理平台，探索把乡村治理与信用建设有机结合，在镇直机关、村党支部、"两新"组织开展党务、村务、财务"三务公开"，增强决策透明度和服务水平。四是培育积极向上的乡村文化。坚持以文化人，培育文明乡风、良好家风、淳朴民风，激活乡土文化，构建品质生活与艺术生活融合的新本土生活，让新农人与新农居，共同构成未来乡村美好生活范式，营造积极参与乡村治理的文化氛围。

(四)以推进"四治"有机结合为抓手,提升农民治理参与度

坚持自治为基、法治为本、德治为先、数治为用,推动自治法治德治数治"四治融合"。一是深化村民自治实践。创新村民议事形式,完善议事决策主体和程序,形成民事民议、民事民办、民事民管的基层治理格局。二是推进乡村法治建设。提高基层干部依法决策、依法办事的能力,广泛开展"法律进乡村"活动,强化法治文化建设,提高群众法律素养。三是提升乡村德治水平。深入推进社会主义核心价值观建设,开展孝亲敬老活动,发挥村规民约的约束作用,营造文明和谐乡村氛围。四是探索乡村数治模式。积极推进数字乡村建设,加快构建县、乡、村三级数字乡村服务体系,推动数字技术与乡村治理深度融合。完善数字乡村治理的制度保障与法律供给,制定科学合理的数据采集、储存与使用规定,保证政务工作的高质高效与透明公开。

(五)以发展壮大集体经济为抓手,强化治理基础各项支撑

一是壮大农村集体经济。整合农村资源要素,盘活农村资源资产资金,创新农村集体经济管理体制和经营方式,确保集体资产有稳定收益。二是加强治理项目全方位融合。乡村治理涉及项目众多,不能搞单兵作战,要加强治理项目的融合。鼓励各地将乡村治理与正在开展的特色田园美丽乡村建设、乡村旅游发展等工作结合起来,统筹部署,相互促进,共同落实,积极推动农村人居环境改善,实现农业强、农村美、农民富。三是强化农村基础设施建设。全面推进"四好农村路"建设,鼓励农村公路更多向进村入户倾斜。有序推进农村污水处理设施建设,加快农村污水管网铺设进度。四是夯实乡村数字化基础。完善乡村信息基础设施建设,建立简约的城乡一体化政务服务平台,强化政府与民众、政府与企业以及政府各部门之间数据的互联互通。进一步提升线上政务App、

微信公众号等移动应用的功能完善度与持续运营能力,逐步拓宽线上服务覆盖率,优化办事流程,降低民众的政务服务参与门槛。推动"平安工程"向纵深发展,落实公共安全视频监控全覆盖,助推乡村治理信息化、智能化、现代化。五是以政策激活人的因素。实施乡村人才回流工程,引导和支持本土人才返乡创业就业。建立乡村人才培养机制,打造有文化、懂技术、善经营、会管理的高素质农民队伍,用好乡村致富能手、复员退伍军人、退休还乡人员。

| 模 式 |

特色田园乡村建设的贵州实践
——以贵阳贵安为例

⊙ 《领导决策信息》周刊联合课题组

【摘要】2021年4月1日,中共贵州省委办公厅、贵州省人民政府办公厅印发《贵州省特色田园乡村·乡村振兴集成示范试点建设方案》,提出以自然村为单元,按照"区位适宜、规模适度、条件适中、组织坚强"的选择标准,省级规划建设50个左右特色田园乡村·乡村振兴集成示范点。2021年8月13日,《中共贵阳市委农村工作领导小组办公室关于印发贵阳市第一批特色田园乡村·乡村振兴集成示范试点名单的通知》确定了市级试点36个,包括两个省级试点。特色田园乡村·乡村振兴集成示范试点建设不是简单地复制过去的乡村建设模式,也不是简单的乡村美化行动,它既是展现社会主义新农村建设成效的直观窗口,又是传承乡愁记忆和农耕文明的当代表达,其建设过程还是组织发动农民、强化基层党建、培育新乡贤、提高社会治理水平、重塑乡村吸引力的有效途径。

【关键词】特色田园乡村　新乡贤　乡村吸引力　乡村振兴　产村融合

推动特色田园乡村建设具有重要的战略意义。乡村兴则国家兴，乡村衰则国家衰。推动特色田园乡村·乡村振兴集成示范试点建设，是对现有政策、项目、资金进行整合升级的全新方式，不仅可以探索解决农村地区资源外流、活力不足、公共服务短缺、人口老龄化和空心化突出、乡土特色受到冲击和破坏等问题的路径举措，还有助于走出一条可复制、能推广的西部地区一般乡村全面振兴的有效路径。

推动特色田园乡村建设需要把握好五个关键问题。特色田园乡村建设是对于"建设什么样的乡村"的具体探索，需要整体把握好"强省会"和"强乡村"、工作重点和工作节奏、生态优势转化和产业链条提升、"三个乡村"与"五大原则"以及要素流动与机制创新五个方面的关系。

特色田园乡村建设的贵阳贵安实践主要体现在五个方面。第一是坚持规划引领，一方案两规划实现全覆盖。第二是加强组织领导，确保建设任务有效落实。第三是建设重点突出，农村"五治"推进良好。第四是模式路径多元，示范带动效果初步显现。第五是改革集成创新，共建共享格局逐步构建。

以特色田园乡村建设为引领推动贵阳贵安乡村全面振兴。第一是坚持改革创新、破解瓶颈，建设集成改革的特色乡村。第二是坚持产业发展、品牌培育，建设产村融合的活力乡村。第三是坚持绿色发展、环境整治，建设生态宜居的美丽乡村。第四是坚持数字赋能、科技支撑，建设引领时代的未来乡村。第五是坚持经营乡村、农民增收，建设共同富裕的示范乡村。第六是坚持党建引领、多元参与，建设协商共治的善治乡村。

一、特色田园乡村建设的战略意义

（一）建设特色田园乡村，有助于找到乡村振兴战略推进实施中存在的困难瓶颈的解决方案

乡村是具有自然、社会、经济特征的地域综合体，兼具生产、生活、生态、文化等多重功能，与城镇互促互进、共生共存，共同构成人类活动的主要空间。乡村兴则国家兴，乡村衰则国家衰，实施乡村振兴战略是新时代做好"三农"工作的总抓手。特色田园乡村·乡村振兴集成示范试点是实施乡村振兴战略的针对性试点，是有效解决贵阳贵安农村地区资源外流、活力不足、公共服务短缺、人口老龄化和空心化突出、乡土特色受到冲击和破坏等问题的针对性举措，是统筹推进组织发动农民、强化基层党建、发展特色产业、发挥乡贤作用、加强社会治理、重塑乡村吸引力等工作的"大集成"。这是全面推进乡村振兴的应有之义，也是推动乡村振兴开新局的有效之举。

（二）建设特色田园乡村，有助于探索走出一条可复制、能推广的西部地区乡村全面振兴的有效路径

特色田园乡村·乡村振兴集成示范试点是加快乡村建设行动的深入性试点，是对"建设什么样的乡村、怎样建设乡村"的精准破题。相较于东部地区的农村来说，西部地区的乡村基础弱、底子薄，发展相对滞后，如何找到一条适合西部地区乡村建设发展的路径模式意义重大。贵阳贵安作为贵州省内唯一大中型城市、黔中经济圈核心城市，建设特色田园乡村·乡村振兴集成示范试点对贵州省乃至整个西部地区都具有示范和引领作用，有助于探索走出一条可复制、能推广的西部地区一般乡村全面振兴的有效路径。

（三）建设特色田园乡村，有助于为巩固拓展脱贫攻坚成果同乡村振兴有效衔接提供有效载体

巩固拓展脱贫攻坚成果是做好乡村振兴这篇大文章，接续推进脱贫地区发展和群众生活改善的基础。特色田园乡村·乡村振兴集成示范试点是巩固拓展脱贫攻坚成果的融合性试点，为巩固拓展脱贫攻坚成果同乡村振兴有效衔接、推动两项工作有机融合提供了有效载体。特色田园乡村·乡村振兴集成示范试点建设，是巩固拓展"两不愁、三保障"和饮水安全等成果的新尝试，是探索盘活用好扶贫资产的新路径，是开发特色新产业、新业态和激发脱贫群众自立自强的新动力，是优化土地联农带农强农富农利益联结、劳动力就业、公益性岗位管理等的新机制，有助于为巩固拓展脱贫攻坚成果同乡村振兴有效衔接打好融合基础。

（四）建设特色田园乡村，有助于打造改革创新的"试验田"、政策集成的"小特区"

创新是乡村全面振兴的重要支撑。破解乡村振兴面临的诸多难题，同样需要用好创新这把金钥匙。特色田园乡村·乡村振兴集成示范试点是研究解决贵阳贵安"三农"突出问题的改革性试点。推进特色田园乡村·乡村振兴集成示范试点建设，是以试点乡村为"小切口"找到解决"三农"问题的有效途径，是对现有政策、项目、资金进行整合升级的全新方式，是吸引更多发展要素向乡村回流、提升乡村内生活力、探索可复制、能推广经验做法的前瞻探索和集成创新。

二、特色田园乡村建设需要把握好五大问题

(一)"强省会"要"强乡村"是必然要求

走好新时代"强省会"高质量发展之路是"十四五"期间贵阳贵安的重要发展目标。贵阳贵安集"大城市"与"大农村"于一体,2020年,贵阳"三县一市"拥有全市68.6%的土地面积和24.74%的人口,但经济总量在全市占比却不足20%,城乡区域发展仍存在较大差距。要奋力谱写新时代"强省会"新篇章,实现高质量发展,就必须把乡村振兴作为贵阳贵安发展的最大潜力,将城市提升作为发展的增长动力,以城乡融合作为发展的关键环节,走"抓大城乡促融合化"的路子,聚焦乡村发展薄弱环节,在推进乡村振兴上迈出坚实步伐。唯有乡村发展好、建设美、人气旺,才能让"省会"更具特色、更显魅力。

(二)"三个结合"与"三步走"是建设导向

一是坚持"一村一品"。坚持错位发展与统筹共建,以"一村一规划、一村一韵"为理念,以"政府主导、村民主体、市场参与"为原则,采用"综合营建"的模式联动推进。二是坚持"三个结合"。要与市委市政府"六抓""五治"等重点工作结合起来,加快推进乡村全面振兴。要与农村基本公共服务配置结合起来,在基层公共服务标准化、均等化上先行一步。要与乡村旅游规划结合起来,综合考虑优质农副产品供求对接、项目投融资机制构建、民宿旅游化改造和乡村旅游市场营销等。三是坚持"三步走"。按照"一年起好步、两年有起色、三年初见效"的总体安排,强化试验示范,探索可复制、可推广的成熟经验,及时总结推广特色田园乡村·乡村振兴集成示范试点的创新做法、成熟经验。

(三)"三生价值"与"三链提升"是建设重点

一是推进生态优势转化。加强生态安全保障,在国家级生态红线范围基础上,整合水库管理、农田保护、林地保护、基础设施走廊等其他生态区域,形成全域管控一张图,并制定严格管控措施。加强生态动能积蓄,让生态在区域一体化中更具吸引力,让人愿意来;把生态创新出新的表现形式,让更多的人来了不想走、走了还想来;通过生态优势吸引创新的力量,在更高层次实现生态的价值;最终通过科技、人才、产业与生态的融合,实现发展动能的提升。加快生态效益转化,把特色山水资源、乡村旅游、精品民宿等与特色田园乡村建设全部串联起来,把沿线的农副产品通过游客带向全省甚至全国。二是推进全产业链提升。提升价值链,通过推进农业特色化、推进农业品牌化、加强农业市场化,推进农业产业价值的升级,让特色产业"立得住"。整合产业链,着力加强农旅、文旅融合,依托生态旅游品牌,拓展农业多种功能,促进农业接二连三、隔二连三,加快特色产业由"特"转"精",激发产业链重构,让一二三产"融得好"。创新供应链,通过优化农产品销售环节、创新农产品供应链,实现供给与需求的有效对接,推动三次产业的融合互动和"互联网+"的叠加效应,有效提高农产品的生产效率和流通效率,为农民持续增收提供新途径,让特色农产品"销得快"。

(四)"三个乡村"与"五大原则"是建设核心

一是聚焦"三个乡村"建设。坚持创新、协调、绿色、开放、共享的发展理念,立足贵阳贵安乡村实际,对现有农村建设发展相关项目进行整合升级,进一步优化山水、田园、村落等空间要素,统筹推进乡村经济建设、政治建设、文化建设、社会建设和生态文明建设,打造特色产业、特色生态、特色文化,塑造田园风光、田园建筑、田园生活，建设美丽乡村、宜居乡村、活力乡村，打造"生态优、村庄美、产业特、农民富、集体强、乡风好"的特色田园乡村。二是加强"五大原则"把握。注重体现空间规划和乡村肌理的匹配性，突出更加深入细致、反映本土特性、体现因地制宜设计，注重有机更新、渐进改造，利用天然基因打造个性鲜明的乡村。注重体现乡村建设和乡村产业的互动性，培育壮大有优势、有潜力、能成长的特色产业。注重体现政府主导和农民主体的协同性，既要充分发挥政府主导作用，更要尊重农民主体地位。注重体现乡土文化和现代文明的统一性，加强保护和复兴乡村传统文化，让文化在乡村建设中生根发芽、历久弥新。注重体现改革创新和要素保障的集成性，加强改革创新和要素保障，探索可复制、能推广的经验做法。

（五）要素流动与机制创新是建设关键

一是加快人、地、钱要素流动。从"人"来看，让本地村民"能起来"、让外出贤能"回乡来"、把多元人才"引进来"，全社会多主体共同参与特色田园乡村建设。从"地"来看，深化"四块地"改革，增强农业农村现代化的内生动力。从"钱"来看，财政奖补向乡村倾斜，广泛引导和撬动各类资本投向农村，形成多元资本共建机制。二是加快城乡融合。以特色田园乡村建设为契机，加快基础设施一体化建设，实施普惠性的民生工程，推动城镇基础设施向农村延伸、城镇公共服务向农村覆盖、城镇现代文明向农村辐射。三是加快治理创新。通过"法治强保障""德治扬正气""自治增活力"，让村民人人当主角，全程参与乡村建设和乡村治理，增添乡村发展生机和发展魅力。

三、特色田园建设的贵阳贵安实践分析

（一）坚持规划引领，"一方案""两规划"实现全覆盖

一是坚持城乡一体编制规划。各个试点在建设初期均把规划放在首要位置，统筹考虑农村发展现状、村庄分布、历史文化和旅游发展等因素，确保"城乡一套图、整体一盘棋"。二是立足乡村特点编制规划。规划设计突出地域特色和乡土气息，最大限度地保留村庄的原始风貌，着力打造具有乡土风情和显著辨识特征的美丽乡村。如息烽县黎安村结合自然环境、气候等优势，规划建设"南山别院，柿锦黎安"，着力打造"贵州柿子第一村"；开阳县穿洞村围绕富硒特色产业发展，以"云上硒市、别开洞天"的主题定位，打造乡村电商物流先导区、都市近郊休闲示范村、富硒生态农业示范基地。三是注重规划的可操作性和适用性。对标《贵州省村庄规划编制技术指南（试行）》，将规划内容分解为年度实施计划和具体的实施项目，分类推进、分步实施。四是加强村级多规融合编制规划。将多规融合前移到部分有条件的示范村，探索把村级生态保护、产业发展、基础设施、民居特色、历史人文等统筹纳入统一规划。全面推行"1+N"镇村联动模式，推动相关区域项目、产业、基础设施互联互动、抱团发展。五是探索自下而上的规划方式。充分尊重民意，改变传统自上而下的规划方式，在专业团队规划过程中，沉下身子、深入群众、尊重民愿，通过召开座谈会等形式充分听取村民意见，特别是在文化传承、产业发展、建筑风貌等方面，坚持以多数村民主体愿望为主，充分保障村民的参与权、知情权和决策权。

（二）加强组织领导，确保建设任务有效落实

一是建立了各级工作领导小组。将示范试点建设工作纳入市委乡村

振兴领导小组和指挥部之中,统筹各方力量参与示范试点创建工作。成立乡村振兴战区,组建示范试点工作专班,构建和完善职责更清晰、队伍更专业、协同更高效、机制更健全、行为更规范、监督更有效的工作体系,形成全市上下贯通、齐抓共管、合力推进示范试点创建的工作体系。各区(市、县)建立健全由县级党委分管农村工作负责同志牵头的组织领导机构,制定责任清单和任务清单,细化职责分工,加强工作会商,加大统筹推进力度,充分尊重基层意见,全力推进试点创建工作。二是创建评估标准体系。制定《贵阳贵安特色田园乡村·乡村振兴集成示范试点创建实绩评价工作方案》,明确评估流程和评估考核内容,采取查看资料、汇报交流、实地查看等方式,重点对组织领导、规划设计、项目管理、资金使用、产业发展、农村"五治"、农民参与、基层组织、宣传报道等9个方面工作开展情况进行评估。三是强化政策支持。出台《贵阳贵安加快推进农业现代化的二十条措施》等配套政策,明确省级试点和市级试点每年1000万元、600万元的市级财政资金配套,为示范点建设保驾护航。

(三)建设重点突出,农村"五治"推进良好

一是聚焦农村"五治"和庭院整治。深入开展治风、治房、治水、治垃圾、治厕工作,加快道路硬化、村寨绿化、街道亮化、环境美化"四化"步伐,改变农民生活方式和生活条件。全面治理农村房屋乱建、车辆乱停、垃圾乱倒、污水乱排、粪土乱堆、柴草乱放、畜禽乱跑、秸秆乱烧"八乱"现象,农村人居环境显著提升,乡风文明建设成效突出。二是加快推进项目建设。按照简单化、年度化、数字化、项目化的要求,结合试点现状、缺项和短板,建好项目库。

（四）模式路径多元，示范带动效果初步显现

一是荣获国家级荣誉的村占比高达36.1%。近年来，各示范点加快推进乡村振兴建设，村容村貌整洁、田园风光怡人、村民生活和谐，部分村获得多项国家级、省级荣誉。如花溪区龙井村、白云区蓬莱村、修文县大木村、开阳县禾丰村等获得荣誉在三项以上。二是积极探索符合本地实际的发展模式。如乡村旅游共享的龙井模式、村民主体的黎安模式、利益联结的大洪模式、田园风光的鹿窝模式、中高端产业导向型的鸭池河模式、都市现代农业的上麦城模式等。花溪区龙井村通过打造"一个示范"，实施"五变五促"，创建"百坊龙井"，把乡村旅游与乡村建设有效结合，乡村旅游呈现出蓬勃发展之势；观山湖区上麦城村依托中药材、泉水米特色主导产业，建好"药坝子"、装满"米袋子"，以都市现代农业为发展重点，实现传统农业突围；息烽县大洪村以产业振兴为引领，以"六权共享"为路径，打造改革创新试点，实现从全国贫困村到全国"一村一品示范村"的华丽转型。

（五）改革集成创新，共建共享格局逐步构建

一是探索利益联结机制。息烽县石硐镇大洪村实施"六权共享"打造"一村一品"示范，建设中康猕猴桃园区4800余亩，辐射种植猕猴桃3200亩，吸纳2758户7766人参与发展。开阳县南江乡推广"622"模式，按照市民投资占股60%、平台运营占股20%、农户占股20%的比例分红，盘活农村闲置宅基地。累计吸引当地村民入股110余户，投资人入股70余个，吸引社会资金2800余万元，带动当地群众就业160余人。二是盘活闲置资源。鼓励村集体经济组织及其成员通过自营、出租、入股、合作等多种方式，依法依规盘活农村闲置宅基地和闲置住宅。如息烽县猫洞村（市级示范试点）及黎安村（市级示范试点）通过闲置宅基地和闲置

住宅盘活利用，开发了符合乡村特点的乡村旅游、餐饮民宿、文化体验等新产业新业态。目前，共盘活利用闲置宅基地和闲置住宅55宗，其中，黎安村已完成闲置盘活利用27宗，猫洞村已完成盘活利用28宗。

四、特色田园乡村建设引领下贵阳贵安乡村振兴的路径思考

（一）坚持改革创新、破解瓶颈，建设集成改革的特色乡村

改革创新是农村发展的根本动力。针对当前制约乡村发展的一系列问题，特色田园乡村·乡村振兴集成示范试点要充分利用试点可以先行先试的优势，坚持集成改革的思维和理念，以敢为人先的勇气和魄力，积极围绕宅基地、农村集体经济、土地制度、经营制度、利益分配机制、人才培育引进、容错试错机制等方面进行系统改革和大胆创新，构建农村集成改革的联动机制，发挥改革整体效应，消除农村改革创新零散化、碎片化难题，破解乡村发展的许多瓶颈和障碍，为全面推进乡村振兴、加快实现农业农村现代化提供持续动力。如要重点围绕"人、地、钱"开展集成改革，加快推动科技进乡村、资金进乡村、青年回农村、乡贤回农村，促进城乡要素自由流动、平等交换和公共资源合理配置，形成人才、土地、资金、产业、信息汇聚的良性循环，有效破解乡村发展和治理瓶颈。如可以将农村宅基地制度改革作为突破口，统筹推进乡村建设与乡村经营，盘活农民闲置农房和闲置宅基地，挖掘乡村农业资源、文化资源和旅游资源，推动农文旅融合发展，实现农民在家门口增收致富。如可以探索跨村联合发展模式，建立健全"跨村成立联合公司""飞地抱团""片区组团"等发展机制。如可以创新人才培养、引进、激励和发展机制，解决农村大量人才流失产生的"空心化"问题。

(二)坚持产业发展、品牌培育,建设产村融合的活力乡村

产业振兴是乡村振兴的重中之重。特色田园乡村·乡村振兴集成示范试点要探索解决"定什么产业、谁来发展产业、怎么发展产业"的问题。一是要顺应经济社会发展规律,坚持市场导向,立足资源禀赋,并统筹考虑相邻片区的产业发展情况,因地制宜选择有优势、有前景的主导产业。二是要大力培育种养大户、家庭农场、专业合作社、农业龙头企业等新型农业经营主体,通过新型农业经营主体的发展壮大来带动乡村产业的蓬勃发展。要引导龙头企业、农民合作社和家庭农场等新型农业经营主体集群集聚发展,组建农业产业化联合体,前端联结农业研发、育种、生产等环节,后端延展加工、储运、销售、品牌、体验、消费、服务等环节,优化提升产业链供应链水平,实现全环节提升、全链条增值、全产业融合,进一步提高农业产业整体规模效益。三是要综合考虑各乡镇发展定位,充分发挥各村农业资源和自然生态的比较优势,有序推动土地流转、土地集中和土地治理,宜茶则茶、宜菜则菜、宜果则果、宜草则草、宜牧则牧、宜林则林、宜游则游,形成村域支柱产业,打造拳头产品品牌。

(三)坚持绿色发展、环境整治,建设生态宜居的美丽乡村

生态宜居是实施乡村振兴战略的重大任务。在特色田园乡村·乡村振兴集成示范试点建设的过程中,一方面,要坚持绿色发展理念,以粮食、水果、蔬菜、水产、畜禽等优势特色农业为重点,推动农业产业体系、生产体系、经营体系绿色变革。大力发展休闲农业、康养农业、生态旅游等绿色产业业态,打造一批市场竞争力强、具有全国影响力的绿色产业集群。强化绿色技术支撑,大力推广测土配方施肥、病虫害绿色防控、生物防治等技术,推动畜禽粪污、农作物秸秆等农业废弃物资源

化利用，大力发展绿色种养循环农业模式，实现农业绿色、高效、可持续发展。完善绿色农产品生产标准体系、农业投入品监管体系和农产品质量安全追溯体系，推进"三品一标"认证，打造一批绿色生态品牌。另一方面，要深入开展农村"五治"工作，按照"以点带面，点面结合"的思路，高标准打造一批农村"五治"示范村，树立典型示范，通过新闻媒体、网络平台等多种方式加大宣传力度，充分发挥典型经验的示范带动作用。加强农村"五治"项目建设和运行管理人员技术培训，积极吸引农民群众参与，建立健全农村"五治"工作的长效管护机制、保障机制和奖励机制，推动农村"五治"工作走深走实落地见效。

（四）坚持数字赋能、科技支撑，建设引领时代的未来乡村

数字乡村是乡村振兴的战略方向。一是要鼓励各试点因地制宜推进云计算、大数据、物联网、人工智能等新一代信息技术在农业产业发展中的应用，实现农业生产、经营、管理、服务的"信息感知、定量决策、智能控制、精准投入、个性服务"，打造数字农业、智慧农业、科技农业、品牌农业。二是要推动数字经济与特色农业深度融合，支持各试点发展创意农业、认养农业、观光农业、直播带货等基于数字经济的新业态，探索共享农场、云农场等网络经营新模式。三是要发挥数字化技术在推进乡村治理体系和治理能力现代化中的基础支撑作用，提升乡村治理水平。如通过搭建"移动议事厅"等网络平台，积极引导更多村民群众积极参与到乡村发展中来，切实提高村务决策的民主性和科学性。通过建立"村民微信群""乡村公众号"等，加大基层党务、政务、村务信息公开力度，有效促进农村基层权力规范运行，提高广大群众对基层工作的支持力度。

（五）坚持经营乡村、农民增收，建设共同富裕的示范乡村

实现共同富裕，乡村振兴是必经之路。在特色田园乡村·乡村振兴集成示范试点建设的过程中，要坚持经营乡村的理念，将乡村的土地、资源、生态、资产、文化、山水等有形和无形的资产，通过自营、联营、合作、委托、承包等多种方式，开展市场化经营，实现资源变资产、资产变收入、资产变财富，切实增加农民群众的收入。经营乡村，除了要发挥村集体经济组织的作用之外，关键是要引进专业的运营团队对乡村资产进行集聚、重组和营运，努力将乡村的资源优势、生态优势转化为经济优势、发展优势。同时，在经营过程中，要进一步明确政府部门、运营商、投资商、村集体、村民、专家等各方主体的定位。如政府部门要做好基础设施建设和规划引导的作用。运营商作为"职业经理人"，要承担参与项目投资、招商引资、产业发展、品牌培育打造、旅游营销、日常运营、综合管理等职能。村委会要做好乡村整体发展规划，并协助运营商在乡村顺利开展运营工作。投资商参与乡村发展项目投资，并对自己投资的项目负责。村民通过就业、创业等多种形式获得收益，享受经营乡村带来的发展红利。专家团队要通过系统的实地调研、跟踪研究等，为经营乡村提出对策建议。

（六）坚持党建引领、多元参与，建设协商共治的善治乡村

协商共治是新时代乡村治理的关键所在。一方面，要坚持党建引领，选优配强村"两委"成员，锻造一支有理想、有信念、有能力的"领头羊"队伍，不断增强村党组织在发展村级集体经济上的组织力和领导力，走出一条党建引领产业振兴、富民强村的新路子。另一方面，要充分发挥驻村干部、村"两委"班子成员、村合作社及乡村能人贤人的作用，调动各领域、各层次的优秀人才参与乡村治理，通过召开民主评议会、决

策听证会、村民论坛等方式,不断拓宽协商共治的范围和渠道,积极探索"党支部+各方力量+协商议事"的党建引领乡村善治的模式,加快形成民事民议、民事民办、民事民管的多层次基层协商共治格局,提升乡村自治、法治、德治水平。

策报告

绿色振兴的北京密云
　　实践与借鉴

| 对 策 |

打造特色产业场景
发展具有首都特点的都市型农业

⊙ 北京国际城市发展研究院课题组

【摘要】构建现代乡村产业体系，让农民更多分享产业增值收益，是乡村振兴的重中之重。必须依靠科技创新，走高质量发展之路。要围绕乡村生产、生活、生态打造更多接地气的特色产业场景，加快发展具有首都特点的都市型农业，围绕农村一二三产业融合发展，对接现代农业产业体系、生产体系和经营体系三大体系建设，发展多类型融合业态。不断延长农业产业链、保障农业供给链、提升农业价值链、完善农业利益链、拓展农业生态链，推动五大链条同步发展。乡村产业振兴，产业设施振兴是基础，产业模式和业态振兴是主攻方向，产业组织振兴是重要抓手，只有把这"三兴"有机联动起来，实现三位一体，协调推进，才能更有效实现乡村产业的全面振兴。

【关键词】乡村产业振兴　产业设施振兴　产业业态振兴　产业组织振兴

产业兴旺是乡村振兴的重点，是解决农村一切问题的前提[1]。乡村产业内涵丰富、类型多样，农产品加工业提升农业价值，乡村特色产业拓宽产业门类，休闲农业拓展农业功能，乡村新型服务业丰富业态类型，是提升农业、繁荣农村、富裕农民的产业。但是，不同于其他地方乡村产业重大工程、重大项目、重大投资的一鼓作气、火力全开，作为首都北京的"大水缸"，密云区的乡村产业发展必须首先守好保水警戒线、始终念好水源保护紧箍咒，牢记习近平总书记"继续守护好密云水库"的殷切期望和嘱托。保水、护山、守规、兴城，对密云而言，就是要把生态优势转化为发展优势，打好生态牌，坚定不移地走生态优先的绿色发展之路。目前，北京市密云水库上游地区保护范围约3800平方公里，占市域面积的23.2%。具体到密云境内，就有约70%的面积属于水源保护区，仅一级保护区就有41个村庄，而全区18个乡镇的绝大部分都处于密云水库水源保护区和北京市水源八厂补给区内[2]。护林保水、依法保水、库区保水、上游保水、政策保水"五保水"背景下，如何守好水源地，打好生态牌，走好绿色发展之路？当整个北京的城市发展已经进入减量发展的新阶段，乡村的减量发展如何破题？以密云为样本，坚持生态优先、绿色发展，打造农业农村碳中和"密云模式"，走出一条把"大水缸"变成"后花园""聚宝盆"的具有首都特色的乡村振兴之路，对于首都的发展、对于整个乡村振兴战略，有着非同寻常的意义。

打造特色产业场景，发展具有首都特点的都市型农业，是密云实施

---

[1] 农业农村部关于印发《全国乡村产业发展规划（2020-2025年）》的通知，2020年7月9日。

[2] 《密云水库上游地区空间保护规划公示，划定自然保护地14个！》，密云信息港，2022年3月7日。

乡村振兴、尤其是"乡村产业设施兴"部署的重要着眼点。这些年来，围绕保水富民，做优密云特色农业发展。按照"继承、创新、提质"的思路，密云区围绕规模化、市场化、标准化、品牌化，着力打造"特色蜜、水库鱼、环湖粮、平原菜、山区果"，推动密云农业向现代、有机、绿色转变。密云通过土地复耕和土地流转，建立"农户＋合作社＋公司"的模式，实现适度规模化发展。通过政策支持指导，建立密云农业标准，完善特色产品名录，提高产品质量。制订实施方案和行动计划，助力农业集团化发展，打造"密云八珍"等知名品牌，带动密云农业品牌提升。探索都市型农业发展，积极与科研院所合作，加快国家农业示范园区建设，形成农旅融合发展，提升农业的综合效益。到目前，密云区推动"一主二优三特色"的果品产业发展，产值已经超过3亿元[3]。"一主"以30万亩板栗为主。"二优"是优质苹果和优质梨基地，全区栽培面积4万亩。"三特色"是特色葡萄、樱桃、李子等，全区种植面积2.5万亩。同时，密云区为了持续提升"蜂盛蜜匀"影响力，建成绿色无公害蜂产品生产等基地20个，蜂群数达到13万群，占全市蜂群总量的45.2%，密云成为"北京养蜂第一大区"，有力带动农民增收。

2022年8月30日，是习近平总书记给建设和守护密云水库的乡亲们回信两周年。本课题组深入密云区开展调研，并以"产业设施兴"为重点与镇村干部深入交流，在北庄镇朱家湾村、抗峪村和大城子镇仓术会村现场实地考察产业设施建设情况，进一步认识到乡村产业设施建设对于当前密云区推动乡村振兴的重要意义。密云是北京的"大水缸"，水源保护背景下，无法发展大田农业，必须从"大食物观"出发，加快利用

3　密云区区长马新明：《"密云先锋"党建引领，乡村迈向全面振兴》，《新京报》，2022年6月30日。

现代设备设施和技术，尤其是通过人工智能、物联网技术以及作物模型等技术，实现农业生产的机械化、精准化和标准化，承载数字农业、智慧农业、节水农业以及环境调控、蔬菜生产、营养健康等诸多具有首都特点的现代都市农业新场景。在调研中我们还认识到，设施农业的发展是一个系统工作，要围绕提高土地生产率、劳动生产率以及农业的全要素生产率，充分利用复垦土地发展设施农业，推动传统种植业养殖业向现代农业转型升级，同步实现农民从务农向农业产业工人的转变。为此，在强化产业设施兴的同时，还要同步推进产业业态兴、产业组织兴，只有把这"三兴"有机联动起来，实现三位一体，协调推进，才能更有效实现乡村产业的全面振兴。

乡村产业发展的范畴包括发展农产品加工业、乡村特色产业、乡村休闲旅游业、乡村新型服务业，以及加快农业产业化和推动农村创新创业。"十四五"密云区乡村产业振兴的专项规划已经明确了都市农业实现高质量发展的目标要求。围绕加快密云国家现代农业产业园建设，按照"1+3+N"的产业发展体系布局，支持产业园在更高标准上促进农业生产、加工、物流、研发、示范、服务等相互融合，推动形成种养规模化、加工集群化、科技集成化、营销品牌化的全产业链发展格局，促进农业高质高效发展。到2025年，依托产业园在全区范围内筛选1~2个镇开展农业全产业链开发创新示范，引进培育一批国内外知名食品制造企业，培育"一村一品"专业村20个。

一、跳出集体经济薄弱陷阱，强劲产业设施振兴动能

八山一水一分田，密云独特的地理地貌和产业发展限制，农村集体资源资产相对较少，村集体经济普遍薄弱。进入2022年以来，密云将因

地制宜制定"一村一策"，促进农民增收与集体经济发展，推进194个集体经济薄弱村发展，力争实现年经营性收入全部超过10万元，提前完成消除集体经济薄弱村任务。目前根据人员、产业、土地资源、村集体资产、收入来源、发展项目和对接帮扶等方面实际情况，将薄弱村分为ABC三类，根据不同类型、不同村庄的不同特点和需求，为集体经济薄弱村量身定制差异化帮扶措施，给予更精准的政策、资金和项目支持。截至2020年底，密云331个村级集体经济组织有194个经济薄弱村，占全区村级集体经济组织总数近2/3，占全市集体经济薄弱村总数的1/3，"消薄"任务较重。为此，密云区委、区政府确定"五年任务两年基本完成、三年巩固"的目标，截至2021年11月底，已有69个村经营性收入超10万元，在2022年底前力争实现全部"消薄"任务，再利用三年时间，不断巩固完善长效增收机制，巩固集体经济发展成果，促进集体经济可持续发展。

消除集体经济薄弱状态，加快高效设施农业发展是关键一招。近年来，密云区把乡村产业设施振兴战略的重点放在加强科技和装备支撑上，全面推进温室优化设计及标准化、高效设施栽培，提升设施农业机械化、数字化、智能化水平。在密云区北庄镇的西南部，群山环绕、绿水长流的山脚下，坐落着一个美丽的小村庄——抗峪村，通过改造恢复老旧棚室，主动对标"高精尖"设施农业智能装备要求，积极探索发展更加宜机化、智能化新型日光温室，勤劳纯朴的村民正在乡村振兴的康庄大道上阔步前行。

（一）在壮大集体经济中推进乡村产业设施建设

乡村振兴，产业振兴是基础和关键；而乡村产业振兴，首要和先导性的是乡村产业设施的振兴。当前，随着国家层面新一轮基础设施建设的加快布局，乡村产业设施建设面临难得机遇。对于乡村产业发展来说，只有推动农村设施生产能力和生产水平全面提升，才能带动产业园区和特色小镇等产业平台和设施建设的振兴发展，城乡融合发展进程才能加快。按照《密云区"十四五"时期乡村振兴战略实施规划（2021—2025年）》，至2025年，将发展3000亩设施棚室，其中，新建1000亩新型砖混或钢架大棚，翻建1000亩不具有恢复价值棚室，以及维修改造1000亩老旧棚室。同时，规划还特别强调做强设施农业产业集群，着力培育一批从事设施农业生产的专业合作社与特色家庭农场，实现密云设施农业集群高质量发展。

近年来，密云区全面做强设施农业产业集群，创制了一批适用性广、经济性好的设施装备。尤其是日光温室大棚的发展势头强劲，已经成为各个镇村集体经济发展的主要模式。在抗峪村，围绕乡村产业设施建设，抗峪村几任村"两委"班子接续用力，拓展盘活利用乡村建设用地，通过资金薄弱村项目扶持发展，大力推进设施大棚建设，增加集体收入，通过要素集聚、功能集合，加速产加销贯通、贸工农一体、一二三产业融合发展，集聚起了乡村产业可持续发展的新动能。

抗峪村位于密云区北庄镇西南部，全村村庄面积8450亩，其中耕地面积55.2亩，山场面积7002亩，村域面积约5.61平方公里，总人口195人。北依朱家湾村，东靠苇子峪村、土门村，南傍大岭村，西临太师屯镇。因一形似火炕的巨石，故名炕峪。抗战期间"炕"字演为"抗"，近代成村，辖抗峪、峰峪、和尚峪3个自然村。现有农业园区2个，面积60亩，其中，设施大棚闲置22栋（草莓育苗），共计30亩。经济以林果业、农业为主，是北庄镇板栗主产区。近年来，抗峪村大力盘活利用林地资源2352多亩，用于绿化造林、景区开发等。另外，现有闲置农宅65处（公司所建房屋），房间260间，总面积9100平方米。闲置复耕集体耕地18.94亩，为进一步推动发展蔬菜、水果等经济作物种植提供了有利条件。

前些年，由于村内宅基地严重不足，群众居住及养老无法满足，又缺少公益岗位，村内大部分年轻人都不愿意从事农业生产，基本都外出打工。这反过来又进一步造成村集体经济日趋薄弱，只能依靠集体土地租金作为村集体经济收入来源，收入偏低、后劲不足。针对这些问题，抗峪村紧紧扭住设施农业这个抓手，村党支部通过广泛走访党员群众，了解到村民一心想改变村里依靠板栗种植的单一农业经济模式，加快培育出本村新的现代都市型特色农业产业。早在十多年前，村"两委"干部就到山东寿光实地考察，确定了发展设施樱桃种植项目。在各方面支持下，村中共投资800万元，在占地30亩的山地间，建起了49个高标准设施大棚。此外，还从山东引进600多棵6—8年生的大樱桃树，如今种植棚内的品种有雷尼、美早、红灯、先锋等。同时从山东寿光聘请技术员两名，强化技术管理和对群众种植樱桃技术的培训，并大力发展草莓种植和养蜂产业，终于一举摘掉了经济薄弱村的帽子。

每年的2月下旬，樱桃开始开花，散发出阵阵清香。4月中旬，比市场上提前一个月左右，棚里的樱桃完全成熟，万余斤飘香红艳的樱桃给翠绿色的山村装点上一抹亮丽的红色。除了樱桃，油桃、桑葚等反季节果树也陆续在大棚里登场，生态农业大力发展，同时拓宽村民的增收渠道[4]。另外，依托得天独厚的生态优势，北庄镇积极组织当地农民发展养蜂业，成立山水甜源养蜂专业合作社，改变农户小而散的养殖现象，并根据市场需求，采取"合作社+基地+蜂农+品牌"的产业化经营模式，带领农民增收致富。目前，包括抗峪在内全镇有蜜蜂9000余群，带动农户70余户，每年每户增收2万至3万元不等。在此前一则关于抗峪村发展养蜂产业的最新报道中，抗峪村蜂农李凤芹就表示："现在家里有二三百

---

4 《遍野樱桃让村民鼓起腰包》，《京华时报》，2012年11月8日。

箱蜜蜂，合作社和镇政府不仅帮助我们销售蜂蜜，还会定期组织培训。现在蜂蜜不愁卖，收入也很可观。"[5]另外，抗峪村所在的北庄镇，目前也在技术上试用免移虫王浆生产设备，发展多箱体成熟蜜养殖等创新养殖形式，为养蜂产业提供科技助力。同时加强产销对接，制定相关成熟蜜生产技术规范，研发高端功能性蜂产品，拓展蜂产业服务领域，进一步健全产销链条，将蜂产业打造成北庄镇的特色产业、富民产业。

接下来，抗峪村还将加大招商引资力度，引进艾德伟业有限公司，培育养蜂合作社，有效提升村集体经济发展的内生动力，提升村集体经济自我的造血功能。设施农业大多以鲜活农产品生产为主，市场半径小，对农业生产组织更加工厂化、环境设施更加友好可控化、产品更加特色品质化的要求更高。眼下，抗峪村正加紧引进资金，投入200万元完善村里闲置的22个日光温室大棚，提升棚室装备水平，为接下来发展订单为主的草莓育种及果蔬供应等做好准备。预期未来条件成熟时还将探索植物工厂、日光温室、拱棚设施种植与露地栽培结合，逐步打造产业集群发展、先进要素集聚、产业链条完整的设施农业新格局。

（二）走出具有首都特点的都市型农业新路子

设施农业是农村发展新动能转换的重要手段，也是农业供给侧结构性改革的内容之一。抗峪村山场资源丰富，农民收入稳定，如果能进一步开发和盘活蔬菜大棚，未来发展潜力巨大，前景可期。按照规划，全村将聚焦老旧棚室改造、绿色防控技术推广等工作为抓手，全面提升设施生产能力和生产水平。与此同时，大力促进林果产业提质增效，围绕板栗等农产品，落实果园更新改造等工程，不断夯实产业发展基础。另

---

[5] 《北庄镇依托蜂产业实现生态富民》，北京密云官方发布，2022年6月15日。

外，围绕蜜蜂产业的发展，抗峪村加大相关产业设施建设，镇村两级还将积极与电商平台社区品牌超市进行对接，协助蜂产业合作社拓宽销售渠道，在电商世纪超市售卖和宣传优质蜂产品，在蜂产品生产基地开展蜜蜂认领、亲子摇蜜等农事体验活动，促进形成"互联网＋社区＋蜂产品基地"产销模式，完善农产品仓储保鲜冷链物流设施等，助力村民进一步致富增收。

通过这些适应首都特点的都市型农业，让我们看到，乡村产业设施建设还需要更高层面的政策和资金扶持，要进一步优化设施农业扶持政策实施机制，适时推进建设智能连栋温室，提高大棚冬闲时节利用效率，逐步形成高效设施农业片区。乡村产业设施建设长效机制的形成，要进一步做好资源整合，提高土地利用率，提高耕地利用效率，挖掘边角、零碎地块种植潜力，实现撂荒地"能种尽种"。作为首都，北京市整体上已进入减量发展的新发展阶段，在城市减量的基础上，乡村建设用地的减量也将逐步提上日程。因此，围绕落实所在区域规划减量要求，也必然需要采取集中集约的改造方式，在村民自愿放弃原宅基地的前提下，通过村庄集中上楼改造，为乡村产业设施提升创造条件，形成更加符合村集体产业发展方向的产业设施建设新模式。抗峪村目前还有亟待盘活的65栋房屋，是10年前通过引进企业开发的项目。由于历史因素和产权不清等问题一直闲置，这是抗峪村集体经济最大的一个增长点，需要加快办好向产业用地转变的各项审批手续，探索出台零散配套设施用地政策。中央一号文件明确提出要推进完善农村集体经营性建设用地入市机制。各地也在积极推进农村承包土地经营权、集体经营性建设用地使用权、大棚设施抵押融资，简化优化贷款审批流程。下一步，北京市将适时出台全市农村集体经营性建设用地入市指导意见，密云区也要围绕盘活利用好闲置宅基地，保障设施农业用地需求。借鉴领先地区的经验，发挥政策性农业担保机构作用,开展新型农业经营主体信贷直通车活动。通过产业设施的赋能,通过加快房地一体宅基地和集体建设用地确权登记颁证,为农村新产业新业态发展提供产权保障、创造融资条件。目前,整个北庄镇已经对闲置农宅进行了摸底统计并形成台账,总共40多套,包括一些大棚、厂房等。下一步将逐步推进成立农宅合作社,让开发企业与村集体进行谈判,整理出来"干净"的用地,从根本上避免后期企业开发的矛盾。从目前水平看,普通的一户宅基地,每年租金大约只有万元左右。村里还仅仅是停留在收取一部分管理服务费。要进一步深化农村土地制度改革及农村集体产权确权增效,进一步提升农村集体资产资本化和附加值,包括开展生态产品价值实现机制的试点等,真正让农村集体经济在改革的浪潮中重新焕发活力。

从目前一些地方的情况看,受历史遗留问题的影响,一些农村闲置的土地、资产无法确权。这就导致了这些资源无法被盘活,造成了浪费。包括一些地方的农村集体用地没有得到合理流转,土地碎片化现象仍然存在。受密云全区生态保水的政策制约,建设用地无法成片开发,而在碎片的土地条件下,农民难以改进灌溉、道路等基础设施,影响了耕作效率。土地碎片化也造成土地流转的困难,这对外来资本来说也会增加土地流转的成本和与农民谈判的成本,因此,要积极回应小农户向现代农业转型的迫切需求,大胆创新农村宅基地合作社模式,逐步有序突破以行政村为单位发展集体经济的局限,积极引导区域内农村集体经济组织加强合作,以强村带弱村,以大村带小村,或探索建立区域性农村集体经济组织联盟,在技术推广、统购统销、品牌建设上加强合作,提升村集体经济组织服务的能力和水平,发挥规模优势,实现人、财、物等资源要素整合,培育主导产业,促进各村集体经济的协同发展。加速农业向规模化、组织化和产业化发展的进程,建立乡村产业评价指标体系,强化产业项目清单法,落实一线工作法,实施典型带动法等,探索和走出新型集体经济发展的新路子。

(三)打通原地微循环的乡村产业设施振兴新路径

乡村产业设施振兴对于像密云抗峪村这样的地方来说,盘活现有土地资源,还需要更高层面的政策保障。国土资源部发布的《关于深入推进农业供给侧结构性改革做好农村产业融合发展用地保障工作的通知》,进一步扩大了设施农用地范围,将农业生产的配套设施由"规模化粮食生产"延伸为"规模经营必须兴建"范畴。从抗峪村的情况看,要在坚持绿色发展理念的基础上,加快推进农村产业深度融合和土地复合利用。一是明确因地制宜保护耕地,允许在不破坏耕作层的前提下,对农业生产结构优化调整,仍按耕地管理。二是鼓励土地复合利用,加强和规范设施农业用地管理[6],在严格保护耕地和保护生态环境、坚持农地农用的前提下,农用地可以复合休闲农业、乡村旅游、农业教育、农业科普、农事体验等功能;对农村集体建设用地,在促进节约集约用地、保障农民权益的前提下,可以复合民宿民俗、创意休闲等功能。

数字化产业设施建设是农村新基建的主攻方向。在这方面,更要围绕优化提升乡村网络基础设施水平,加快补齐短板,充分利用北京市智慧城市共性基础设施,整合搭建农业农村综合管理平台,围绕"京农通"服务功能建设,积极开展信息进村入户工程培训,推动村级事务管理数字化。加快试点和深化5G+无人智慧农机的无人作业试验示范基地建设是农村产业设施建设下一步的重点。目前,密云区北庄镇智慧灯杆平台

---

6 北京市规划和自然资源委员会:《关于加强和规范设施农业用地管理的通知》,2021年6月7日。

已经荣获2021年"北京美丽数字乡村示范项目"，就在与抗峪村相邻的朱家湾村和杨家堡村，北京联通与当地基层政府共同搭建起数字乡村平台。依托这一平台，村委会可将村务公开和上级惠农政策精准传达给每户村民，村民也可通过平台反馈意见，实现更有效的双向沟通。北京联通还提供了智慧灯杆解决方案，这些智慧灯杆集视频监控、语音播报、LED显示、红外感应和各种温湿度传感器于一体，如灯杆周围出现吸烟或明火情况，管理人员可通过实时对讲功能第一时间制止危险行为，实现乡村林木防火和自动化管理。

另外，密云区村庄布局规划初步方案目前已经出炉，其中，城镇化村庄38个，局部或整体迁建村庄158个，特色保留村庄33个，提升改造村庄126个。其中，抗峪村被列为提升改造村庄，需要通过多元化方式对村庄进行提升改造。为此，要加快探索原地微循环整理的路径和模式，以原地村庄环境整治提升、渐进微循环改造方式加快整村提升。要积极推广以工代赈方式，政府投资的农村小型基础设施、绿色生态建设工程主要由村级组织和村民实施。同时，结合宅基地整理、集体产业用地集约腾退升级，实现村庄的环境品质提升、产业升级更新。

二、深化产村人融合发展，念好乡土乡村乡愁"三乡经"

国务院关于促进乡村产业振兴的指导意见中明确提出，要建设特色农产品优势区，推进特色农产品基地建设是政策支持的重点，特别是支持建设规范化乡村工厂、生产车间，发展特色食品、特色手工手作等乡土产业。从地方实践来看，现代特色农业、乡村传统特色产业、农产品加工业以及都市休闲农业和乡村文体康养等乡村产业发展迅猛，产业形态和产业模式各异，极大顺应了经济社会发展规律，形成了以满足市场需求为导向，以乡村资源、产业基础、人文历史等优势为依托，因地制宜选择适合本地的乡村产业体系。

各地乡村产业业态模式的创新，主要包括电商特色产业模式、精品民宿度假模式、田园综合体模式等，通过深化村集体与社会资本共同撬动模式，实现了资源变资产、资金变股金、农民变股东。目前，北京市正大力推动农村集体经济发展业态和模式创新，包括通过盘活集体资产增加集体收入，以及支持农村集体经济组织统筹引领盘活利用闲置农宅等。在这方面，密云区围绕发展集体经济和实现集体资产增加，积极探索通过土地复耕和土地流转，建立"农户+合作社+公司"的模式，实现适度规模化发展。通过政策支持指导，建立密云农业标准，完善特色产品名录，提高产品质量。与此同时，密云区还大力推动实施农业集团化发展，打造"密云八珍"等知名品牌，积极与科研院所合作，加快国家农业示范园区建设，形成农旅融合发展，带动密云农业品牌提升，极大提升了现代都市农业的综合效益。

（一）产村人融合背景下的乡村产业业态和模式创新

习近平总书记指出："现在，发展乡村产业，不像过去就是种几亩地、养几头猪，有条件的要通过全产业链拓展产业增值增效空间，创造更多就业增收机会"。在牢牢守住农业基本盘的基础之上，进一步延伸农业产业链，培育农业农村新产业新业态新模式，是乡村产业振兴亟待破解的一个重要课题。从各地的情况看，培育发展新业态新模式是新时代乡村建设的重要内容，是乡村产业设施发展基础上推动多元乡村产业发展的重要抓手，"公司+合作社+农户"等一系列的产业发展模式不断创新和涌现。尤其是随着数字乡村发展行动计划的实施，新业态新模式发展已经成为未来乡村产业发展的重中之重。在此基础上，加快一二三产业融合发展，延伸产业链条，促进主体融合、业态融合和利益融合，联农带农，建立多种形式的利益联结机制，让农民更多分享产业链增值收益。

密云区北庄镇朱家湾村，位于密云区东北部，清代朱氏立村，因位处清水河南岸弯曲处而得名。村域面积5.55平方公里。其中耕地面积1081.5亩，山场面积5582.5亩。共有4个自然村，5个村民小组，村民415户户籍人口902人。60岁以上人口283人，外出务工人员126人。近年来，朱家湾村党支部深入学习领会习近平总书记关于全面实施乡村振兴的战略思想，以党建为统领，夯实基层组织建设，促进产业发展，壮大集体经济，带领村民增收致富，村内各项事业在乡村振兴的道路上得到全面提升。特别是以蜗牛小镇等为依托，大力发展创意农业、功能农业等，通过挖掘农村非物质文化遗产资源，保护传统工艺，形成业态类型丰富、产业深度交叉融合的"农业+"多业态发展态势，成为全区乡村产业振兴的示范和标杆。

近年来，依托"互联网+"推动休闲农业和乡村旅游发展。朱家湾村紧密围绕打造践行习近平生态文明思想典范之区，整合村域旅游资源，与北京海华文景农业科技发展有限公司、北京诚凯成柴鸡养殖专业合作社等农业企业紧密合作，依托"互联网+旅游"发展模式，打造"蜗牛小镇"生态农场、"中草药科技观光园"等农业休闲旅游产业。每年能够给村里带来的土地租金收入就达60万元。同时，村里还投入100万元完善了南庄西南沟精品葡萄采摘园的基础设施，每年收益50万元。村现有云上、画田山居、碧水源等民俗户15户。为了提升民宿接待水平，村里积极与上级相关部门沟通，争取资金对民俗户的原有接待设施和环境进行升级改造，打造精品民俗户。其中的蜗牛小镇负氧离子含量高于市区40倍，森林覆盖率高达72.3%。小镇秉承"专注亲子陪伴，自然是最好的学校"的理念为孩子和家长打造一个让童年自由撒欢的亲子陪伴营地。

其次，利用微信公众号、抖音等网络营销平台销售有机草莓、有机西红柿、富硒柴鸡蛋等特色农产品。同时，与"京东""密农人家"等电商合作，扩大农产品销售渠道。并与密云区融媒体中心、"密云头条"、"密云360"、"今日密云"等当地媒体，联合推广宣传"蜗牛小镇"亲子大课堂、农耕体验、果蔬采摘等农旅项目。再次，通过线上提供产品展示、活动推广、互动咨询、预订支付等服务，结合线下的农事体验、社会大课堂、活动拓展等亲身体验，向市民提供完善的旅游产品服务，满足个性化、高端化、多元化的乡村旅游新体验。目前，已通过"农旅+销售"的营销模式实现密云城乡社区全覆盖，逐步向北京城区宣传发展。2019年，带动旅游客户群体消费65余万元，电商平台收入20万元，贴心的服务、优秀的农产品品质、愉快的旅游体验，得到消费者一致好评和推荐。

面对新冠肺炎疫情影响出现的农产品滞销、生产规模减小、资金困难等问题，北庄镇党委、政府利用互联网优势，借势疫情"宅经济"和对"菜篮子"的品质需求，协调电商平台资源，与当地农业企业进行对接，把首都水源地的农业优势从"地上经济"迅速转变为"线上经济"，农业收入实现逆势增长。一是带领重点农业企业代表前往位于亦庄的京东总部，洽谈北庄高品质农产品入驻京东生鲜自营频道事宜，注册"北庄馆"，并拓展了由京东冷链快递配送北庄果蔬每周"到家服务"的新模式。二是借助优酷直播助农平台，整合清水河湿地自然风光、红色革命历史、高端精品民俗等资源，推出北庄精品宣传栏目，提升对外品牌形象，推动农业与旅游深度融合，打造全季全域旅游新业态，探索出一条将绿水青山转变为金山银山的新路子。三是主动帮助"蜗牛小镇"生态农场调整经营方式，通过电商、微信公众号等推广产品，还帮助申请了电商补贴，疫情期间通过网络生产和销售生态绿色果蔬共约20万斤，超过往年同期；通过协调区金融办以及相关银行，为北京诚凯成柴鸡养殖专业合作社争取到3家银行的500万贴息贷款,及时解决了资金困难,为企业发展营造了良好的产业生态。

无巧不成书。在陕西柞水县,也有一个朱家湾村。2020年4月,习近平总书记陕西考察首站就来到朱家湾村境内牛背梁国家森林公园,称赞这里是"养在深闺人未识的天然氧吧",嘱托"当好秦岭生态卫士"。对比两个朱家湾村,共同的一点就是都面临着生态涵养和保护的重任,也都把生态这篇文章做到了极致,都在锚定生态产业化、产业生态化的路子上实现了"生态+"经济模式的跨越提升。两个朱家湾村,有一个共同特征,那就是在推进生态产品价值实现中创新"生态+"的产业模式,实现与文旅、康养、体验等乡村产业多元形态的融合发展,无论是"小蜗牛"还是"小木耳",依托绿水青山,做成百变千融的乡村"大产业"。

(二)"蜗牛小镇"激活乡村特色产业新场景

乡村产业业态和模式的选择必须在特色上下功夫,在场景上有创新。"蜗牛小镇"是朱家湾村通过乡村文旅融合深化带来乡村产业形态变化的一个典型。密云蜗牛小镇原名海华文景农场,位于密云区北庄镇朱家湾村、密云水库上游、清水河畔,在国家二级水源保护区内,占地面积200余亩,其中农业面积160亩,林地50余亩,有61个设施农业大棚,种植草莓、葡萄、西红柿等30多种有机果蔬作物。秉承种养结合的有机循环种植模式,园区坚持使用牛粪发酵的有机肥作为农作物生长的肥料,运用滴灌技术输入液体肥(沼液)。经过土壤的润养与改良,产品质量安全、营养丰富、口感上佳,获得了国家绿色食品和无公害认证。截至2019年,农场依托果蔬种植园发展起来的"蜗牛小镇"生态农场,直接解决30多名本地农民就业,实现本村百余户农民收入同比增加20%。小镇是集高山、森林、河流于一体的自然生态农场。在土壤改良的基础上，灌溉用水达到饮用标准，成为绿色食品认证基地。2018年9月开始，以"专注亲子陪伴，自然是最好的学校"为理念将传统的蔬菜种植园区升级成一个农村产业融合发展示范园，一个好玩有趣有知识体系的系统亲子自然体验营地、一个享受充满色彩的乡村生活方式的乡村旅游目的地，实现了产业形态和模式的跨越和创新。

"谁知盘中餐，粒粒皆辛苦。"郎朗上口的诗句，在蜗牛小镇得到最真实的还原。从一粒种子到一颗果实，孕育的时间、生长的要素、营养的价值，每个细节都在大棚和田地间，有最真实的呈现[7]。亲手用树叶做一幅石头画，当知识与劳动，变成一个个作品或是礼物，才真正实现了"让思维可见"的理念。在运营模式方面，根据小镇的自然环境资源结合农耕农业教育自主研发了一系列适合3~12岁儿童发展的自然教育课程，包括按照季节变迁而设计的常规性自然教育活动、根据传统节庆和二十四节气而设计的传统民俗体验活动、依托身边的湿地设计的魅力湿地探索课程等；另外，通过升级园区标识系统的设计与制作，基地的外观设计，道路与园区园林景观提升，给农场换上了装饰，用艺术装点乡村。不单是外观装饰，在农场产品的包装设计上，也做出了巨大的调整。包括各种一产、吃、穿、用、体验等方面的伴手礼和创意衍生品。生活需要色彩，生活也需要快乐和自由。生长在山水间的农场，群山环绕、比邻水库，无需雕琢已成画作。在蜗牛小镇，自然作为基底，童趣才是主题。巨型的蜗牛雕塑成为合影打卡地，空旷辽阔的草坪可以尽情地奔跑，蔬果大棚的墙面上全部是儿童彩绘。蜗牛小镇的打开方式，就是唤

---

7 《生长在山水间的农场，群山环绕、比邻水库，无需雕琢已成画作》，密云文旅，2021年4月27日。

醒心中的童真。在这里，蔬果大棚墙上的彩绘，身处自然，好像一间没有围墙的课堂，这里的书本是一片叶、一朵花、一粒果，就连空气中的氧气，都有其生命的过程与意义。自然学堂，将万物互联。每一份认知都是动态的、有生命的、可见的。和孩子一起享受乡村的童真生活，这才是最好的营销。

在蜗牛小镇的发展中，村里还成立了民俗旅游专业合作社，为朱家湾甚至北庄的在地村民提供更多的旅游及获客资源，帮助农家乐、养蜂企业、果蔬种植户及其他的农副产品及创意衍生品个人及企业自我成长，共同搭建一个乡村创新创业的大舞台。如今的蜗牛小镇已经从一个闷头干活的传统种植农场升级成一个带领整村发展的有特色农产品、有寓教于乐的亲子体验活动、有乡村美食美宿的亲子陪伴自然营地。蜗牛小镇的水果玉米产品特色和品质尤为突出，还给冬奥供过蔬菜，依托这一优势，蜗牛小镇积极推动旗下公共品牌"北庄礼物"的完善和发展，更好更快地将北庄乃至整个密云的优质农副产品、创意品及文化衍生品推向市场，让更多的城市居民收获优质放心的"北庄礼物"。

朱家湾村的发展表明，产业设施是美丽乡村可持续发展的基础，而产业模式的创新更是乡村振兴的引擎。从近年来朱家湾村先后引进的互润、蜗牛小镇、艾德伟业、北京海德置业有限公司等企业看，产业模式精准，产业形态各异，产业收益稳定。接下来，要进一步顺应新形势要求，深入探讨美丽乡村建设中产业形态的优化构建，对于建设美丽乡村，实现乡村振兴战略具有理论和现实的意义。按照镇里的思路，目前还在筹划的包括在朱家湾建设一个大型精品酒店，提升旅游接待和承载力、带动力。同时，还要有定期、周期性的爆点活动，提升品牌影响力。总之，美丽乡村建设中产业形态优化构建的路径和策略就在于模式的创新、业态的创新，否则跟着人家后面走不可能有较强的生命力。目前，密云区已建设乡村民宿项目82个,要进一步实施休闲农业和乡村旅游精品工程,打通休闲观光园区、乡村民宿、森林人家和康养基地全价值链上的盈利点,通过纵向融合和横向融合,将这些盈利点串联起来形成巨大盈利空间。

(三)乡村产业要在"乡愁"二字上下功夫

上一百堂美学的课,不如让孩子自己在大自然里行走一天;教一百个钟点的建筑设计,不如让学生去触摸几个古老的城市;讲一百次文学写作的技巧,不如让写作者在市场里头弄脏自己的裤脚[8]。——这就是乡村产业在形态上独具魅力的地方。随着类似蜗牛小镇这样的亲子农场的出现,乡村产业形态和模式的空间得以进一步延伸,乡村产业的魅力得以进一步焕发出来。乡村产业与自然深度融合,让美丽的田园草场真正成为一本打开的"教科书"。亲子关系的建立,丛林奥秘的探索,自然常识的普及,一个亲子农场似乎可以完成所有。

蜗牛小镇作为一个亲子农场,真的可以完成现代教学中的"让思维可见"。听听大树的心跳,小朋友们拿着听诊器,先听妈妈的心跳,再听大树的心跳。原来大树真的有"心脏",像山的回音,也有水的回响。在感受到树的生命后,孩子们不会在树上刻字,也不忍心摘下一片叶子。自然探险系列,牵上妈妈的手,眼罩下的黑暗是彼此的信任,穿越丛林迷宫,找到出口。万圣节的露营,在陌生的环境中,共同完成一件事,是增强信任的最好方式。蜗牛小镇的探险活动,建立亲子关系的同时,在孩子的世界中构建自然的联系。闭上眼在落叶的路上行走,感官集中在听觉。脚踩叶子的沙沙声响与不时而来的一阵鸟鸣,成为探险路上的森林小调。

---

8 《山水课堂!密云一处亲子农场,让思维可见》,北京美丽乡村,2020年7月16日。

蜗牛小镇的实践告诉我们，乡村产业模式的根本是实现一二三产融合发展，以经济推动生态，以生态带动经济，既突出生态"颜值"，更注重经济"价值"，力促实现生态美、产业兴、百姓富的有机统一。跨界配置农业和现代产业要素，促进产业深度交叉融合，形成"农业+""文化+""旅游+"等多业态发展态势，使乡村空间布局、产业发展、生态环境彼此依存、相辅相成、相互助益。要打通农业文化、农业教育、农业旅游、乡村康养、乡村电子商务等的价值链体系，深刻把握乡村特色产业的本质属性，善于从乡村产业发展的区域维度、乡村特色产业的维度以及社会需求的维度进行审视，围绕乡村产业发展特定的经营方式、产业业态、产品特点及服务方式，聚焦乡村产业的特色元素，表现产业发展的乡村本质，进而满足特殊人群或者社会大众的功能化的需求，如亲自体验、自然回归、休闲康养等，从而相对其他产业而具有鲜明的时代特征。乡村产业模式要从产业层面、发展层面和价值层面进行多元建构，深深植根于乡村资源与环境，这种资源的性质、特色、区位、种类决定了乡村特色产业是由乡村特色资源形成的产业。而乡村的形态反过来也影响和决定着乡村产业的形态特色，决定着乡村具体产业特色的表现形式。不仅如此，由乡村特色产业所产生的乡村产品特色更为乡村特色产业的实现贡献了产业价值，通过多元的特色产品满足人们物质与精神文化的需求，实现了体验消费与物质消费的有机结合。

乡村产业和产品的特色是产业特色最直接、最核心的形式，也是乡村产业模式创新中更精准把握产品功能与市场需求的根本出发点。每一种乡村产业模式的创新都是与一个特定的目标人群价值需求相关联的，透过乡村产业的形态和模式背后，往往需要我们从更加特定的人群及其特殊的需要出发来把握。这也是为什么同样是农业采摘、农业观光，不同的理念和模式背后所具有的产业的韧性却各不相同。因此，把绿水青山变成金山银山，关键是要把握乡村特色产业的本质，关键是要把握"乡愁"这篇文章。"乡愁"是乡村特色产业的特色，是乡村和乡村产业显著区别于其他事物的风格和形式，是由乡村产业振兴赖以产生和发展的特定的具体的环境因素所决定的，是其所在的乡村属性独有的。而由民宿单一产业向一体化农文旅产业生态圈的转型，表明蜗牛小镇这样集旅游综合体、田园艺术装置等新业态新模式的持久生命力。

三、"林下生金"活产业，"百年红梨"促振兴

当前，传统农村正在向未来新乡村转型。主要表现为传统农业向现代乡村产业、传统农民向现代产业型农民、传统村庄向现代乡村社区发展的整体转型。各地出现的家庭农场、农民专业合作社等的背后，就是劳动型、组织型及业主型农民带来的农村生产和组织方式的大变革，由此激发和带动更多新的乡村产业组织不断涌现，成为未来乡村发展的新主体，支撑新乡村的大发展。特别是在浙江等一些发达地区，已经出现新的基于未来乡村以及未来乡村运营公司的组织形式和产业场景。其主要围绕推进农业经济开发区、创业创新孵化园等高能级平台建设，加快培育提升一批农业龙头企业、农民专业合作社、家庭农场等经营主体，加快三产融合、产村融合，大力发展美丽经济，打造农业休闲观光新业态，引入农家乐、民宿、康养、电子商务、文创等产业发展新模式。与此同时，通过提供专业化、系统化、标准化的服务与运营，打造未来乡村设计、建设、运营一体化服务第一品牌，成为"未来乡村"的最大运营商，对于首都乡村振兴具有重要的启示和借鉴意义。从密云区乡村产业振兴来看，整个产业的组织形式还比较低端和粗放，缺乏类似乡村运营和服务商这样的现代产业组织体系。仅有的乡村合作社等不足以支撑

未来乡村产业的整体跃升和高质量发展。因此，在强化乡村产业设施建设、创新乡村产业模式基础上，更迫切的是不断壮大农业经营主体，健全完善乡村创业创新体制机制。要围绕培育更多新农民成为农村产业振兴的"领头雁"，深化创新乡村振兴产业组织方式，依照"股份分红＋积分奖励"模式，创新收益分配机制。要聚焦优化农业生产组织形式，着力提高农业产业化龙头企业技术推广和产业带动能力，抓好农民专业合作社质量提升整区推进试点和家庭农场示范区创建，大力发展全过程农业社会化服务，招引项目回归、人才回乡、资金回流、技术回援、文化回润、公益回扶。要加快探索近郊型乡村建立城乡公共服务设施共享模式，进一步深化涉农领域事业单位改革，提高农业生产服务效能，促进小农户与现代农业发展有机衔接。推进传统的社会性农民向新型产业农民的转型。通过更加多元化的利益联结机制，更有效协调不同经营主体、利益主体的关系，在农户、家庭农场、农民合作组织、供销合作社之间构建多层面的合作共赢机制，因地、因业制宜探索多种融合方式让农民获得更多收益。

（一）"林下生金"促农增收，擦亮促农增收的高质名片

苍术会村位于大城子镇域北部，锥峰山下，清水河畔。早年这里松柏成林，整个村子掩映在密云深处，故称苍松会。因附近产草药苍术，后演变为苍术会。抗战时期，八路军冀东六大队三中队一个排护送13名冀东学生到平西受训，在苍术会被日伪军包围，有48名学生、战士壮烈牺牲。现"四十八烈士纪念碑"为区级爱国主义教育基地。苍术会村是大城子镇最大的村，村域面积20.80平方公里，共14个自然村，798户，总人口1987人。2020年全村农业总产值77.5万元。村集体现有经济合作社、股份经济合作社，另有专业合作社4个；复耕土地500亩。另外，还

有闲置农宅50处，房间约200间，将逐步打造成为乡村酒店和精品民宿等。苍术会村还是"北京郊区文明生态村""首都环境建设样板单位"。

当夏日的暖阳刚刚照耀在苍术会村，村党支部书记蔺占军就迫不及待地来到位于村头的赤松茸种植基地，只见板栗树下，一颗颗赤松茸从"暖床"上探出了红色的菌帽，白色的菌柱在营养土里茁壮生长，蔺占军的脸上不由露出欣喜的笑容[9]。蔺书记为什么会对这块土地如此上心？"因为这里是发展村集体经济的'实验田'，关系到大家伙儿的'钱袋子'。"而透过蔺占军书记所在的苍术会村，我们看到的是整个首都北京基层党组织在乡村振兴中"一线指挥部"的强大合力。在如今的密云大地上，2134个富有创造力、凝聚力和战斗力的基层党组织愈发成熟、壮大，迸发出前所未有的活力。4.7万名党员争当"密云先锋"，为推动绿色高质量发展，建设美丽北京贡献力量。

提衣提领子，牵牛牵鼻子。发挥基层党组织"主心骨"作用，不仅要有冲在前的带头人，更要有齐心战斗的班子。"想让全村脱低摘帽，咱们村'两委'必须得齐心，各唱各的调，各吹各的号，咋能带着全村人往前跑？"甩开膀子实干前，蔺占军先从党员干部"叫齐儿"开始。严格按照规定召开党员大会和村民代表会议，规范"三会一课"、党员学习培训等组织生活制度，"两委"议事规则形成定制。此后，村里学习、开会的次数多了，大事小情的都把村干部、老党员叫来出谋划策，把党员干部的心紧紧地拧到了一块儿。人心思进、事业发展、组织有力，实现低收入户脱低、带领全村人致富，成了村"两委"的一致目标[10]。

9　密云区大城子镇苍术会村党支部：《当好助力乡村振兴的"红色先锋"》，北京市密云区大城子镇政府官网，2022年6月9日。

10　密云区大城子镇苍术会村党支部：《当好助力乡村振兴的"红色先锋"》，北京市早在2018年，在密云区农业服务中心的帮助下，农业专家数次实地考察后认定，在连片成群的板栗树下发展林下经济是个不错的选择[11]。板栗喜光，木耳喜阴，二者都易于种植，其中栗子成熟、采摘期为每年9月，林下木耳种植到采摘的时间为3月至7月，二者不仅相安无碍，且还能错时成熟，种植、收获两不误，不仅节省耕地、提高林地使用效率，还能增加林产品有效供给。尤其是让村里一些上了年纪的人或者残障人士也能参与种植劳动。于是，发展林下经济、推广木耳种植成了苍术会村的绿色发展主导产业。从当年3月底开始，村委会决定先试种20亩地，11户低收入户变身"耳农"，边学边干。三四个月的时间，收获了木耳12000斤，每斤木耳平均卖到了40元，而且全部卖光。11户低收入户全部脱低，年收入超过2万元。到2018年底，林下木耳产量达1.4万斤，销售收入70万元。到了2021年，全村木耳总产量达到4万斤，产值达200万元，户均增收3万余元。树上摘果，树下"掘金"。如今，苍术会村的木耳种植面积已达到150余亩，这些板栗树下的"金耳朵"让442户低收入户在2019年全部脱低摘了帽。紧接着，苍术会村还推陈出新，试种了30亩投入低、营养价值高、市场前景好的赤松茸，预计年产鲜品可达15万斤，年收入100万元。下一步，村里还将充分发挥合作社的经销作用，按照"林上果、林中蜂、林下菌"的发展思路，进一步发展"精品果园"采摘项目，创建可持续发展的乡村特色产业，通过多元化利益联结机制，增加村民和村集体收入。

经过多年的经验累积，苍术会村培养出自己的林下木耳种植技术能手，木耳产业的质量明显提高，有效壮大了集体经济，带动了村民增收。

密云区大城子镇政府官网，2022年6月9日。

11 《守好水源地 打好生态牌 走好绿色发展之路》，《北京日报》，2022年6月1日。

按照2021年北京市密云区第三届人民代表大会第一次会议《政府工作报告》中明确实施《密云区绿色有机产业区建设三年行动方案》，持续提升有机绿色认证覆盖率，积极创建林下经济示范区和国家中医药产业文化园。2022年，密云区已将发展林下经济列为产业振兴的一项重点工作。林下经济不仅拓宽了农民增收的渠道，也对全面推进乡村振兴有着特殊的意义。

（二）发挥特色资源优势，加快农业产业化融合发展

"长城与梨花的别样美景"——北京红梨是最古老的栽培品种之一。在密云县红肖梨主产区、与平谷一壤之隔的大城子镇素有"红梨之乡"的美称，也是华北地区规模最大的红肖梨产区。这里山川秀美、林果资源丰富，是北京市果品专业镇，有红肖梨树30余万株，树龄100年以上的梨树有万余株[12]。其中，大城子梨树基地种植面积近万亩，年产量8500吨，产值约5000多万元[13]。树龄在300年以上的红肖梨树有近万株，其中大多仍在正常开花结果，被誉为"百年红梨""红梨之乡"。每年过了春节，红肖梨风味最佳，民间有"正月糖梨二月肖（红肖梨）"之说。

密云大城子镇是红肖梨之乡，包括苍术会村、南沟村和梨寨村一带，至今还流传着一个"梨山圣母"的传说，也是红梨文化传说的代表。其中梨寨村还是"梨窖非遗"的聚集地，古色古香的传统民居在花海和红霞里错落有致，尽显古村与梨文化深入交汇的底蕴。"[14]。为进一步促进村

---

12 《北京红肖梨"出生"在京东》，《法制晚报》，2009年12月27日。

13 《北京密云红肖梨熟了》，千龙网，2018年10月11日。

14 《"畅游北京红梨之乡系列在北京密云大城子镇梨寨正式启动》，娱乐全球通，2018年10月11日。

民增收，壮大村集体经济，围绕红肖梨的精深加工，大城子镇与一家鲜榨果汁厂达成了合作协议，利用眼下最受年轻消费者欢迎的"NFC"超高压冷榨工艺，将红肖梨制成了梨汁，配以俏皮时尚的瓶装，一炮而红。彻底改变了传统的每家每户通过果窖储存零售的模式。如今，大城子镇的冷榨红肖梨汁很有"明星效应"，为村里的民宿带来了大量回头客。"不少客人专门奔着红肖梨来，采摘、吃住、休闲娱乐之后，再带上一整箱果汁当伴手礼，送亲戚朋友都挺有面儿。"2021年，苍术会村党支部还领办成立了北京苍术天蓝产销专业合作社，由村集体占股51%、村民占股49%，116户村民入股当上了"股东"，60多人成了家门口的打工人，那些没有管理能力的"有地"户以土地入股形式加入合作社，满足了弱势群体增收的迫切愿望[15]。目前，合作社已流转土地300余亩，木耳、梨汁、蜜蜂、小杂粮等传统农副产品经过深加工，华丽转身成为中高端产品走出大山进了城。尤其是通过合作社积极运作统筹，收购全镇果品约400吨，"大城子"梨汁饮品累计销售21200箱共6.36吨，收入达到210余万元，并成功引入2022年冬奥会现场[16]。

2022年6月28日，北京市第十三次党代会上，市党代表、密云区区长马新明做客新京报千龙网"党代会访谈"时特别提到，今年密云区成功打造了"密云先锋"品牌，涌现出4万多名共产党员在各行各业、大街小巷，联动起数十万群众，在"保水保生态""乡村振兴""绿色高质量发展""创建全国文明城区""我为群众办实事""岗位建功"等领域，

---

15 《北京密云苍术会村：控渔护水源 林下育新业》，中国乡村振兴网，《中国扶贫》杂志社，2021年7月7日。

16 密云区委组织部：《密云区大城子镇苍术会村"支部+合作社+农户"打造发展壮大村级集体经济"新引擎"》，北京组工网，2022年7月26日。

起到模范带头、积极示范作用。京郊大地,"密云先锋"党建旗帜成为一道亮丽风景线。其中,马新明区长特别提到大城子镇苍术会村党支部促进产业振兴,用"百年红梨获新生"的成果,带领村民增收致富,给予高度肯定。

苍术会村发展乡村产业组织的实践表明,"一村一品"基础上一二三产业融合发展是增强农业产业实力的主要路径。对于各地乡村产业振兴来说,要更加聚焦多类型融合业态发展,从规划、平台、企业、要素、机制等方面发力,发展壮大龙头企业,培育农业产业化联合体。同时,结合国家层面相关规划和政策要求,通过打造优势特色产业集群以及农产品加工园等平台,进一步推广契约式、分红式、股权式利益联结方式,通过"订单收购+分红""农民入股+保底收益+按股分红"等方式,把利益分配重点向产业链上游倾斜,让机制优势转化为产业发展的强大动力,促进农民持续增收。

(三)强化党建引领,加快推动新型集体经济发展

"领"字当头、"特"字为重、"亮"字作尺、"严"字着力、"人"字为本,是苍术会村的乡村产业发展一直坚持的发展思路。围绕培育乡村发展新队伍,发挥"头雁"带头作用,提高村"两委"干部队伍素质,培养更多新型职业农民,留住乡村人才,这些年来,苍术会村策划建立了乡村振兴的"先锋驿站",强化基层党员干部的责任意识、担当意识和发展意识,引领村民积极参与到乡村发展中来,合力建设"清水人家"乡村综合体。通过强化党建引领,以党群、干群合力,继续探索苍术会村产业发展的特色道路,推动村庄产业闯出名堂、打响品牌,增强村民发展产业的信心,不断培育发展壮大集体经济。经过几年发展,现在的苍术会村面貌焕然一新,不仅顺利摘掉"低收入村"的帽子,更是变得

村容整洁、邻里和谐，鲜榨梨汁、赤松茸等特色农产品推陈出新，木耳、梨汁、蜂蜜、小杂粮等传统农副产品经过深加工，华丽转身成为中高端产品走出大山进了城。最重要的是"人心齐了"，"我要发展"的内生动力被激发起来，一股乡村振兴、服务群众的"乡村先锋"正破土而出[17]。

结合在密云的调研情况，对比目前我国新型产业农民的组织形式，主要表现为一种自组织的特征，也就是农民相互间，依据产业创新发展的具体要求，组成合作社或者是合作联合社。类似苍术会村这样通过林下种植、绿色农产品的创新加工是生态与富民双赢的保障。但把这种双赢变为一种可持续的长效机制，还需要推动传统农民成长为新型农业产业经营的主体。在产业经营中得到合理组织，是实现乡村产业组织创新的重点，在一些地区，主要是通过发展组织性农民、引导业主性农民、培育合伙性农民以及壮大产业性农民等多个层面展开。无论是哪一种组织方式，归根结底是把农民嵌入到乡村产业组织中来。要适应农业农村发展新形势，将发展新型集体经济作为乡村产业振兴工作的核心，进一步整合政府的扶助投入和政策，完善促进新型集体经济发展的各种配套机制。要在党建引领下，以新型集体经济发展为核心，构建完备的现代农业产业体系、生产体系、经营体系，推动农村更深层次的组织方式创新，让更多的农民就地就近就业，把产业链增值收益更多地留给农民。

习近平总书记指出，要加快发展乡村产业，"适应城乡居民消费需求，顺应产业发展规律，立足当地特色资源，拓展乡村多种功能，向广度深度进军，推动乡村产业发展壮大"。随着农村进一步改革开放，乡村功能加快创新，乡村产业振兴的希望就在于吸引和组织起更多非农人

---

17 《保水护水是头等大事！北京密云：守好水源地打好生态牌，走好绿色发展之路》，《北京日报》，2022年6月1日。

员返乡创业、投资乡村，汇聚"新农人"群体的庞大新动能。在这方面，领先一步的浙江正以人本化、生态化、数字化为建设方向，以原乡人、归乡人、新乡人为建设主体，通过造场景、造邻里和造产业，实现有人来、有活干、有钱赚[18]。因此，对于密云区的乡村产业振兴来说，也要突出和坚持以市场化为动力，以乡村产业为纽带的新型乡村产业工人群体不断壮大[19]。推动第一产业向后端延伸，第二产业向两端拓展，第三产业向高端开发，通过农业经营主体法人化，实现合作社、家庭农场、农业企业及其联合的产业共同体支撑乡村产业的发展。推进农业资源园区化与基地化，促进优质农产品的原产地化创新。要适应首都超大市场的多元需求新变化，加快创建生态型农业、科技型农业、创意型农业、休闲养生型农业等新型农业，让密云的农业真正实现由生产导向的单一业态面向市场导向的多元融合发展的新业态转型。

---

18 《浙江启动未来乡村建设》，人民网，2022年2月12日。

19 刘年艳：《我国乡村产业发展的特征、规律和路径》，乡村振兴发展研究平台，2022年7月23日。

| 思 路 |

科技小院激发农村人才服务兴

⊙ 北京国际城市发展研究院课题组

【摘要】乡村振兴，人才是关键。传统农业主要靠经验，现代农业主要靠技术、管理、理念。在设施农业、休闲农业、农村电商等新产业、新业态不断涌现的今天，在农业市场化、标准化、品牌化、集约化以及农村基础设施现代化、乡村治理能力现代化的新发展阶段，没有与之相适应的高素质农民、技术人才、管理人才的支撑，乡村振兴就会是一句空话，强化乡村振兴的人才支撑比任何时候都显得更为紧迫。长期以来，乡村中青年、优质人才持续外流，人才总量不足、结构失衡、素质偏低、老龄化严重等问题较为突出，乡村人才总体发展水平与乡村振兴的要求之间还存在较大差距。进入新发展阶段，全面推进乡村振兴，加快农业农村现代化，乡村人才供求矛盾将更加凸显。密云区东邵渠镇西邵渠村坚持党建引领，按照"产业兴旺、生态宜居、乡风文明、治理有效、生活富裕"的总要求，开拓创新、积极探索，以"科技小院"为切入口，以人才振兴赋能乡村振兴，加快推进现代农业发展，推进乡村绿色发展，完善乡村治理机制，走出了一条符合西邵渠村实际的乡村振兴道路。

【关键词】 科技小院　乡村创新创业　乡村人才振兴　乡村综合发展规划

"人才振兴是乡村振兴的基础，要创新乡村人才工作体制机制，充分激发乡村现有人才活力，把更多城市人才引向乡村创新创业。"实施乡村振兴战略，必须打造一支强大的乡村振兴人才队伍，以一定质量、足够数量的多元化人才作支撑。2021年2月，中共中央办公厅、国务院办公厅印发《关于加快推进乡村人才振兴的意见》，强调"乡村振兴，关键在人"，提出"坚持加强党对乡村人才工作的全面领导""坚持全面培养、分类施策""坚持多元主体、分工配合""坚持广招英才、高效用才"等一系列人才工作原则。

实施乡村振兴战略对产业发展、科技推广、创新经营、环境保护、文化传承、乡村治理等方面人才提出了迫切需要。农业生产经营方式的调整、乡村新业态发展、集体产权制度改革、项目资源的增加和新村民的加入等发展变迁也带来乡村振兴中人才振兴的新需求，而人才是乡村最稀缺的资源之一。目前，全国农村实用人才约2254万人，仅占乡村就业人员的6%左右。2018年国家统计局全国"乡村振兴之路"调研发现，对于乡村振兴，农民群众最急需的关键因素是资金（64.6%）、人才（52.3%）和技术（50.8%）。面对此种困境，实施乡村振兴战略离不开外来人才和外部资源的支持，但脱贫后的发展振兴不能仅靠外部单向输入，要处理好外部帮扶和主体努力的关系，统筹乡村内部和外部两种人才资源。

2018年5月，由北京市委统战部统筹，北京市农村工作委员会和中国农业大学联合打造的北京统农001号科技小院在密云区东邵渠镇西邵渠村挂牌成立。西邵渠村科技小院首次落地后，制定了高标准的乡村综合发展规划，整合了全市多方面的高端人才和优质资源。先后有农工党名医工作室、北京首创集团新城镇项目、国务院办公厅党建双结对等落户西邵渠村，优质资源集聚带动乡村发展的优势明显。西邵渠村在乡村振兴的过程中，以"科技小院"为切入口，以人才振兴赋能乡村振兴，坚持科技是"底色"，统战是"特色"，通过"统资源、统标准、统人才、统平台"，将科学研究与生产实际相结合，既是农业实用人才培育新模式，又是农业技术应用与社会服务的新模式。

一、科技小院落，创新大平台

西邵渠村历史悠久，文化底蕴深厚。元代以前成村，元大德八年（1304）立《新修白云观记碑》记载为"邵渠里"，明万历三十二年（1604）的《怀柔县志》记载为"西邵渠庄"，光绪《顺天府志》记为"西邵渠"。村中有北大庙（香岩寺）、南大庙（白云寺），明万历年间西邵渠村举人赵溆倾其家财为乡人凿五十丈"赵慧井"等遗址。西邵渠村金钟总督老会已创立500多年，是一支仍保留着古老传统、演艺形式多样的花会，现为北京市非物质文化遗产。

西邵渠村隶属于北京市密云县东邵渠镇，位于密云区城东南15公里处，西南距顺义区焦庄户村8公里，东南距平谷区刘店镇10公里。村域总面积13.4平方公里，其中，耕地总面积5800亩，山地面积12018亩。全村共927户，1918人，村内设有8个党小组，党员87人。2020年，西邵渠村共有110个姓氏，成为密云较少见的百家姓村。

西邵渠村以红果、核桃等种植为主导产业，年产红果130万斤，核桃15万斤，玉米224万斤，白薯6万斤，谷子5万斤，板栗3万斤。依托蔬菜基地、设施农业园、"亿亩地"农业种植园区等现代化设施农业，农村经济总收入达5947万元，村民人均劳动所得可达到26524元。

科技小院虽小，却是创新大平台。科技小院以研究生驻地研究为主，零距离、零门槛、零时差、零费用服务农户，将科学研究与生产实际相结合，以产业升级和产业融合为核心，努力建设可持续发展的乡村综合体。2018年5月17日，北京统农001号科技小院在密云东邵渠镇西邵渠村挂牌成立。这是北京市委统战部统筹，北京市农村工作委员会和中国农业大学联合打造的第一个科技小院。坚持科技是小院的"底色"，统战是小院的"特色"，通过"统资源、统标准、统人才、统平台"，科技小院将科学研究与生产实际相结合，既是农业实用人才培育的新模式，又是农业技术应用与社会服务的新模式。

（一）善用贤"才"：强化专家指导，提供农村高端智力支持

北京市首家"九三学社院士专家服务站"落地西邵渠村亿亩地农业生态园。来自九三学社的院士专家们充分发挥人才、智力、资源、平台等优势，对整个园区蔬菜种植种类进行规划，对接农业产业项目，打造集智慧农业、品牌提升、人才聚集为一体的农业科技创新孵化器。针对光伏生态农业种植等前沿科技，每月选派专家到基地开展指导帮助两到三次，研究适合本土具有引导推广作用的实用型技术，进行自主研发的新品种培育试种，在智慧农业、农产品可追溯体系等农业现代化领域助力全区科研示范引领、农业转型升级、农民增收致富。

（二）实践育"才"：强化科研创新，提升农业发展软实力

紧扣当地主导或特色产业，科技小院派驻研究生深入农村开展实用技术研究和推广服务工作，在农村和农业生产第一线，针对生产中存在的问题开展科学研究和科技创新，形成绿色产业发展模式，推动农业转

型。创建农业技术服务新模式,解决好技术推广、技术服务"最后一公里"的难题。针对市场需求,通过技术引进提高农产品品质和产量。从育苗的基质准备、基质消杀、病虫防治、出苗管理、苗期营养控制等一系列标准化规程进行技术指导,提出育苗大棚改进措施,提高育苗工作水平,保证菜苗质量。其中,村西福斯苹果园引进5种种植技术,试验地节水20%、节肥18%、增产23%;村东大棚引进生菜高产高效技术3项,生菜产量提高28%。为提高技术到位率,将有利于农业发展的各类资源要素汇聚起来,采用多种方式进行技术传播。在村民去往果园的主要道路两旁设置科技长廊;在村内主要道路设置果树种植规程宣传板和科普宣传板,并进行田间的实际操作指导。同时,设计印有生产技术的杯垫等日常生活用品,推动农业技术普及传播,提高广大农业经营者特别是农民的积极性、主动性、创造性,充分利用现代科学技术服务农业、用现代生产方式改造农业,加快推动农村一二三产业融合发展,激发现代农业发展活力,切实提升农业质量效益和竞争力。

(三)就地取"才":强化农户培训,提升农户科技文化素质

产业兴旺是实现农业强、农村美、农民富的物质基础,同时也可以为现代农业农村发展注入新的内生动力和能力。实现产业兴旺需要良好的人力和人才资源支撑,而农民对技术的了解和掌握程度是促进农业技术示范推广并在生产中发挥作用的第一步,是农村产业兴旺的重要基础。科技小院通过下村入户组织各种形式的农民科技培训方式,推广先进的生产技术,提高农民的科技文化素质。采用多种灵活、有效的方式,充分运用多种手段,农闲与农忙相结合、宣传与培训相结合,促进农业高产高效技术的传播。组织开展"新农人"培训,组织30名村民代表走进中国农业大学校园,圆梦大学课堂,感悟乡村振兴理念。通过技术指导、

参观学习等方式，提高村民对种养殖技术的掌握以及生产经营理念的提升，帮助农民实现作物的高产高效和绿色生产。

二、打造人才振兴汇聚新格局

2021年2月，中共中央办公厅、国务院办公厅印发《关于加快推进乡村人才振兴的意见》，明确提出"大力培养本土人才，引导城市人才下乡，推动专业人才服务乡村，吸引各类人才在乡村振兴中建功立业"。西邵渠村科技小院首次落地后，制定了高标准的乡村综合发展规划，整合了全市多方面的优质资源。先后有农工党名医工作室、北京首创集团新城镇项目、国务院办公厅党建双结对等落户西邵渠村，优质资源集聚带动乡村发展的优势明显。同时，强化本土人才的挖掘与培养，构建系统、多元的人才体系。

（一）农工党名医工作室：强化服务供给，提质农村公共服务水平

在乡村振兴中加强对乡村教师和乡村医生的有效补充是一项需要迫切解决的问题。2018年，农工党北京市委和密云区委统战部与西邵集村委会确定了建立"农工党西邵渠名医工作室"。以西邵渠村老年驿站为重点，开展医疗技术巡诊服务，为行动不便的老年人群提供上门服务，组织来自中国医科院肿瘤医院、中医药大学东直门医院、首都医科大学北京市中医医院、中国中医研究院广安门医院等三甲医院重点科室专家对密云区医院相关科室开展一对一管理技术帮扶服务。自2018年6月开始，每年每月安排一位农工党医学专家到西邵渠村，提供长期、定点、集中的医疗卫生服务和技术帮扶。专家团队由临床经验丰富、医疗技术精湛、医德品格高尚的党员专家组成。由于村民在家门口就能看上"专家号"，

因此前来就诊的村民表现出极大的热情。每次义诊专家从早上9点一直工作到中午12点，由于就诊人数多常常不能按时结束，专家经常推迟午饭时间。为尽最大努力满足村民需求愿望，每月派到西邵渠村义诊的专家增加到两位。在专家科别的选择方面也尽可能满足村民对中医的需求，以中医为主，中西医结合为村民提供义诊、咨询、健康宣教等服务。从心脑血管、疼痛、肿瘤、妇科到中老年人常见病都能得到很好的咨询与诊治。2021年3月，建设"智慧村医工作站"，配置多生命体征检测一体机等医疗检查设备，村民在家门口就可以检查血压、血糖、血脂、心电、血氧等各项健康指标。此外，工作站内还安装了5G健康管理平台，将村民健康资料进行系统管理，并提供远程视频医疗会诊。

此外，中国中医科学院西苑医院积极参加北京市健康乡村试点建设工作，与西邵渠村达成协议设立"西邵渠村北京西苑医院专家工作站"。专家工作站以中医领军人才团队为依托，坚持强基层、建机制、惠民生的原则，以实现双向转诊慢性病预约的医疗三级转诊体系建设为目标，提升基层中医药服务能力，提高村民健康水平。

随着"专家工作站"和"名医工作室"的相继进驻以及"智慧村医"远程视频高端设备的配置，协同社区服务站的热情服务，西邵渠村民开始步入了"医养结合"健康水平不断提高的时代。

（二）"党建双结对"：深化环境"三起来"行动，乡村环境建设增颜提质

西邵渠村有着悠久的历史文化和美丽的自然景观，如何将自然景观与美丽乡村建设结合起来，改善农村人居环境，建设美丽宜居乡村，是西邵渠村乡村振兴的一项重要任务。2015年，西邵渠村与国务院办公厅老干部局结成"党建双结对"单位，以"党建引领"推动美丽乡村建设,开展环境建设"三起来"(即街巷畅起来、村庄亮起来、环境美起来)行动,推动村民房屋保温、自来水改造、透水砖路面、围墙花墙文化墙、赵惠井房、栈道观光亭、金钟总督老会文化廊架、国学文化园建设。一是规划建管并重,塑好美丽乡村"形"。"地下"治污水和"地上"拆违建同步进行。使全村生活污水从地下管道排至污水处理站集中处理,有效控制了农村污水横流的现象;对侵街占道、私搭乱建进行集中整治,共拆除私搭乱建及违章建筑面积达1600平方米。"污水管道"和"厕所革命"相辅相成。铺设污水管道7580余米,直接通至903户人家。采用技术革新,建造"地暖保温+洗浴洗衣"厕所。二是由外而内发力,铸好美丽乡村"魂"。美丽乡村,既要美在"形"上,更要美在"魂"上,既要提升乡村社会的硬件设施,提高百姓的物质生活品质,更要不断丰富人们的文化、精神生活。美画西邵渠村"墙面",将大街小巷民房墙面设计成灰瓦白墙,绘上"金钟总督老会""赵惠井""邻里守望"等壁画和文化宣传语,大幅提升街巷文化氛围。三是统筹生态生活,实现绿色乡村"美"。环境就是民生,青山就是美丽,蓝天就是幸福,良好的生态环境是最普惠的民生福祉。西邵渠村改造"坑塘"变景观,将村内的坑塘建设成融观光、纳凉、散步为一体的休闲公园。[1]

(三)国企参与:整合闲置资源,打造多元业态美丽乡村

乡村振兴需要企业的积极参与。乡村需要企业,乡村的振兴离不开大规模的资金投入,而企业的设立和发展,都是资金投入的过程。企业参与给农民提供更多收入途径:一是把土地交给企业统一经营,获得保底性质的地租收入;二是到企业劳动,取得务工收入;三是农户可以通

1　赵青山:《西邵渠村史话》,吉林文史出版社,2021年。

过投资入股的方式参与企业发展，通过企业盈利获得分红。与企业合作也可以提高乡村资源的利用效率，一些资源在农民手中，通常使用效率很低，潜在价值无法充分发挥，但拥有专业知识技术并成规模的企业更能充分发挥这些资源的价值，真正把资源变成资金，成为乡村振兴的重要助力。同时，企业也需要乡村，如今乡村市场规模越来越大，是未来国内经济发展的战略重点，乡村对企业的重要性不言而喻。

2018年，在区、镇政府的支持下，西邵渠村引入北京市属国企首创集团，由首创旗下专注小城镇建设的新城镇公司按照"一村、一园、一名片、一非遗"的思路，系统规划启动乡村文旅产业高端休闲旅游项目。充分利用农村闲置农宅，整合在地文旅和产业资源，推动产业升级，打造集住宿餐饮、山水资源、人文村落、旅游景区、周边产品销售等多元业态为一体的美丽乡村。首创新城镇公司先后与村里闲置农宅的精品民宿改造项目、"围棋+文化"小镇、新农村会客厅和金钟老会保护挖掘等项目达成一揽子合作共识。同时，村里成立了农宅合作社，农民的房子流转到合作社，企业和合作社签约，租金给农户。目前已流转土地510亩、山场1000亩、盘活闲置农宅24套，让农户盘活了资产，也增加了村集体收入，同时实现了部分村民在家门口就业。

（四）组织振兴：治理创新，探索社会管理"三个率先"

大雁远飞靠头雁，"头雁不强，群众瞎忙"，乡村振兴需要"领头雁"，既要能力强，更要把方向；既要热爱农村、熟悉村情，又要政治过硬、本领高强，还要开拓进取、敢闯敢干。西邵渠村以支部建设为核心，以制度建设为抓手，以提高党员干部素质、发挥党员先锋模范作用为重点，打造了一支让党放心、群众满意的党员干部队伍，形成了"组织健全，队伍坚强，活动正常，制度完善，保障有力"的局面。西邵渠村"两委"

班子积极探索践行"社会管理创新"机制，实现"三个率先"：率先建立网格化管理机制、率先实现智能化全程记实系统、率先建立村级便民服务中心，形成了较为完备的"三位一体"村级管理平台。一是率先实施农村网格化管理。将村域划分成27个网格，其中村庄网格10个，农地网格3个，山场网格14个，并在村庄主要公路沿线及路口安装38个高清摄像头。选派党员及村民代表为主的网格员135名，全面负责网格内具体事项服务与管理，实现网格事件上报、分派、处理、反馈的闭环式管理。网格化治理建立后，不断智能化升级和拓延管理范畴，建立起村级"社会综合治理工作中心"，形成"两站三室"的监控管理格局。实行网格化治理两年内，网格管理员上报5770件服务管理事项均及时得到处理解决。治安和刑事案件下降98%，未发生盗采盗运、破坏山场土地资源等违法行为，未发生重大刑事案件、重大交通事故、重大火灾等生产安全事故。二是率先建立农村基层党建全程记实系统。为提高党务、政务办公透明度，依托党员干部现代远程教育平台，通过视频、图片、文字等多种形式实现村级会议现场直播和村账网上查，提高工作的透明度，强化普通党员和群众对"两委"班子工作情况的了解，减少村级领导班子与群众之间的矛盾与纠纷。三是率先建起村级社会服务管理中心（站）。依托镇便民服务中心成立村级便民服务站，设有网格服务管理、综合协调、即办事项、代理代办事项等窗口，服务内容六大类、118小项。在此基础上，将村级网格化管理、综治维稳、全程记实、便民服务等各项资源进行有效整合，率先在全县建立社会服务管理中心，增加村级换气站、交通卡充值等多项服务内容。便民服务中心成立以来，平均每个工作日接收事项不少于10件，办结率达到99%，服务范围及对象延伸至邻村。[2]

---

[2] 赵青山：《西邵渠村史话》，吉林文史出版社，2021年。

三、强人才队伍，促振兴提质

乡村人才振兴是一个长期持续的过程，要不断完善政策法规和体制机制，激发人才"头雁"创新活力，打造一支规模大、素质优的乡村振兴人才队伍，为乡村全面振兴提供强大人才支撑。

（一）引导"三乡人"补位主体

在乡村振兴中，原乡人、归乡人、新乡人"三乡人"是对乡村发展主体的重要补位，以乡村乡情乡愁为纽带，创造性实施"新乡贤回归助力工程"。一是依托同乡会、同学会、青促会等社会组织，鼓励和支持有能力推动乡村振兴的贤达人士回到乡村，成为乡村振兴的带头人。二是鼓励和支持能人回乡，引导在外创业有成、热爱家乡的创业能人、社会贤达返乡创业，把城市的先进理念、要素资源、人力资本、知识经验运用到乡村建设，带动村民创业就业，提高产业发展的创新力和竞争力。三是建立乡村振兴多元化"人才库"，设立乡村人才发展专项资金和项目，鼓励返乡创业大学生、退役军人等创办农民合作社。

（二）延展应用型人才培养链条

当前，科技小院建设主要聚焦在涉农专业研究生培养模式推广，但应用型人才培养在结构和层次上都有着很长链条，不只局限在研究生层次。涉及初级农产品生产加工的指导改进、科学普及性的农技推广等面广量大的乡村振兴基础性工作，需要大批受过不同层次高等教育的应用型人才。建设中，需要进一步结合实际考虑不同层次应用型人才的梯度结构，整合不同层次涉农专业应用型人才培养的实际需要，延展科技小院在涉农专业应用型人才培养培训方面的服务链条，将科技帮扶由点到面拓展，充分发挥科技小院辐射带动作用，提高人才对口服务乡村的针对性、有效性和稳定性。

（三）探索"三位一体"的乡村治理机制

着眼于破解乡村振兴中社会参与不足难题，探索构建党组织统筹下的驻村工作队、村民委员会和社会服务团"三位一体"的乡村治理机制。一是全面总结脱贫攻坚中驻村第一书记和驻村工作队经验成果和工作模式，进一步提高驻村工作队在过渡期的干部配备层级和能力，强化驻村工作队的示范引领作用，以党的建设巩固脱贫攻坚成果，促进乡村振兴；二是强化村民委员会自治功能，创新完善村民议事会、村民理事会、民情恳谈会、评议会等基层协商制度和监督机制；三是创建社会服务团，发挥统战组织、群团组织的组织优势和人才优势，鼓励和动员党外知识分子、新社会阶层人士等社会力量参与乡村建设，以健康服务、安全服务、创业就业服务、养老服务、教育服务、文化服务、科技服务、生活服务和法律服务为主要内容，在乡村振兴中发挥积极作用。

（四）发挥村"两委"及村党员的核心作用

在乡村振兴中，村"两委"成员及村党员在其中发挥着核心引导作用。从乡村发展的各个方面来看，村"两委"成员及村党员都是引路人，从乡村振兴的实践来看，应该从以下几个方面来进行强化。首先，不断加强村"两委"人员的职业化培育，将村"两委"人员的职业化培育作为今后乡村振兴中建强基层组织的有效措施，试点乡镇干部担任村党支部书记，从而提升村"两委"人员的整体素质。其次，适当提高村"两委"人员的待遇，特别是工资水平。可采用基本工资加绩效的形式，将绩效工资与村庄每年的综合考核结合起来，从而提升村"两委"人员的工作积极性，在某些地区，尝试村干部到县乡政府部门挂职锻炼，进而通过行政化手段来提升村"两委"人员的工作能力。最后，充分发挥好农村党员在乡村人才振兴中的带头作用和战斗堡垒保障，通过党员联系群众的方法，在行政村设立党员议事制度等，为党员积极参与村庄治理提供有效平台和机会。

（五）鼓励社会资本参与农业农村人才培养培训

农业农村部和国家乡村振兴局均倡导和支持社会资本参与农业农村各类人才的培养；鼓励社会资本依托具有良好基础的原料基地、产业园区等建设实训基地，依托信息、科技、品牌、资金等优势打造乡村人才孵化基地。鼓励社会资本为优秀农业农村人才提供奖励资助、技术支持、管理服务，促进农业农村人才脱颖而出。要扩大培训覆盖面，突出重点优化培训，特别要加强对城乡领导人才的培养培训。注重从致富带头人、复转军人、回乡青年、外出务工经商人员中培养选拔基层干部。注重实施"双培"工程——坚持把经济能人培养成村干部，把村干部培养成经济能人。强化项目带动培训功能，注重提升人才培养的实效。

| 观 点 |

传统村落的保护发展与文化文明兴

⊙ 北京国际城市发展研究院课题组

【摘要】传统村落是指人类聚居的有着悠久历史和独特人文景观的空间环境,是地域文化的一种物化表现。农村的空心化和老龄化日益严重,传统的生产、生活方式逐渐被抛弃,村落传统文化不断流失。而传统村落的价值并不完全在于它有多古老,而是它向我们展现了一个地区传统的生活样式。村落经济社会的发展与留住乡愁保护好传统的地域文化同样重要,传统村落保护更新的核心应是尽力在传统村落空间内保护村落传统的生活方式和民俗习惯,将传统村落作为不断成长发展的生命体整体活态而保存下来。古北口村和河西村位于密云区古北口镇,长城脚下、潮河之畔,是历史传承悠久、文化氛围浓厚的传统村落。2014年11月17日,古北口村被住房和城乡建设部等七部门公布为第三批中国传统村落。2018年3月,古北口村和河西村入选北京首批市级传统村落名录。近年来,古北口村和河西村推进物质文化遗产与非物质文化遗产融合保护,开发集文化体验和住宿于一体的乡村民俗旅游产品,适应村落动态发展的要求,实现村落外延价值与内涵文化的统一。

【关键词】 传统村落保护　乡村民俗旅游　村落外延价值与内涵文化　三生空间　长城文化

　　传统村落传承的独具地域特色和民族风格的乡土文化是当下实施乡村振兴战略的主要抓手之一，是推进乡村振兴战略不可忽视的极为重要的资源与力量。保护和利用传统村落，对于留存乡村记忆、保护农村生态、拓展农业形态、建设美丽乡村具有重要意义。传统村落保护须活化利用、以用促保，不断增强传统村落保护发展的内生动力。近年来，各地在传统村落保护基础上积极推进活化利用，充分挖掘传统村落的自然山水、历史文化、田园风光等资源，因地制宜发展乡村旅游、文化创意等产业，仅2020年列入国家保护名录的中国传统村落就接待游客3.6亿人次，有力促进了当地农民增收致富，带动了乡村振兴，增强了文化自信，使传统村落焕发出新的生机和活力。

　　在利用传统村落发展乡村旅游过程中，也面临现实难题。一是乡村振兴的主体是农民，但随着城镇化步伐加快，大量农村劳动力外出就业创业，"空心村""空壳村"比比皆是，存在传统建筑自然破损、村落文化谱系缺失等问题，传统村落"形"在"神"散，文化传承乏力。二是传统村落激活方式大多以乡村旅游为主体，存在激活方式同质化、旅游品位低端化、景点过度商业化等问题，且容易出现建设性破坏、传统文化断层缺失等问题。三是受现行农村土地政策和产权制度的制约，农村集体建设用地使用政策与传统村落发展中的土地利用存在供需矛盾。民宿产业发展，推动了传统村落古民居保护利用和乡村旅游转型升级，但囿于产权及非标准住宿设施准入等因素，外来投资者存在顾虑。

　　古北口村和河西村位于密云区古北口镇，长城脚下、潮河之畔，是历史传承悠久、文化氛围浓厚的传统村落。2014年11月17日，古北口村被住房和城乡建设部等七部门公布为第三批中国传统村落。2018年3月，古北口村和河西村入选北京首批市级传统村落名录。近年来，古北口村和河西村大力推进物质文化遗产与非物质文化遗产融合保护，开发集文化体验和住宿于一体的乡村民俗旅游产品。其中，古北口村在保留传统村落有机秩序和原真风貌的基础上改善了传统村落人居环境，赋予了现代意义的传统村落保护与发展新内涵，具体表现为保护与优化传统村落生活、生产、生态的三生空间，保护传统村落物质文化与非物质文化遗产，以及维护与构建传统村落和谐社会秩序等。河西村则围绕百家姓文化、长城文化和民族文化，将文化因子与当下生活融合并渗入到村民的言行之中，实现乡村优秀传统文化的当代化、生活化、创意化、品牌化。

面向未来，古北口村和河西村应该把握好人、村、遗之间的关系，维持村庄的特色传统风貌，恢复村庄的传统生活氛围，营造村庄精神文化生活，形成非物质文化遗产与物质空间的和谐共生，共同构建"人—村—遗"一体化的发展战略。

一、传统村落保护与特定生活空间再造

传统村落不是一个静态的物质空间，而是一个活态的生活空间，其文化遗产包括物质文化遗产和非物质文化遗产两部分。传统村落的保护与更新不仅意味着村落建筑的修缮，也包括关注传统村落这一特定空间中真实存在的非物质文化遗产，通过非物质文化遗产活化的视角考虑传统村落的保护与更新，把传统村落中的物质文化遗产和非物质文化遗产保护统筹考虑，相互促进。

古北口镇位于北京市东北部，距密云城区55公里，与河北省滦平县相邻，是北京市的东北门户。古北口村和河西村均隶属于古北口镇，被

潮河分列东、西两边。古北口村过去被称为"河东村","河西村"名称则沿用至今。古北口镇地处北京东北边缘燕山山脉的重峦叠嶂之中，是华北平原与东北平原、内蒙古之间相互往来的交通要塞之一，是中原农耕文明与北方游牧文明的交界面，是华北平原通往东北平原和内蒙古的重要关口；战争时期，是兵家必争的险关，是重要的军事重镇；和平时期，又成为沟通内外的陆上贸易口岸，是北京的东北大门。古北口村的蟠龙山长城与河西村的卧虎山长城遥遥相望，山高势险，紧锁潮河，素有"京师锁钥、燕京门户"之称。伴随着屯垦戍边、边民互市，满族、回族等多民族同胞迁徙于此、聚居于此，文化交流与民族融合赋予古北口独特的地域文化特质——"七郎坟、令公庙，琉璃影壁靠大道，一步三眼井，两步三座庙"，可谓古迹众多、文化厚重，边塞文化、长城文化、庙宇文化和抗战文化在这里交汇融合、发扬光大。

传统村落的本土文化集中表现在物质文化遗产与非物质文化遗产两部分。物质文化遗产方面，大体包括了三个类别：一是生活类景观。古北口村现存建筑文化遗产丰富。重点保护区内以居住建筑为主，院落格局采用传统的四合院模式，正房坐北朝南，面阔多为三间，厢房居于东西两侧，有别于北京典型四合院之处在于没有耳房，多以砖墙或石墙连接厢房和正房直接围合院落。以白家大院、郝家大院、李家大院保存最为完整。河西村的老宅院主要有马家大院、孙家大院、刘家大院、杨家大院等。古北口老街两侧以商业建筑为主，东侧以宗教建筑和居住建筑为主，宗教建筑以财神庙、药王庙、杨令公庙保存最为完整。二是设施类景观，即为村落生产服务的农田水利设施以及为村落安全提供保障的军事设施。古北口设施景观以军事文化景观最为突出。古北口因其独特地理位置，成为万里长城上一处重要的关隘，历来起着拱卫京师的作用。自燕国起就是重要的军事门户，西汉时期便开始修建城池，南北朝时期，古北口位于北齐境内，为防止北方蒙古族进犯，开始修建长城经过古北口，明朝为进一步加强防务，在北齐长城的基础上，因地制宜，继续扩建新城，内城设古关、东关、西关，外城设铁门关和水关，形成古北口第一道防御系统，与北齐长城形成的第二道防御系统构成了完善的长城防御体系，形成了"城中城""城套城""城上城"的军事奇观，在近代古北口抗战和古北口保卫战中发挥了关键的作用。三是精神类景观，主要包括村落内部及其周边用以表达人类信仰和寄托的圣地、宗祠、寺庙、社树、风水林等。古北口位居蟠龙、卧虎两山之间，形成了儒、佛、道三教共存、相互交融的宗教信仰格局，也由此衍生出丰富的庙宇景观。自北齐天保七年（556年）在此建最早的关城后，就有了佛教、道教等宗教活动，辽代开始修建杨令公庙，明代修建或重修的药王庙、财神庙、关帝庙、清真寺、吕祖庙等不同宗教信仰的庙宇十几座。

非物质文化遗产也包括三个类别：一是民俗文化，有药王庙庙会、杨令公庙庙会、九曲黄河阵、古法农事。二是民间文学，有村民采药救治边关战士的传说、村民参军戍守关口的传说、杨家将传说，还诞生了三部与这里相关的京剧《审头刺汤》《古北庄》《捉花蝴蝶》等。三是传统技艺类，有古北口花灯制作技艺。从非遗项目的等级来看，古北口花灯制作技艺为密云区级非遗项目，杨家将传说为国家级项目，其余皆为未评定项目。此外，在河西村流传着一种古老的语言形式叫"露八分"。就是说话时，将一个成语只说三个字，把最后一个字藏起来，露出八分，留下两分，最后一字可音同字不同。"露八分"作为一种独特的方言，不仅用于介绍自己的名字，还可以作为日常用语。

传统村落不是一个静态的物质空间，而是一个活态的生活空间。传统村落的保护与更新不仅意味着村落建筑的修缮，也包括关注传统村落这一特定空间中真实存在的非物质文化遗产，通过非物质文化遗产活化的视角考虑传统村落的保护与更新,把传统村落中的物质文化遗产和非物质文化遗产保护统筹考虑、相互促进。古北口村和河西村围绕各自的资源禀赋情况,从不同的角度构建了传统村落保护与发展的探索之路。

二、三大空间重构,实现传统村落有机更新

现代意义的传统村落保护是一个综合概念。学术界提出传统村落有机更新理论,把乡村人居环境看成一个整体的复杂系统,其可持续运转依赖于物质空间、文化空间和社会空间的协调发展,并提出以物质空间更新、文化空间更新和社会空间更新为着力点,优化主导功能与重塑三生空间、修补显性基因与修复隐性基因、织补关系网络与重构社会秩序的有机更新方案,构建了传统村落人居环境有机更新的路径机制[1]。古北口村近几年的实践探索,在保留传统村落有机秩序和原真风貌的基础上改善了传统村落人居环境,赋予了现代意义的传统村落保护与发展新内涵,具体表现为保护与优化传统村落生活、生产、生态的三生空间,保护传统村落物质文化与非物质文化遗产,以及维护与构建传统村落和谐社会秩序等。

(一)保护与优化三生空间,展现古村落特色风貌

传统村落普遍具有良好的自然生态环境基础,坚持人与自然和谐共生,走乡村绿色发展之路,是保护传统村落特色风貌的必然要求。古北口村通过改善村落生活基础服务设施、保护古村落自然生态本底风貌、

---

1 李伯华、杨馥端、窦银娣:《传统村落人居环境有机更新:理论认知与实践路径》,《地理研究》(第41卷第5期),2022年5月。

推动乡村生产方式升级等，优化传统村落物理空间，有利于传统村落人居环境自然生态系统绿色持续，推动传统村落生态宜居环境建设。

一是完善基础服务设施建设宜居生活空间。古北口村发展民俗旅游以来，在全村范围内实施了路面硬化、集中供水、安全饮水、公厕改建、污水处理、搭节能炕、建沼气池等多项工程，实现了村内道路的硬化、绿化、亮化和美化，建成街道整洁、低碳环保、空气清新的村居环境。

二是因地制宜保水退林改善村落生态环境。基于密云水库保护之责，古北口村实施对东关河道的治理，开展引水、防渗、砌坝、截流、绿化等工作，利用潮河清凉洞水源，引水至东关河道来补充地下水流，使河道内形成常年自流景象，形成村落被潺潺流水环绕的生态景观。近年来古北口村借助良好的生态环境和林地资源，在不破坏生态机理的基础上开展退林还耕，将高标准农田建设与生态环境保护相统筹。

三是农旅融合推动古村落产业升级。古北口村大力挖掘具有满族特色的文化表演组，建了秧歌队、木屐队、健身操和广播体操队等，扶持村民自娱自乐的小品、三句半等文化活动，并积极参加市、县、镇各级组织的各种文化活动和比赛。同时，组织村民成立了"北京古北口聚源种植专业合作社"，以旅游土特产品为窗口，有机联动旅游商品产、供、销各个环节，新建了具有农村特色的农具及满族生活起居展室，促进小杂粮等农副产品走向市场。

（二）保护与活化文化遗产，传承古村落传统文化

传统村落是物质和非物质文化遗产的综合体，承载着中华民族的历史记忆、生产生活智慧、文化艺术结晶和民族地域特色。古北口村探索了包含物质与非物质文化保护的传统村落文化空间有机更新路径，帮助村民重现文化记忆与重构认知体系，增强观赏者的沉浸式、代入式体验

并加强非物质文化资源的正确应用。

一是保护村落物质文化遗产延续文化气息。古北口村对文物古迹的修缮，坚持修复为主保留原始风貌，对蟠龙山长城的三处敌楼进行修缮对保护长城具有重大意义；村居、村路的改造升级走仿古复古路线，坚持保留村庄原始肌理；街道骨架基本保存民国时期"一纵四横"的鱼骨式格局，村内建筑主要采用传统的四合院模式，保留清朝末期以来百年古建风格。

二是通过节事演绎活态化传承村落千年文化。古北口村九曲黄河阵灯会至今已有600余年历史，用高杆、彩旗、灯簇等改善九曲黄河阵，定期举办九曲黄河灯会，每年吸引众多游客前来体验。结合村落民族特色饮食文化，挖掘出了各种满蒙特色小吃；结合村落传统手工艺技术，恢复了民俗旅游集市，扩大民俗户100户，推动手工鞋垫、老虎枕、蒲团等传统手工艺产品面向更多游客。还成立了古北口御道宫灯厂，恢复了御道宫灯生产技术，现能生产各式宫灯50余种，供游客参观、学作，为游客提供了感受古村历史和体验传统文化艺术的机会。

（三）维护与构建社会秩序，推动古村落可持续发展

传统村落具有特殊乡村性，是集本土村民、外来企业户、旅行者、政策制定者、文物修复专家等不同群体参与的复杂社会空间，要保证传统村落有机、有序更新和发展，协调各个群体利益平衡，加强乡村社会治理，构建稳定的乡村社会秩序，是推动传统村落和谐可持续更新的有效途径。

对内，古北口村通过党建引领，构建"基层政治组织—农村合作社—村民"的多元互动关系。为优化基层服务打造惠民村庄，古北口村党支部着力打造两支专业化服务队伍。一是由村民代表组成的代表服务队，

主管全村的环境卫生和违法乱建监督检查工作。二是以优秀党员优秀民俗户组成的党员服务队，在服务和带领全村民俗户发展民俗旅游产业的过程中，充分发挥示范引领作用。为推动村级事务管理透明化、民主化，建立"代理村干部"机制，将更多的选择权、管理权、支配权还给群众。定期举行民俗大会，帮助提高农民的经营水平和经营理念，重大问题由党小组长、村民小组长、村民代表自己谈话解决。

对外，古北口村注重引进外部资源，推动外部资源与本土发展融合构建"村—企—民"友好合作关系。一是建立旅行社与合作组织联系机制，联结农户与企院校、联结生产与市场，引进外部资源。2022年初，古北口村与4家单位签订了《古北口村红色美丽乡村建设"1+4"对口帮扶战略合作协议》，"1+4"即以驻村第一书记为引领，以中央美术学院、北京舞蹈学院、北京快手科技有限公司、密云区农业农村局为带动，实现互带互动、优势互补、资源共享、共同发展，为古北口村组织建设、集体经济壮大、产业发展、基层治理等方面提供有力支持，打造新时代文娱教育为一体的多元化旅游品牌。二是人才引进激发古村活力。近年来，多位艺术家落户村庄，联合古村落手艺人进行艺术创作，为村民开展书法等方面的艺术培训，并为村庄文化建设、古村活化等提供帮助。在驻村艺术家的协助下，古北口村成功举办了善缘街展示、长城文化节庙会等文化活动，成功开发了圣旨、剪纸、宫灯等旅游商品，人才融合迸发出了推动村庄发展的强大动力。

三、"三个文化"融合，传统文化的创造性转化

习近平总书记高度重视传承弘扬中华优秀传统文化，提出了"推动中华优秀传统文化创造性转化、创新性发展"。对乡村优秀传统文化而

言，就是坚持乡村优秀传统文化的创造性转化、创新性发展与当代文化相适应，与现代社会相协调，将其"活化"，重新赋予其使用场景和文化意义，赋予新的时代内涵和表现形式，重新融入当代生活。河西村围绕百家姓文化、长城文化和民族文化，将文化因子与当下生活融合并渗入到村民的言行之中，实现乡村优秀传统文化的当代化、生活化、创意化、品牌化。

（一）以文化载体保护为契机，促进乡村基础设施改善

依托古长城旅游资源和历史古建，河西村开展长城遗址保护和历史古建修复等工作，在保护中求发展，在发展中保护和传承长城历史文化。如保护和修缮吕祖庙、清真寺等，展现了河西村儒、佛、道三教共存特色；对百年民居建筑段家大院等，修旧如旧，并鼓励村民建设特色民宿。通过保护工程等项目的实施，保护了乡村地区优秀传统文化的载体和生态场域，加强了文物古迹、传统民居等历史风貌建筑的修缮利用，促进传统乡土文化创造性转化、创新性发展。

近年来，河西村还通过村民民主议事决策机制，广泛发动群众，实施"煤改电"改造、路面硬化、路灯亮化、道路绿化、环境美化、街道净化、污水和集中供水改造等一系列基础设施升级工程。村"两委"带头，村民积极参与，开展拆违清乱行动，共计拆除村庄私搭乱建30余处，涉及土地面积652平方米，清理乱堆乱放273处，清理垃圾4618吨。同时在落实河长制基础上，设置了5名垃圾指导收分拣员，从源头提升村民的垃圾分类意识，指导垃圾分类二次分拣，确保各类垃圾分拣清楚。通过完善乡村地区道路交通、文化活动场所、环境保护设施等公共基础设施建设，河西村人居环境得到明显改善，深化了文化和旅游建设，有利于拓宽乡村传统文化保护平台，实现优秀传统文化资源转化发展。

(二)以推动优秀传统文化"活态化"为抓手,丰富产业新业态

河西村共有6个自然村,全村人口中70%是汉族,30%是少数民族。与其他少数民族村寨文化形成不同,河西村少数民族文化与"百家姓"文化息息相关。在尊重保护的前提下,河西村把旅游产业的开发利用置于日常生活实践中,实现"生活化"。让乡村优秀传统文化在交流互鉴的"活态"中传播、衍化,在生产生活中不断被记忆、升华。紧扣鲜明的文化特色,提炼不同类型乡村优秀传统文化的精神元素,树立品牌,逐渐形成品牌资源。河西村保留着历史上独特的"百家饭"饮食习俗,一年一度、一家一办,不仅汇聚了村民的童年记忆,更成为河西村"百家姓一家"的最好写照;还保留着丰富多样的民俗文艺技术,包括手工剪纸、十字绣、草编、石头工艺、绢花等民俗特色手工艺,以及踩高跷、划旱船、打腰鼓、扭秧歌、舞跑驴等民间特色艺术活动。依托村落的花会组织和文化大院,每年的春节、庙会等重大事项都要进行大型花会文化表演,增进民族情感的同时,吸引了不少外地游客前去感受多民族特色民俗文化。

(三)以实现传统文化新生为着力点,提升乡风文明建设水平

在重新阐释精神内涵实现有效转化的同时,创新乡村优秀传统文化表达方式,提升生机活力。河西村"百家姓"文化不仅有着姓氏文化内涵,更保留了古村落独特的语言"露八分",独特的交流方式成为河西村百家亲如一家的重要原因。依托"百家姓"文化,河西村建设了乡情村史陈列室、历史古村建陈列室等,展示百家姓墙、"露八分"展示图、"石盒"、"帽儿镜"、宣统年间通用的度量衡"斗"等河西文物。同时在百家姓代表户门前贴牌,由当地居民讲述来源。

培育文明乡风、良好家风、淳朴民风,既要靠宣传倡导,又要靠实

践养成。河西村设置党群服务工作站、红色餐厅、先锋书屋、乡情村史陈列室等功能区域，为党员学习教育、百姓舞台活动、政策咨询解答等提供很大方便，大力提升了党员干部和村民们的凝聚力。建设幸福晚年驿站，设有会议室、康复室、休闲中心、棋盘室、图书阅览室、理发室等配套设施，为老人的晚年生活带来幸福和便利。同时与时俱进，积极培养懂科学、懂技术的新时期农民，通过学科学、学技术等途径，逐渐丰富村民的业余文化生活，村民的文化素养和精神面貌得到了显著改善。

四、构建"人—村—遗"一体化的活化发展策略

传统村落的发展是一个系统工程，古北口村和河西村要把握好人、村、遗之间的关系，维持村庄的特色传统风貌，恢复村庄的传统生活氛围，营造村庄精神文化生活，形成非物质文化遗产与物质空间的和谐共生，共同构建"人—村—遗"一体化的发展战略。

一是制定传统村落风貌保护弹性机制。传统村落文化景观形成的多样性和保护过程的复杂性决定了保护村落风貌需要对人的行为活动制定灵活且有约束力的保护机制和管理体系。应该基于每个景观元素的历史文化价值，制定动态保护策略，灵活处理变与不变的关系。对于文化价值较为突出的文化景观，建议采取维持原状不动的保护策略，规定村落所有的生产、生活、经营等一系列活动均不能对该类文化景观产生破坏。对于历史或文化价值一般但在村落历史演变进程中发挥关键作用的文化景观，采取弹性管理策略，并给出明确的可变范围，规定村落活动以不能超出景观元素的变化范围为前提。

二是丰富非遗项目种类。古北口村和河西村村落内仍留存大量的农耕文化，如藤编、纺织、酿酒、磨豆腐、剪纸、榨油等。虽然这些农村

生产生活的产物并没有申报为代表性非遗名录，但这些是村落的文化符号，也是重要的旅游资源。此外，一些传统节日，如二十四节气、端午、重阳、中秋、春节、元宵等均为优秀的非遗旅游资源，通过节日活动不仅可以增添乡村旅游文化内涵，还可以提高重游率。

三是推动乡村传统文化的演艺化、景观化，将传统抽象的、静态的、陈列式的文化转化为可视性的、观赏性的文化。传统节日、时令、礼仪是增强民族认同、维系族群情感的精神纽带，也是优秀传统文化的载体。在乡村地区，只有不断为传统节日、礼仪注入时代的新元素、新形式，才能在城镇化进程中留住具有地域特色和民族情感的乡村传统文化的根脉，才能使传统的节日、时令、礼仪焕发生机活力。

四是积极推进乡村优秀传统文化"互联网+"模式发展，用数字化手段激活乡村地区优秀传统文化资源。借助物联网、云计算、大数据等技术手段，准确梳理乡村传统文化资源，同时做好辨章学术、考镜源流的工作。应用虚拟现实、人机交互、沉浸体验、仿真机械等高新技术，实现传统戏剧和曲艺、民间手工技艺、民间音乐等"活态传承"。借力互联网企业的科技能力、社交网络以及泛娱乐生态，盘活资源，实现创新。以高新技术介入的方式，推动实现乡村传统文化现代化转化。

五是建设以特色产业为媒介的多方参与体系。目前两村还是政府主导下的旅游发展模式，旅游活化过程中面临着资金缺乏、相关人才缺失等难点。政府与社区的能力与财力是有限的，不足以支撑传统村落的大量建设与非物质文化遗产的挖掘与传承，还需挖掘其自身活力。要适当放宽外来企业入驻条件，通过土地房屋租赁、税收等相关优惠政策吸引文化企业入驻，借助外来文化企业的资金与人才活化非遗旅游资源。要充分处理好政府、村落与企业之间的平衡关系，探索政府、村落与社会资本合作体系，成立传统村落发展有限公司，将政府承担的基础设施与公共服务职能，村落承担的村庄发展职能与企业承担的企业发展职能统一起来，相互融合发展。同时，政府还应把关和协调村落与企业之间的合作关系，以确保村落的利益得到有效保护。

| 范 例 |

三生同步、三位一体、三产融合
乡村绿色振兴的密云探索

⊙ 北京国际城市发展研究院课题组

【摘要】 乡村振兴，生态为基。乡村绿色振兴为乡村振兴战略的产业兴旺、生态宜居、乡风文明、治理有效、生活富裕"五大目标"实现提供着有力支撑。近年来，北京市密云区以推动"生态环境兴"为抓手，探索"三生同步、三位一体、三产融合"的乡村绿色振兴模式，发展各具特色的绿色生态村，打造"一村一品"升级版，使农业产业得到发展，农民生活得到提升，农村形象得到美化。本文通过对西口外村坚持"三生同步"，打造"建设+保护+开发+运营"的蜂业全产业链；西白莲峪村坚持农文旅"三位一体"，探索从精品民宿到共享农庄的发展之路；石匣村坚持一产、二产、三产"三产融合"，探索水源保护地可持续发展模式进行梳理，以期对乡村绿色振兴的基本模式和基本规律进行讨论。

【关键词】 乡村振兴 产业兴旺 生态宜居 乡风文明 治理有效 生活富裕 绿色发展

密云水库[1]是新中国成立后我国自行设计修建的、华北地区最大的水利工程。在密云水库建成60周年之际，习近平总书记给建设和守护密云水库的乡亲们的重要回信中指出："密云水库作为北京重要的地表饮用水源地、水资源战略储备基地，已成为无价之宝"。密云区作为密云水库所在地，是首都北京的生态涵养区，如何把"绿水青山"变成"金山银山"，是实施乡村振兴战略、实现保水富民目标的一道"必答题"。

乡村振兴，生态为基。乡村绿色振兴为乡村振兴战略的产业兴旺、生态宜居、乡风文明、治理有效、生活富裕"五大目标"实现提供着有力支撑。近年来，密云区以推动"生态环境兴"为抓手，探索"三生同步、三位一体、三产融合"的乡村绿色振兴模式，发展各具特色的绿色生态村，打造"一村一品"升级版，使农业产业得到发展，农民生活得到提升，农村形象得到美化。

农村生产、生活、生态"三生"同步改善，是一个系统工程，密云推出了一批"三生同步"的典型。生产是基础、是主线，密云围绕有基础、有特色、有潜力的产业，立足于提高农产品质量，大力推动特色农业发展。提高农民生活水平是目的、是根本。密云着眼于推动农民收入增加和生产生活条件改善，同时考虑为城市居民提供高品质的产品与服务，推进城乡一体化。生态建设是底线、是保障。密云践行"看得见山，望得见水，记得住乡愁"的发展理念，建设绿水青山，强化生态功能。

1　密云水库是北京市集中式饮用水源地之一，建成于1960年9月，总库容为43亿立方米，最大水面面积188平方公里，最大蓄水量为35.793亿立方米。密云水库建成后，在防洪、供水、灌溉、发电等方面都发挥了应有的作用。随着水库功能的转变，自20世纪80年代开始，密云水库主要功能转变为防洪和供北京城市用水，从此拉开了密云水库水源保护的序幕。

推进推动农业、文化、旅游一体化发展，延长农业产业链，发展各具特色的现代乡村富民产业，是"十四五"期间乡村振兴的重要方向，也是振兴乡村产业的必由之路。密云区的"三位一体"更加突出生态优势和自身文化禀赋。把长城元素植入"共享农庄＋发展"模式，着力培育特色鲜明、可复制、可推广的共享农庄样板，提升休闲农业和乡村旅游中高端产品供给能力，实现"项目带村，产业到户，互补发展，全面共享"，激发乡村绿色发展的无限潜能。

产业分工和产业融合是产业发展的两种形态，分工产生效率，融合创造效益。密云致力于推动一二三产业深度融合。尊重自然规律，科学合理利用生态资源进行生产，在获得稳定的农产品供给的同时，有效降低资源消耗和减轻环境污染，更加重视保护和改善生态环境。在我国传统农业中的桑基鱼塘模式、稻鱼共生系统、稻鱼鸭复合系统等模式基础上，探索特色村镇产业支撑、基础设施、公共服务、环境风貌等相融合的新型发展模式。

一、坚持"三生同步"，打造"建设＋保护＋开发＋运营"的全产业链绿色发展模式

位于密云水库上游的冯家峪镇西口外村坚持"三生同步"，把"好生态"变成"好钱景"的实践就是一个典型缩影。为了保证"清水下山，净水入库"，西口外村全面退出家禽家畜养殖，转而发展绿色养蜂产业，实现了产业发展、生活改善、生态保护"多赢"的目标。

（一）抓住一个好时机：巧打生态保护牌

对于密云来说，生态就是资源，生态就是生产力，生态优势就是经

济发展优势。但这一优势最后还要落实到发展什么产业上。在脱贫攻坚实施过程中，密云区按照既能承载生态环保功能，又有一定的发展传承，还能获得更高效益的原则，锁定了养蜂业这一绿色生态产业，重点打造"蜂盛蜜匀"高端品牌。这一政策"东风"为冯家峪镇、西口外村推动蜂产业发展注入了强劲动力。

实际上，密云有着悠久的"养蜂史"，300多年前就有饲养中华蜜蜂的记载，乾隆曾驻足品尝过这里的"琥珀蜜"。20世纪70年代初当时的农林部在密云开过全国养蜂生产交流会，在这次会议上密云被评为全国养蜂先进县。进入新的发展阶段，以"中华蜂重现"为标志的生态保护与恢复创造了密云蜂产业的再次辉煌。在因水源保护而退耕禁牧、发展受到诸多限制的背景下，密云以中华蜂自然保护区建设为抓手，推动形成集种业、养殖、深加工、授粉、旅游等为一体的养蜂产业链，成为北京最大的"天然蜂场"。

冯家峪镇的山场面积达27万亩，林木生态覆盖率达89.1%，自然资源丰富，蜜源植物达上千种，其中中草药蜜源植物近百种，有十分突出的蜜源基础。而距冯家峪镇镇政府7公里的西口外村又是这个镇山场面积最大的行政村，村域面积32000余亩，全村村庄面积65亩，其中耕地面积500亩，余下全为山场面积，具有得天独厚的生态优势。

冯家峪镇关注到中华蜂这一我国特有的蜂种。20世纪二三十年代由于意大利蜂的批量引进，中华蜂几近灭绝，被国家列为濒危物种。而中华蜂产的百花蜜不但品质好，花香浓郁，深受市场欢迎，而且对森林生态系统具有重要作用。中华蜂可以在7℃的环境下正常采蜜，而意大利蜂则需要12℃~13℃以上才能出来采蜜，因此中华蜂更能适应华北地区气候。同时，华北地区的植物都是早春晚秋开花，通过中华蜂授粉，能促进这类植物生长。通过详细论证，冯家峪镇开始从保护中华蜂入手，推动西口外村在发展以核桃、板栗、红果为主的果品产业基础上大力发展蜂产业。

2020年,习近平总书记给建设和守护密云水库的乡亲们的回信,令密云区全体党员干部群众倍感振奋,西口外村也更进一步坚定信心,把小蜜蜂产业做大、做强、做实,切实践行"绿水青山就是金山银山"的生态文明理念,真正实现生态惠民、生态利民、生态为民。

(二)建立一个好机制:发展专业合作社

决定发展蜂产业之初,西口外村的村民对这个产业能否做起来还是心存疑虑的。为此,西口外村从专业化、规模化、集成化发展方式入手,建立统收统购机制,优先保障低收入农户增收。2016年初,依托北京保峪岭养蜂专业合作社,以专家辅导、送教下乡等方式免费为低收入农户提供蜂箱、蜂具和技术指导服务,解决了村民刚开始养蜂时面临的"不敢养蜂、不会养蜂、不能养蜂"问题。同时,低收入户所产的蜂蜜全部由合作社统一收购,并按照交易额进行二次分红,为蜂农解决产品销售的后顾之忧。

实际上,北京保峪岭养蜂专业合作社2010年就已经成立。当时冯家峪镇有21户蜂农在这家合作社的带领下组织起来对中华蜜蜂进行保护性开发。这也为西口外村发展蜂产业打下了基础。经过十几年发展,中华蜜蜂养殖在冯家峪镇已经形成"合作社+基地+农户"的运作模式,目前有430余户当地蜂户加入保峪岭养蜂专业合作社。仅这一家合作社,就拥有中华蜜蜂养殖示范基地六处,总计蜂群15000余群,具有丰富实践经验的养殖专员50余人,已建成以展示、互动、生产为一体的主蜂场。通过各方共同努力,密云通过中华蜜蜂产业的发展,对保护和宣传中华蜜蜂文化,提高中华蜜蜂认知度,在全国发挥了积极的示范作用。

（三）探索一个好模式：打造特色崖壁蜂

蜜蜂为了躲避天敌，往往把蜂巢建在悬崖峭壁上。同时崖壁周边离蜜源植物近，便于多次往返采蜜增大采蜜量。此外，因为通风、温度适宜，崖壁蜂蜜质量更好。2017年，西口外村立足于"保护濒危中华蜂"的初衷，开始探索在悬崖上悬挂特色蜂箱，帮助中华蜜蜂崖壁上安家。

把蜂箱挂在高高的悬崖上还不够，还需要优厚的蜜源基础，良好的生态环境。过去农村人居环境脏乱，污染严重，山高坡陡，土地贫瘠，导致蜜蜂的生存环境日益恶化。对此，西口外村党支部主动扛起了治理"大旗"，组织村干部、党员、村民代表上门包户联系，挨家挨户征集意见，结合林长制、河长制、田长制，对垃圾分类、村容村貌提升、村庄绿化亮化等工作进行系统分块、分区整治，建立奖惩机制，切实让乡村环境变了样，为中华蜂提供了优质的生存环境。

通过几年的发展，西口外村已经成为华北地区最大的悬崖蜂场和中华蜜蜂核心保护区，每年秋季都有专业的"蜘蛛人"，攀上100米高的悬崖峭壁进行"悬崖割蜜"。从2018年开始连续4年在5月20日世界蜜蜂日，由冯家峪镇政府主办，北京保峪岭养蜂专业合作社承办"割蜜节"，崖壁式景观蜂场吸引了来自全国各地的游客参观。蜂场还设有蜜蜂科普知识，倡导"关爱蜜蜂，保护地球"的理念，传播蜜蜂文化，弘扬民族精神，成为乡村网红旅游打卡地。

如今，西口外村中华蜂种群数量已达900余群，全村有中华蜂养殖户15户，年产蜜13500斤，收入40余万元，人均收入3万余元，较养蜂前增加了近50%，村内低收入户已实现全部脱低，2020年全村实现经济总收入5600万元。更难能可贵的是，在让中华蜜蜂回归自然，酿出名副其实的"百花蜜"的同时，美丽景观还带动了绿色生态旅游。昔日的穷山恶水变成了如今的绿水青山，昔日的养蜂自给自足变成了如今的抱团致富产业,乡村生态更美了,村民腰包更鼓了。西口外村通过加强对中华蜂物种的保护,打造乡村振兴的甜蜜事业,推动生态资源与产业发展相融合,在发展特色产业的同时,还获得了重要的生态价值。

西口外村的实践是近年来密云区充分发挥生态优势,推动蜂产业发展的典型缩影。从整个密云区来看,养蜂规模由2004年的3.2万群已经发展到近年的12.35万群,蜂群总量占北京市的45.2%。2020年,密云蜂产业产值近1.3亿元,同比增长19.3%。通过发展蜂产业,解决了密云水库一级保护区199户退耕禁养农民的转移就业和增收问题,全区362户低收入户通过养蜂实现了致富。

二、坚持"三位一体",探索从精品民宿到共享农庄的发展之路

西白莲峪村位于密云水库北部山区冯家峪镇,有山有水有长城,是北京市三星级乡村民俗旅游村。西白莲峪村总面积11.2平方公里,11个自然村分居在两条沟峪,居住海拔从251米以上带状分布。森林覆盖率达到88%,植被覆盖率达98%,年产负氧离子4万多吨。最为难得的是,明长城横跨村落中心,村内有以长城为脉络的城墙、烽火台、关口等明代长城文化遗产,长度5公里,保留了10座烽火台、水关一个,似一条长龙盘居在村落山涧。2018年,根据北京市国资委统一部署,北控集团[2]与密云区冯家峪镇的西白莲峪村结成对口帮扶。双方签署对口帮扶协议,

---

2 北京控股集团有限公司成立于2005年1月18日,是北京市为加快国有经济布局战略调整、深化公用事业改革和投融资体制改革,对京泰(实业)集团有限公司、北京控股有限公司和北京市燃气集团有限责任公司进行联合重组而成立的国有独资公司,是北京市资产规模最大的国有企业之一。

依托北控集团业务援建精品民宿项目，壮大村集体经济和促进村民增收，助力西白莲峪村建设长城脚下的美丽乡村，累计投入帮扶资金2700余万元。精品民宿的发展使得西白莲峪村成为一个"京郊网红打卡地"。通过企业援助，西白莲峪村依托长城元素，与村民一起立足长远探索乡村文旅产业高质量发展之路。

（一）找准"痛点"，确立农、文、旅融合发展方向

村级集体经济是乡村振兴的基石，发展壮大村级集体经济的根本是优化配置生产要素，推动乡村产业发展。针对西白莲峪村这一发展"痛点"，北控集团与其结成对口帮扶之后，共同从生态的角度做了分析，确定基于长城古迹、奇石峻岭、绿水青山以及边关文化等发展优势，以文旅、农旅相结合为产业发展方向，高效推动一产与三产融合发展。

在一产方面，重点建设占地10余亩的"金瓜谷"观光采摘园，供游客观光、采摘。在此基础上，发展板栗、核桃、中华蜂蜜等其他特殊农产品。"金瓜谷"观光采摘园建成后，特色贝贝、味皇南瓜年产量达2万余斤，每年可为村集体增收20余万元。

在三产方面，利用沟峪生态优势，发展特色文旅产业。2011年，经招商引资，成功吸引海外归国人才到西白莲峪村创业，投资建设了休闲养生山吧"鹿鸣山居"，山居占地总面积5000亩，其中建筑面积1200平方米，年接待游客8000人次，成为冯家峪镇发展最早、知名度较高且相对独立的乡村民宿。在"鹿鸣山居"民宿酒店发展的基础上，确定了发展精品民宿这一主攻方向，进一步完善住宿服务体验，建设休闲、度假、康养胜地，全力打造养生谷。同时，以特色文旅产业带动特色种植产业提品质、增价值。

（二）针对"重点"，创新帮、扶、建村企合作模式

发挥企业帮扶作用助力乡村振兴，不能仅仅停留在给钱给物上。北控集团针对西白莲峪村发展特色乡村文旅产业所需要的资金、人才和设施，采取了帮、扶、建一系列切实有效的措施。

2020年，北控集团向密云区慈善协会定向捐赠2500万元，为西白莲峪村打造精品民宿项目，促进文旅产业提档升级提供相应的资金支持。北控城市资源集团捐赠价值33万余元垃圾清扫收运设备，不断提升村容村貌，改善村域公共环境。北控清洁能源集团捐建价值33万元的25KW离网光伏发电系统，每年为西白莲峪村节省2万余元电费。北京液化气公司为村民免费提供价值23万元的液化气燃气灶具并开展送气下乡、入户安全培训、定期巡检等工作。北控健康多次组织"送医进村 爱心义诊"活动，为集体经济薄弱村的留守老人送去温暖。

2021年，北控集团党委选派"第一书记"驻村工作，与冯家峪镇党委、西白莲峪村党支部共同组建联合党组织。充分发挥农村基层党组织的引领和基层党员先锋模范作用。通过开展"我为群众办实事"主题等多种形式党建活动等，深入交流基层支部党建工作经验，切实提升基层党支部的组织力、凝聚力、战斗力，为有效助力乡村振兴提供了坚强的基础保障。

有了资金和人才支持，在冯家峪镇党委的统筹下，西白莲峪村合理利用村级土地空间资源，对史馆、闲置民居等4组建筑进行改造，统筹建设住宿、餐饮、会议、公共服务接待中心等，并围绕场地打造丰富的景观空间，为西白莲峪村文旅产业发展创造了良好条件。在建设过程中，北控集团安排专责部门从项目选址、勘察设计到施工建设，全过程精心组织。雇佣村内劳动力占项目总用工比例达到42%，本地机械使用占比达到84%，通过项目建设为当地村民增收约108万元。同时，改造建成

冯家峪镇农耕文化体验馆，既能让游客了解掌握冯家峪镇域概况，还能寓教于乐，学习农业科普知识，进行农事体验，满足购买农产品需求。以旅游配套项目和全产业链体系的逐步完善，吸引更多游客来西白莲峪村观光、打卡，带动本地民俗户协同发展。

（三）打造"亮点"，构建政、企、民协同共建生态

用好生态优势发展精品民宿和文旅产业，市属企业支持，撬动社会资本参与，带动农民就业和村集体经济发展，让农民成为最终受益者，是西白莲峪村产业发展的最大亮点，也为村未来产业发展指明了前进方向。在帮扶工作过程中，北控集团与冯家峪镇党委、政府以及村集体，共同探索建立了符合当地特色、具有造血功能的产业模式，联结带动村集体经济组织和农民合作社与小农户共同发展，"党建统领、政府搭台、国企帮扶、社会资本参与、村民受益"的乡村振兴产业发展生态圈逐渐形成。

2021年，随着西白莲峪村7个民宿院落和2个接待服务区投入运营，冯家峪镇实现了精品民宿"零的突破"，项目运营后采取"基础租金＋利润分成"的模式，每年可为村民增收近30万元。更为重要的是，北控集团帮扶的精品民宿为村文旅产业发展奠定了坚实基础，有力推动了村文旅产业的快速高质量发展，激发了第三方运营公司在村进一步投资兴业热情，北京立根集团在西白莲峪村继续改造12个民宿院。到2022年底，西白莲峪村对外营业的精品民宿院落将达到20个，精品民宿规模效应将进一步显现，村精品民宿接待能力也将得到大幅度提升。同时，冯家峪镇党委和镇政府对项目运行给予大力支持，不断完善道路等基础设施，进一步增强社会资本的信心。

西白莲峪村在民宿旅游整体配套趋于完善，规模效益逐步显现的基

础上，立足自身长城文化禀赋，把生态优势、长城元素植入乡村游，积极探索"共享农庄+"发展模式。目前，西白莲峪村正在规划建设营地，包括认养菜园、房车营地、帐篷营地、儿童乐园、丛林迷宫、露天影院等，可供游客、儿童体验农事活动、拓展、休闲娱乐等，提升休闲农业和乡村旅游中高端产品供给能力。

三、坚持"三产融合"，开发绿色岗位、发展绿色产业、引入绿色科技，推动水源保护地可持续发展

密云区高岭镇石匣村坐落于密云水库一级保护区内[3]，保水护水是头等大事，保护生态是发展前提。近年来，在密云区坚持水库一、二级保护区"因村施策、时序协调、近远保障"的发展原则下，高岭镇石匣村开启了一场水源保护地的乡村绿色发展实验，探索水源保护区内村镇可持续发展之路。

（一）"绿色岗位"保就业，承担保水使命

2018年，石匣村养殖业、种植业全部退出水库一级保护区。面对退耕禁养后村民无任何经济来源的局面，如何将履行保水政治责任与促进农民增收、维护社会和谐稳定紧密结合，成为石匣村发展面临的难题。

---

3 密云水库境内70%以上的面积属于水源保护区，其中包括密云水库一级保护区、密云水库二级保护区、密云水库三级保护区和地下水源保护区。密云水库一级保护区范围为密云水库环库公路以内，包括内湖区以及环库公路以外由市人民政府规划的近水地带、密云水库调节池及入调节池的尾水渠道上口线两侧各水平外延100米以内的地区。总面积273平方公里。涉及石城、冯家峪、不老屯、高岭、太师屯等11个乡镇的41个行政村（自然村67个）。

为此，石匣村基于完成好保水护水任务，有序推动转移就业。

在密云水库保水护水过程中，北京创新机制体制加强保水工作统一领导和统筹协调，逐步形成责任清晰、层级负责、覆盖全域、重点突出的大保水格局。密云区建立了区镇村三级保水体系，明确各层级保水责任。村级按照管护责任划分，组建保水网格员队伍，全面实施"定格、定人、定责、定章"的网格化管理，实现水库一级保护区及上游主要河道全天候、无缝隙、全覆盖管护。在这一背景下，为落实保水任务，石匣村建立网络化社会服务管理站，认真落实河长巡查制度，村内建立保水队伍，配合区镇两级保水队伍开展巡查工作，保护密云水库水源质量。并充分利用包括水源生态保护岗、生态林管护员、网格保水员、保洁员、管水员、农村公路养护员、全科农技员、动物防疫员、城市公共服务类岗等，吸纳就业困难人员实现转移就业，设立格长2人，村庄网格管理员11人，水库网格员36人，实现"绿岗"就业，在带动农民就业方面发挥了积极作用。

同时，密云区落实耕地地力保护补贴、困难群众补助等各项惠农补贴政策，以及社会保障政策兜底，完善社会保障政策，增加社会福利和社会救助，为包括石匣村在内的密云水库一、二级区农民提供更多保障，在保水质的同时保就业、保增收，解决当地百姓的后顾之忧。

（二）"绿色产业"促发展，带领百姓致富

部分农民转移就业、多策并举提供保障，更多的还是依靠外部支持，如何形成农村发展的内生动力，还要依靠产业发展才能有出路。经过专家论证，石匣村土地都是薄地，适合甘薯种植。在解决了"能做什么"之后，石匣村开始基于功能定位与基础条件探索怎么发展甘薯这一特色农林业。

2014年，石匣村实行退种禁养后，在上级政府、农委、农服中心的大力支持下，村党支部积极领办、大力推行"党支部＋合作社＋农户"的党建模式，于2015年5月成立北京石匣碧水甘薯种植专业合作社，通过签订流转协议方式以每年每亩800元价格，从石匣、大屯、东关、芹菜岭等8个村农民手中流转土地2000亩，引领库区周边村组团发展甘薯产业。在合作社生产经营中，探索"农校对接""农超对接"形式，实现社会资源优势最大化；积极开拓销售市场，注册"石匣甘薯"商标，与北京、密云多家电商平台、商超合作，有效解决甘薯销售的后顾之忧；并通过举办"甘薯收获节"等特色民俗活动，提升"石匣甘薯"知名度。合作社甘薯年产量约600万斤，社农人均增收6000元。充分调动了农民群众发展生产的积极性，增加了村民收入，保持了社会稳定，取得了良好的经济和社会效益。

在增产增收的基础上，还要进一步实现甘薯产业增值，石匣村开始在供应时长、产品加工和生态品质上下功夫。为解决5~9月甘薯销售的空档期，2015年石匣村新建一座甘薯保鲜库，不仅解决了甘薯贮藏难问题，还实现了甘薯及相关产品四季供应。让产值较低的鲜薯通过速冻加工成为高端旅游产品。2018年开始，甘薯合作社开始延伸甘薯产业链，上新甘薯干烘烤车间、人工漏粉车间，发展产品精深加工。2020年引进一条新的高端烤薯工艺生产线，通过液氮速冻工艺锁住甘薯的水分和养分，提高了产品的附加值。从2021年开始，甘薯种植取得有机转换认证证书，进一步提升了农产品的附加值，为村农业高质量发展提供保障。

（三）"绿色科技"增动能，推动转型升级

农村的就业产业问题，既是一个现实问题，更是一个长远问题。在

实施乡村振兴战略过程中，密云区提出"五兴乡村"建设，[4]打造乡村振兴"密云样板"。在全市率先建设碳中和示范区，率先成立碳中和研究发展中心，积极探索农业碳中和模式，是打造乡村振兴"密云样板"的一项具体举措。其中，与清华大学、启迪瑞景能源环境科学研究院共建"基于碳-氮-水耦合机制的密云农业碳平衡核算及农业碳管理优化模式项目"获得市科委立项支持。石匣村则成为这个创新性、引领性项目的实验基地。

"基于碳-氮-水耦合机制的密云农业碳平衡核算及农业碳管理优化模式项目"以建设农业碳中和示范项目，推动密云农业发展实现"农田增汇、农民增收"为目标，将创新研发一系列农业碳核算及监测管理关键技术。依托大科学装置模拟平台，开发区县级农业系统温室气体和土壤碳氮水监测与量化评估系统，形成农业碳排放数据库。建立设施农业和大田碳排放全方位数字化在线监控体系，基于土壤温湿度、二氧化碳、氧化亚氮、甲烷等微气象、生态观测要素，集成多传感器和在线监测设备，建设数据监控平台，建立农业碳监测标准。

未来，该项目成果可以支撑建立农业温室气体核算标准，帮助主管部门摸清区域农业碳排放的通量规模及变化趋势，有效填补北京农业领域的碳排放核算空白，为制定农业减碳政策出台提供支撑，也将为农业碳汇进入碳市场奠定方法基础，具备推广价值。筛选出具备"减碳增汇"的农业碳管理解决方案，可为北京市乃至全国范围推进农业碳中和提供技术支撑和示范案例。基于这一创新，推进创新链、产业链、供应链深

4　密云区聚焦"产业兴旺、生态宜居、乡风文明、治理有效、生活富裕"总方针，加快建设产业设施兴、人才服务兴、文化文明兴、生态环境兴、组织机制兴的"五兴乡村"。

度融合，做好产业培育与孵化，培育节能环保、气候经济等产业，则是密云区未来的发展方向和产业创新空间。石匣村的发展也将由此迎来新一轮的转型升级。

四、以生态价值转化破题乡村绿色振兴

密云区因密云水库所有产生的生态价值，已经得到了广泛认同。但是，生态价值如何在不同领域通过一定方式表现为经济价值的问题还需要进一步破题。关键是要积极打通并不断拓宽生态价值向经济价值转化的通道，在提升产品形成价值和权益新形成价值上创新发展。

（一）在"融"上下功夫

以生态环境兴为切入点，带动乡村业态发展、文化振兴、人才集聚、治理创新。要进一步有效整合与利用生态资源和各类闲置资源，为发展乡村产业提供空间载体和设施支撑。要进一步围绕乡村文化特色营造、展示、传递和分享一种全新的自然人文生活方式、文化创意和精神情怀，引领乡村发展。要吸引一批投资者、创业者进入乡村，进一步发挥这些"新农人"的专业特长，整合资源，通过这些人才的引入不断探索和焕发农村发展的活力。要把政府、企业、社会、农民各方力量凝聚起来，探索解决乡村建设缺少商业模式和持续运营能力问题的有效途径。同时，这些力量也可以参与到乡村治理当中，不断健全新时代乡村治理体系。

（二）在"通"上下功夫

从市、区、镇、村自上而下、自下而上地彻底打通产业与生态两方面的理念、认知、人财物、资源资金资本、信息、体制机制、政策和市

场等。通过"农户+合作社+公司+基地"的集中化经营降低成本，打造区域公共品牌，做大做强生态产业，实现产业与生态"互惠互利"。

（三）在"补"上下功夫

在产业与生态两方面优势互补的基础上，进一步通过科学技术的植入和补充，进一步强化生态资源功能和环境功能优势，形成融合共同体而非二元结构中的隔离体。重点是提高科技创新能力，拓展"生态+产业""生态+文化""生态+数字"模式。加大运用绿色技术、人工智能、互联网技术对特色产业生产流程进行改造，通过技术强化环境保护与农业污染防控工作，不断推动农业产业生态化和生态产业化发展，提高乡村绿色竞争力。

| 模 式 |

农旅体融合的特色小镇发展模式

⊙ 北京国际城市发展研究院课题组

【摘要】 建设特色小镇是发展全域旅游建设的重要内容。密云区在创建国家全域旅游示范区工作中，推动城镇体系合理规划，统筹小城镇"旅游+"产业发展。提出要依托河南寨、东邵渠、十里堡、巨各庄等镇，打造时尚体育、都市田园休闲旅游产业带。要以圣水头村南山滑雪场为依托，打造密云时尚体育小镇。圣水头村有得天独厚的交通地理条件、水文化和产业基础，在以南山滑雪场为依托的滑雪产业带动下，果蔬业、民宿业发展很快，走出了一条农旅体融合的发展路径，为建设时尚体育小镇奠定了基础。面对村企发展融合度低、集体经济偏弱、闲置资源亟待盘活、旅游文化价值挖掘不够等问题，对接镇域规划，推动产村融合，发挥冰雪产业带动作用，完善时尚体育产业链，全力打造时尚体育小镇，意义重大。

【关键词】 特色小镇　国家全域旅游示范区　"旅游+"产业　水文化　农旅体融合　旅游文化价值　时尚体育产业链　时尚体育小镇

2015年底，中央作出重要批示，"抓特色小镇、小城镇建设大有可为，对经济转型升级、新型城镇化建设，都具有重要意义"。随后，国家发展改革委、住房和城乡建设部、财政部等部委明确提出要在全国范围内开展特色小镇培育工作，到2020年，培育1000个左右各具特色、富有活力的休闲旅游、商贸物流、现代制造、教育科技、传统文化、美丽宜居等特色小镇。2020年9月，为加强对特色小镇发展的顶层设计、激励约束和规范管理，国家发展改革委发布《关于促进特色小镇规范健康发展的意见》，指出要促进产城人文融合，叠加现代社区功能、文化功能、旅游功能，打造宜业宜居宜游的新型空间。可以说，特色小镇建设事业进入蓬勃发展时期，而全域旅游建设势必推动特色小镇的兴起建设。

在2020年11月18日召开的密云区旅游发展大会上，明确了今后密云区将以创建国家全域旅游示范区为抓手，坚持生态优先、绿色发展，坚持全域布局、全民参与、全景打造、全业融合，以文化为灵魂、以青山绿水为底色、以长城水库为主线、以"山水田园，画境密云"为主题，推动文化与旅游相融合、自然与人文相呼应、休闲与体验相结合，把密云打造成为独具特色的京郊文化旅游休闲及创新发展示范区。大会发布了《密云区加快文旅业发展"1+4"政策文件》，向密云区广大文旅从业者释放大量利好政策。其中，"1"是指《关于加快推进密云区文化和旅游发展的工作意见》，提纲挈领地勾画密云文旅产业发展方向。"4"分别是《密云区加快推进文化和旅游发展的工作方案》《密云区促进文化和旅游产业发展的支持办法（试行）》《密云区乡村旅游经营规范管理办法（试行）》及《密云区镇街文化和旅游工作绩效考核办法》。4个文件从目标任务、保障措施、政策促进及考核评价等方面对文旅产业进行全面研判、指导和促进，吸引优质社会资本向密云区聚集，推动旅游产业高质量发展。"1+4"政策文件出台，密云区将给予包括文旅大项目、乡村旅游建设项目、提质升级及改造盘活景区建设项目等5大类16项支持。对投资总额在5000万元以上的企业,在竣工并投入运营后,按实际投资额的1%给予奖励被评为北京乡村民宿的业主,给予每个院落10~12万元的奖励支持,被评为精品乡村酒店可获得50万元的一次性奖励;同时,支持政策还覆盖特色民宿、特色村庄、旅游景区及博物馆、图书馆、特色书店等文化旅游产业。通过发布一系列政策文件,让政策真正惠及旅游企业和旅游从业人员,促进农民增收致富,在密云加快形成人人都是旅游环境,处处都是美丽风景的良好氛围,推动密云文旅产业高质量发展,为打造践行习近平生态文明思想典范之区作出新的更大贡献。

按照密云区委、区政府总体部署,密云区开展创建国家全域旅游示范区工作,密云区文旅局组织编制全域旅游发展规划,确定密云区全域旅游总体发展定位和战略布局,指导密云区全域旅游发展和旅游项目建设。2021年12月,《密云区全域旅游发展规划(征求意见稿)》公开征求意见,意见提出,发挥旅游业的带动效应,实现各产业与旅游融合发展,推动密云区城镇体系的合理规划,统筹小城镇"旅游+"产业发展。依托河南寨、东邵渠、十里堡、巨各庄等镇,打造时尚体育、都市田园休闲旅游产业带。密云时尚体育小镇依托南山滑雪场,整合周边资源,以冰雪运动和户外运动为引擎,有机融合生态、时尚、体育等元素,打造青年群体户外休闲旅游首选地。

河南寨镇东依黍谷山、北临潮白河、南接顺义、西邻怀柔,是密云的南大门。京承高速路、京沈高铁和顺密公路纵横穿境而过,京承密云出口和高铁密云站都坐落在镇域内。依托得天独厚的区位优势和良好的生态环境,抢抓北京成功举办冬奥会的发展机遇,以南山滑雪场、房车小镇、密云菜园等区域旅游资源为基础,坚持农业旅游、文化旅游和体育旅游的融合发展,以做大做强冰雪体育品牌。

圣水头村位于镇域中部,地处圣水山北麓。村南山脚下有二泉,相距数尺，上泉积水为潭，下泉四季涌流不竭，盛夏凉如冰，寒冬温如玉。二泉汇为一流，相传是皇城饮用水源地，故称圣水泉。因位于圣水源头，该村名曰圣水头。村域面积7200亩，耕地面积1100亩，全村现有361户、1121口人。近年来，圣水头村借助地理交通资源优势，以发展滑雪运动产业为牵引，带动果蔬农业、民宿旅游、乡风文明联动发展，走出了一条休闲农业和乡村旅游相互促进、融合发展，以产业振兴带动村庄各项事业稳步发展的乡村振兴之路。圣水头村先后荣获密云区"文明村"、"北京最美乡村"、"首都文明村"、密云区"先进党组织"、"北京市美丽休闲乡村"等荣誉称号。

表1 密云区重点打造的七类文旅产品

类别	主要内容
长城文旅系列产品	依托司马台长城、金山岭长城、古北口长城、白马关长城、鹿皮关长城、牛盆峪长城等长城资源，开发特色长城文化旅游产品，运用3D、虚拟现实等技术手段多方位展示文化价值，鼓励长城文化的会展演出。以历史为素材，开发司马台长城模型、古北口将士徽章等纪念品品牌，整合鲁班枕、密云剪纸等非遗资源，打造密云特色历史文化产品品牌。
红色文旅产品	依托白乙化烈士纪念馆、英雄母亲邓玉芬雕塑主题广场、古北口长城抗战纪念馆、七勇士纪念碑、承兴密联合县政府遗址等红色景区，建设以红色文化为载体的爱国主义研学旅行示范基地，完善基础设施建设和服务功能，持续加大对红色景区和红色旅游线路的宣传，综合运用文字、图片、博物展示、演艺、影视、动漫等多元形式呈现战役史实与烈士事迹，持续提升红色旅游品牌影响力。
边关风貌文旅产品	加强遥桥峪、小口城堡历史文化街区保护和开发利用，强化古北口村、潮关村、河西村、白马关村等传统村落风貌保护，延续传统建筑风格，推进村志村史馆建设，导入乡村生态博物馆、农家艺术馆等新型业态，打造传统村落休闲活动、生活体验及历史记忆。打造历史文化寻访、美食旅游、民俗体验文旅产品。
山水文化休闲产品	串联黑龙潭、清凉谷、龙云山、云龙涧、云蒙三峪、精灵谷、捧河湾等自然生态景区，形成云蒙山水系列品牌。

(续表)

类别	主要内容
体育休闲文旅产品	以大众运动休闲和主题旅游度假为主要内容，鼓励开发健身徒步、爬山、滑雪、滑冰、游泳、水上游戏、低空运动、户外拓展、攀岩、露营、骑行等运动旅游项目，重点建设一批体育旅游示范景区。支持云蒙山、云峰山、雾灵西峰等建设山地运动及户外体验基地。打造南山体育时尚小镇等一批体育旅游精品项目。积极举办冰雪竞赛、山地自行车比赛、登山比赛等体育赛事，促进赛事旅游发展，重点打造密云生态马拉松等具有国际影响力的体育旅游赛事。以办好2022年冬奥会为契机，大力推进冰雪旅游发展，扩大密云冰雪季嘉年华系列活动影响力。
都市田园休闲文旅产品	要推动有机农业、文化体验与乡村旅游融合发展，依托玫瑰情园等发展田园艺术景观、阳台农艺等文创农业、定制农业等新型业态。依托巨各庄的葡萄等农业文化和优势农业资源，形成绿色干鲜果品种植采摘、观光体验，打造集农业生产、休闲观光、互动体验、科普教育、消费购物为一体的田园综合体，打造京北地区葡萄酒产业综合发展示范区。以种植业、渔业、林业资源禀赋为基础，推动特色农产品与文旅业协同发展，加强文化内涵构建，提高农文旅产品设计开发的品位和档次。
康养休闲文旅产品	要深度挖掘太师屯的养生文化，依托仙居谷风景区内现有的自然资源和人文资源，打造以中医养生文化为核心的康养生态旅游精品，实现生态旅游和康养旅游深度融合。完成仙居谷景区现有的观景平台、观景亭、采摘长廊、漫步道等基础设施的改造提升，提升仙居养生谷的软硬件服务水平，打造文旅康养项目示范。

资料来源：密云区区文旅局《密云区全域旅游发展规划（征求意见稿）》，2021年12月

一、圣水头村：京承路发展带上的重要节点

（一）京承路农业走廊：位置与交通条件得天独厚

京承高速公路和京承高速铁路是京东北的交通大动脉，也是经济大动脉，穿越朝阳、昌平、顺义、怀柔后进入密云的南大门河南寨镇。河南寨镇距北京65公里，首都机场36公里，贯通南北的顺密路与密云高速路出口接驳，与紧邻的密云高铁站连通，交通干线纵横交错，十分便捷。这条大动脉覆盖北京市最主要、最具代表性的农业产业带，但却不是北

京农业科技最发达的地区。为此，2007年，北京启动京承路都市型现代农业走廊建设，一批集生产、生态、生活、示范功能为一体的现代农业项目相继建成落地，在京承高速两侧穿起了一条绿色产业链，使其成为都市农业发展的样板路、生态农业的示范路、农民喜爱的致富路、城乡一体的和谐路，这为密云东部建设京承路文化休闲旅游发展带奠定了基础。官方数据显示，2021年北京都市型现代农业生态服务价值年值已接近4000亿元。休闲农业和乡村旅游是北京都市型现代农业的重要组成部分，是推进城乡一体化发展的重要内容，是落实"绿水青山就是金山银山"的重要载体。河南寨镇北倚潮白河，与密云区城区一水相隔，圣水头村则位于镇域中部，北距京承高速公路出口约1.5公里，距密云高铁站约1公里。随着生态环境的改善、都市农业的发展以及高铁站的开通运行，河南寨镇优先发展的客观条件已经具备，圣水头村成为推进城乡一体化受益最直接的区域。

（二）圣水鸣琴地：水文化水资源得天独厚

绿水青山为北京提升城市能级和核心竞争力提供了战略空间。密云作为首都重要的水源地，在北京水生态中具有特殊地位。圣水文化作为密云十分独特、优厚的文化旅游资源，以水资源为载体，承载着历史和现实，渗入到地方的人文地理民俗文化中。据考证，圣水头村落形成于汉朝，当时以孔氏家族为主，后经隋唐逐步扩展。到明清两代，圣水泉成为闻名遐迩的胜景，由抗倭名将戚继光发现并修建的圣水泉上景观"圣水鸣琴"被誉为密云八景之一，享誉京华。然而，自近代以来，由于城市不断扩张，地下水被无节制超采，林地面积减少，北京日益成为缺水的城市，圣水头村的圣水泉也因过度利用而逐渐枯竭。可喜的是，随着生态涵养和水资源保护的持续深入推进，2021年以来，圣水泉在沉寂多年之后再次涌流,"圣水鸣琴"有望泉音再响、圣境再现、续写历史、点亮未来。

(三)南山滑雪场:冰雪产业先发优势得天独厚

南山滑雪场位于圣水头村,占地面积4000余亩,是北京最老牌的滑雪场之一。该项目由中国滑雪产业的领路人卢建于2000年创办,北京南山滑雪滑水度假村有限公司投资建设,2001年12月建成运营。当时京承高速公路尚处于一期建设阶段,随着2006年9月二期建成通车滑雪场的建设发展也不断提速。2013年11月,中国奥委会正式向国际奥委会提出申办2022年冬奥会,2015年7月31日北京获得举办权。借此东风,南山滑雪场凭借场地设施、服务管理、市场口碑于2016年跻身中国八大滑雪胜地,成为唯一入围的北京滑雪场。目前已布局完成北京乃至华北地区罕见的集滑雪滑水滑草滑道以及滑翔为一体的动感旅游项目,成为北京周边地区规模最大、设施最先进、雪道种类最齐全的滑雪度假区。南山滑雪场项目的落地一举奠定圣水头村在密云发展冰雪产业中的优先地位。

表2 北京市滑雪场类型划分一览

类型	滑雪场名称
城市休闲型	西山、静之湖、十三陵雪世界、雪都
城郊休闲度假型	南山、怀北、军都山、渔阳、石京龙、万龙八易、莲花山、云佛山、云居、八达岭
娱乐学习型	蓝调庄园、华彬生态园

资料来源:北京旅游学会、张辉主编:《北京旅游绿皮书:北京旅游发展报告(2021—2022)》,社会科学文献出版社,2022年。

二、美丽乡村：产业发展促进共同富裕

（一）打好南山牌，发挥滑雪产业的引擎作用

冬奥会召开，以及"三亿人上冰雪"项目的推广，北京的滑雪游客猛增至全国首位。凭借便利的交通、良好的知名度，南山滑雪场的游客吸引力大大增强。作为谷爱凌回国训练的主要场地和赞助方，南山滑雪场成为引领国内滑雪产业发展的龙头引擎，对属地发展来讲更是如此。企业在自身发展，为地方创造税收和就业、带来租金收入的同时，也支持圣水头村改善基础设施、丰富为老服务，利用游客集聚效应，带动了雪具租赁、大棚采摘、民宿餐饮的发展，"全村没有一个闲人"。目前，圣水头村全村332户、1110人，村集体收入为200余万元，平均每户人均收入为3万元，其中，做雪具租赁的20多户，每户年收入约20多万。圣水头村已经成为密云区集体经济和农民收入相对较高的行政村之一。

2018年，密云生态马拉松项目获中国田径协会批复，其中河南寨赛段5.6公里。2018年，密云生态马拉松被中国田径协会评定为"铜牌赛事"。2019年，被中国田径协会评定为"银牌赛事"和"自然生态特色赛事"。2021年，被评为"北京市体育产业示范项目"，蔡奇书记作出"一场马拉松，天下知密云"的高度赞誉。2022年密云生态马拉松将VR技术等时尚元素融入赛事，通过虚拟动画赛道全程呈现"密马"美景，7月，获评"2022年北京市体育旅游十佳精品赛事"。密云生态马拉松诸多荣誉的获得，标志着密云生态马拉松进一步向专业化、精细化的方向发展，"体育+旅游"将成为密云绿色产业发展的新动力。随着北京"夜经济新举措"的出炉，2019年，南山滑雪场也做起了"夜生意"，通过夜场功能升级改造，夜场滑雪开放雪道17条，并将夜场开放结束时间延长至22时。同年，河南寨时尚体育小镇建设启动。2021年12月12日，《密云

区全域旅游发展规划（征求意见稿）》对外公布，明确时尚体育小镇依托南山滑雪场，整合周边资源，以冰雪运动和户外运动为引擎，有机融合生态、时尚、体育等元素，打造青年群体户外休闲旅游首选地。同时，确定南山滑雪场的发展思路为：依托南山滑雪场，整合周边资源，以冰雪运动和户外运动为引擎，有机融合冰雪户外饮食、冰雕艺术、冰雪户外研学、冰雪服饰商贸、冰灯游园会、冰雪摄影等元素，推动密云冰雪休闲产业进一步发展，抓住时尚体育小镇建设机遇，将南山滑雪场打造成北京乃至全国的冰雪户外时尚新地标。2022年，《密云区时尚运动和体育旅游战略发展带》编制完成，提出充分发挥好南山滑雪场的辐射作用，以密云生态马拉松赛事作为时尚运动与体育旅游的链接点，统筹周边项目，注重协同分工、差异化发展，补足旅游及产业配套服务设施。在这一发展思路下，南山滑雪场所在的圣水头村将成为密云布局时尚体育产业的核心区域。

（二）做好水文章，发挥休闲农业的基础作用

圣水头村7000余亩村域面积中山场占5000余亩，耕地占1100亩，优质水源使其成为密云区有名的菜园子，形成较好的农业基础。圣水头村的大蒜，被称为"圣水头一镐"，几乎所有农户都在种，是密云区出名的宝，这个蒜不辣还甜，在当地供不应求。村里还采用现代化种植技术种植蔬菜水果，目前建有70多家大棚，每棚年收入10余万元。建有南山圣水采摘园、网纹甜瓜采摘园等，所产草莓、网纹甜瓜、各种蔬菜的品质也都很高。到滑雪旺季，草莓采摘可卖到每斤120元，黄瓜也可卖到每斤20至30元，很受游客欢迎。同时，全镇积极发展农村电商，吸引大学生回乡创业，通过各种线上平台帮助农民销售农产品，形成强有力的电商助农力量。

去郊外放松身心，一定程度上已经成为都市人群的刚需。近年来，北京持续实施"大城市带动大京郊，大京郊服务大城市"的城乡融合发展战略，全市休闲精品加速涌现。2022年7月，北京市农业农村局公布了2022年北京市美丽休闲乡村名单，京郊共有20个乡村入榜，其中，密云区有2个，圣水头村是其中之一。圣水头村围绕都市人群，持续提升服务水平，将农业生产与生态、旅游、教育、文化传承等领域深度融合，"体验"元素在休闲农业产品开发过程中占比逐渐增大，形成了集果蔬采摘、乡村美食、科普教育、农事体验、农趣娱乐等多层次、全方位的体验式休闲农业新业态。圣水头村所在的河南寨镇是密云农业主产区，随着游客的增多，将形成规模效应和品牌效应，形成采摘人气。供给侧方面，区政府通过筑巢引凤，吸引青年人回乡创业，实施以需求为导向的精准培训，针对农产品营销、休闲农业、果蔬种植、电子商务等专业领域开展高素质农民教育培训，培养了一大批职业农民、致富能手、种植大户等人才，为圣水村发展现代休闲农业提供人才智力支撑。

（三）念好人字诀，发挥民宿民俗的聚力作用

南山滑雪场和蔬菜采摘带来可观的游客流量，这为圣水头村大力发展乡村民宿和民俗接待创造了条件，成为较为闻名的"圣水头民俗村"。镇村两级党委集休闲娱乐、特色美食、鸣琴文化于一体，打造"圣水鸣琴，幸福南山"民宿品牌。利用多年闲置老宅，改建为南山小筑四合院，保持了最原始的北方民居风格，是密云民宿业的一张亮丽名片。截至2022年10月，村里共建有乡村民宿6个、农家乐3个、休闲农园2个，经营项目有农事体验、乡土美食、特色民宿、民族风情等，夜间项目2个，年接待游客0.8万人次，年经营收入250万元。村里还成立农村旅游合作社，目前已有十余户村民加入，成为民俗旅游接待户。

民宿的本质是以文化为核心的新型文旅融合业态，是城市时尚文化与乡村地域文化相结合的文化产品。2019年底，北京市出台《关于促进乡村民宿发展的指导意见》，作为全国首部有关民宿发展的省级指导意见，大大简化了民宿经营的前置流程，同时对民宿的安全、消防等管理制度作出规定，在释放政策效应的同时，也加速了京郊民宿的品质化进程。2021年以来，密云区出台了"1+4"政策文件，对民宿进行政策补贴和投资奖励。同时，支持政策还覆盖了民宿、特色村庄、旅游景区及博物馆、图书馆、特色书店等文化旅游产业。河南寨镇依托冰雪产业，扶持与民宿经济发展相关联的休闲农业、文化、商贸等重点产业和延伸产业，在圣水头村培育起一批农旅体融合型经济新业态。

三、产业振兴：尚需破解四个方面难题

（一）抓活冰雪经济，为村庄发展注入新动能

高消费的特性使冰雪经济成为最具带动能力的产业之一。按照国际惯例，滑雪运动每收入1元可带动7元的社会收入，涉及高水平的配套服务、休闲设施、装备设备、交通运输、食宿购物等，带动能力之强，其他产业几乎无法相比。近年来，各地的普遍做法，是在经济转型发展中积极探索发挥自然环境优势，借助生态农业、旅游观光等产业，化冰雪资源为冰雪文化和冰雪产业，其结果是同质化较为严重。冰雪不光有运动，还有旅游、度假等元素，因此在发展模式上，冰雪产业发展必须要由单一的滑雪场地管理提升到山地度假休闲管理上来。同时，要充分利用资源开发淡季经营业务，实现全季运营是要考虑的重点。在建设时尚体育小镇的框架下，圣水头村要将冰雪旅游与文化、时尚、体育、健康等多项产业融合发展，多点发力夯实冰雪产业基础，形成差异化竞争力，

要加强村庄产业规划，开发四季旅游产品，打造集旅游、教育、体育、观光、住宿、文化为一体的一站式四季旅游目的地，形成"吃、住、行、游、学、购、娱"全域全产业链。

（二）盘活集体资产，壮大村集体经济

相对于依靠土地租用增加集体经济收益的模式，盘活存量集体资产、实现良性运转增值是壮大村集体经济的根本出路。当前，村庄还有闲置的学校、旧厂房等集体资产长期沉睡，不仅得不到有效利用，而且造成极大的浪费和损失。在建设用地使用上缺乏合作模式的创新，合作收益得不到放大。需要推动农村集体资产清产核资、年度清查和合同清理整改及成果利用，摸清底数、建立台账。需要大力发展村集体企业，把集体资产整合和管理起来，通过政策创新切实有效推动集体资产流转增值，通过经营、参股等形式培育现代农业经营主体，促进集体经济发展。

（三）复活农户资产，推动市民反哺农民

闲置农宅和闲置农地是农户的重要资产，如何复活这些资产有利于人才、资金、技术、信息等生产要素向农村流动，从而实现农民创富、解决农村空心化问题。这中间实现"人"的流动最为关键，推进民宿改造、自住或经营是一条现实可行的路径，既搭建了招商引智、开放交流的平台，也有利于打通以人为载体的生产要素流动渠道。需要积极探索通过租赁、改造农宅，改善居住环境的政策机制，一举改变过去由乡到城单向流动模式，使城镇居民可以入乡返乡居住，享受田园生活。进而推动城市反哺农村、市民反哺农民，推动城乡双向自由流动、平等交流和均衡配置。同时，针对入乡返乡就业创业的高校毕业生、退伍军人等城镇人员，还可以探索制定落户条件，使他们可自由选择在原籍或就业创业地落户。

（四）激活人文资源，让文化赋能发展

圣水是一个宗教概念，指用于降福、驱邪、治病之水，密云分布有圣水山、圣水寺、圣水泉、圣水头、圣水鸣琴等人文地理，成为圣水文化的重要载体，使其作为一种人文资源得以传承和发展，同时赋予密云水资源独特的内涵，打造好圣水文化品牌应成为保护密云水生态水资源的重要内容。而圣水村，作为"圣水之源"，文化和生态内涵更胜一筹。独特的"圣水源头"文化资源，凸显了重要的经济价值、生态价值、美学价值。要抓好"圣水源头"治理，发扬"圣水源头"文化，讲好"圣水源头"故事、打造"圣水源头"文化品牌，将其与北京古都文化相链接、融合、传承和发展，全力打造拥有优秀传统文化和良好生活居住配套设施的超大城市特色乡村新貌。此外，圣水头村不仅有圣水泉、滑雪产业，精品果蔬也依水而生、因水而兴。以圣水头村为依托，深耕水文化、做好水文章、用好水资源、恢复圣水泉，让圣水鸣琴景观再现，是发展之需、可行之举，需要纳入区域重点文化项目，列入发展规划。

四、产村共融：以时尚体育核心区建设带动镇域振兴

（一）以圣水头村为核心区规划建设时尚体育小镇

冰天雪地也是金山银山。要紧紧抓住北京冬奥以对冰雪产业发展带来的难得机遇，把握好圣水头村得天独厚的区位、文化和南山滑雪品牌三大基础优势，由区分管领导牵头组建领导小组，邀请冰雪体育运动领域、规划领域、冰雪装备服务领域及相关研究领域的专家和企业家，组建专家顾问团队，以圣水村村域为核心区，以南山生态资源为载体，融合南山滑雪场、港中旅房车小镇、黍谷山风景区为核心的优质资源，推进密云时尚体育小镇和南山休闲体育公园建设，把河南寨镇打造成为康

体运动、户外拓展、休闲度假为一体的特色旅游度假区。依托时尚体育小镇、南山体育休闲公园等重大项目，规划、建设和布局冰雪产业链，建设一批设施完善、功能多样、各具特色的休闲观光园区、精品民宿、康养基地，对接村庄规划，带动镇域振兴。

（二）以南山滑雪场为重点做强冰雪产业

冰雪的季节性、地域性从时间、空间维度制约着产业发展的前景。南山滑雪场虽然提出可冬季滑雪、春季踏青、夏季戏水、秋季采摘的"全季运营"理念，但季节性影响并无本质改变，要使冰雪产业从"一季游"变为"四季旺"，还需要不断拓展产业边界，延伸扩展冰雪关联产业和带动产业。可以组织策划高层次、高水平冰雪产业、冰雪运动、冰雪教育等发展论坛，推动建设冰雪发展研究基地和冰雪教育研学基地。发展观光度假、文化体验、运动装备生产等多重业态及其配套服务，消费人群除年轻人和滑雪爱好者外，以培训、会展、康养等为消费内容的个人、家庭和团体也能各取所需。支持社会力量兴办冰雪运动培训机构，建设各具特色的冰雪运动场馆。开发融滑雪、登山、徒步、自驾、露营、非遗体验、冰雪文化展示等为一体的高品质、复合型产品。加强文化、时尚、体育、健康等相关产业融合发展，运用科技手段和互联网思维，培育新业态，打造新模式，打造文化产业全链条。

（三）以"圣水源头"为文化品牌增强乡村吸引力

密云以水生态著称，是首都最重要水源保护地。泉水向来有地球瞳孔的美誉。圣水头村的泉水水质清澈、口感甘甜，还有"泉水能让人返老还童"的传说，具有重要的人文价值、生态价值和经济价值。圣水泉再现令人欣喜，更要持续努力去维护，直至完全复苏。同时，加大宣传力度，以泉水资源为依托，将圣水泉与明代皇家文化结合提升文化内涵，打响"圣水源头"文化品牌。依据戚继光修建初月亭的故事，再造"圣水鸣琴"景观，塑造泉水景观文化，举办圣水泉文化大讲堂，吸引游客，来探访这眼"跨越千年的泉"。同时，运用VR虚拟、裸眼3D拼接等技术，将"圣水泉"的由来和"圣水鸣琴"的传说故事逐一展现，让观众回味京郊往事，充实圣水泉水文化的内涵。

（四）以创意元素促进休闲农业转型升级

以采摘、民宿为主的休闲农业同质化现象严重，在时尚体育小镇建设背景下，圣水村在现代休闲农业规划和基础设施建设时，要融入时尚、健康、创意等元素，使休闲农业能够符合当今社会的发展潮流，满足人们不断增长慢生活、慢体验的休闲需求。结合密云区建设北京都市型现代农业基地的定位，加大对农业基础设施建设、农产品质量建设、现代农业园区建设等优惠扶持力度。培育"圣水大蒜""圣水黄瓜""圣水草莓"等特色品牌，利用北京农业技术优势，提升品牌价值，将其打造为与平谷大桃、昌平草莓、门头沟京白梨、通州大樱桃、房山磨盘柿等齐名的京郊农产品"尖货"。拓展蔬菜采摘园功能，打造集农业文化展示、科技推广、科普教育、生态休闲旅游、农家乐于一体的综合性现代农业园。建立农产品营销体系、策划和实施农民丰收节、植入泉水文化，引进农业研究机构和休闲农业咨询等助农机构。

（五）以产村共融为手段推动共建共治共享

针对村企融合程度不高的弊端，要适应区域发展和治理需要，探索产村深度融合下的村企共荣共促之路。以党建为引领，加强企业党组织建设，推进党的组织和党的工作在企业覆盖，推动企业纳入镇党建协调委员会成员单位，强化协同共治，切实推动产村联动向产村共融深化。一方面，要完善服务保障机制，村镇要履行好属地责任，不断完善各种公共服务和产业配套，及时回应企业需求，服务保障滑雪产业发展；另一方面，要升级协商共治机制，企业要主动履行社会责任，积极参与属地乡村治理和公共服务供给，加强节水技术运用和环境政策执行，支持乡村建设。此外，有效发挥滑雪场的人才、信息、资金和技术优势，通过共谋联建项目，帮助圣水村理思路、优产业、扩就业、促增收，形成发展特色；挖掘乡村资源、生态、劳动力优势，为滑雪场延伸产业链条、拓宽发展空间提供平台，有效破解滑雪场发展中的土地、原材料、劳动力瓶颈，实现双向补短板、共赢促发展。

| 借鉴 |

乡村治理新格局与农村治理机制兴

⊙ 北京国际城市发展研究院课题组

【摘要】乡村治理现代化是国家治理体系和治理能力现代化的基础，也是中国式现代化的必然要求。以"中国式现代化"指引乡村振兴，开启了建设中国式乡村现代化的新征程。以密云区大石岭村、北穆家峪村为案例梳理总结我国乡村治理实践，提出新时代构建乡村治理新格局，实现农村治理机制兴要立足中国式现代要求，基于共同富裕和治理现代化两个维度，推动乡村治理从"三治融合"向"五治融合"升级。并提出了五点建议：一是突出多元协作，提升乡村共治水平。通过党建引领，让党的领导全过程、全周期、全领域地贯穿乡村共同富裕的战略目标中。将不同的治理主体整合到乡村共同富裕的实践中，确保各级党组织能够发挥总揽全局、协调各方的优势。基层政府与市场、社会等多元治理主体，在党的领导下发挥自身优势，彼此进行互动融合，形成乡村共同富裕建设的治理合力。二是突出基层协商，提升乡村自治水平。创新基层治理机制，搭建村级协商议事平台，让村民作为主体直接参与乡村治理，更广泛参与乡村重大和日常事务的讨论与协商。更好地实现由"代民做主""替民做主"向"由民做主"的转变。三是突出公平正义，提升乡村法治水平。要进一步加大普法宣传力度。创新乡村法治宣传教育，提高乡村基层干部群众的法治意识，强化对乡村基层政府和基层干部的法律约束，依法加强对村务治理的指导、对农村各类问题的预防和监管。积极推进律师服务法治政府建设，不断增强基层政府法治思维，推进平安乡镇、平安村庄建设。完善乡村法律服务体系，引导群众以正当的途径、以法律的手段、以理性的态度，合理合法解决矛盾纠纷。四是突出文化赋能，提升乡村德治水平。进一步强化德治在乡村治理中的功能，以"乡风民风美起来、人居环境美起来、文化生活美起来"为目标，把加强农村精神文明建设作为实施乡村振兴战略的铸魂工程，不断提升村民整体素质，助力乡村全面振兴。五是突出诉源治理，提升乡村善治水平。以新时代"枫桥经验"为指引，完善矛盾纠纷多元化解机制，将司法预防化解职能精准延伸到纠纷产生的源头，加强诉源治理，以法治规范村治、推动善治，将矛盾化解在基层、消除在源头，做到"小事不出村、大事不出镇、矛盾不上交"。

【关键词】 乡村治理 "五治融合"

党的二十大报告提出要"以中国式现代化全面推进中华民族伟大复兴"。"中国式现代化"这一关键词，体现了中国共产党带领中国人民建设具有中国特色社会主义的道路自信。"中国式现代化"的内涵和本质要求，蕴含着与我国当前实施乡村振兴战略中五大振兴的逻辑关联性。以"中国式现代化"指引乡村振兴，开启了建设中国式乡村现代化的新征程。乡村治理现代化是国家治理体系和治理能力现代化的基础，也是中国式现代化的必然要求。乡村治理不仅关系到农业农村改革发展，更关乎党在农村的执政基础，影响着社会大局稳定。习近平总书记强调，"乡村振兴不能只盯着经济发展，还必须强化农村基层党组织建设，重视农民思想道德教育,重视法治建设,健全乡村治理体系,深化村民自治实践,有效发挥村规民约、家教家风作用,培育文明乡风、良好家风、淳朴民风","要加强和创新乡村治理,健全自治、法治、德治相结合的乡村治理体系,让农村社会既充满活力又和谐有序"。总书记的重要论述,为加强乡村治理提供了思想指导和行动指南,对于推进乡村全面振兴具有重要指导作用。

近年来,北京市密云区坚持以党组织为领导加强农村基层组织建设,推动乡村治理从"政府单向管理"向"社会多元主体协商共治"转变,不断建立健全现代乡村治理的体制机制和政策体系,乡村治理方式与手段不断创新,百姓获得感、幸福感、安全感显著增强。本文以大石岭村和北穆家峪村为例,对密云区乡村治理实践进行梳理总结,以期对乡村治理格局构建和推动乡村治理现代化提供参考借鉴。

一、大石岭村:党建引领,制度与文化双向赋能推动基层治理创新

大石岭村地处潮河北岸,属丘陵地带,紧邻101国道。近年来,大石岭村立足山地优势,积极与八宝山、密云区合作建立了宝云岭墓园。宝云岭墓园在壮大村集体经济收入和村民收入的同时,也为大石岭村开展乡村治理提供了稳定的经济基础。大石岭村立足自身产业基础良好的现实条件,积极开展乡村治理创新,形成了党建引领、制度与文化双向赋能的乡村治理模式,逐步把大石岭村建设成为一个生产发展、生活宽裕、乡风文明、村容整洁、管理民主的宜居村庄。

(一)党建引领,打响"密云先锋"品牌

一是吹响"先锋号",向前一步"亮身份"。在"密云先锋"行动中,大石岭村党支部第一时间吹响"先锋号",发放《致全体党员的一封信》,组织号召全村有行动能力的党员发挥先锋模范作用,向前一步"亮身份"。设置"1+10"党员联系服务群众公开栏,明确党员具体职责,开展实地入户走访、了解情况、宣传政策活动,并在"密云先锋榜""先锋活动墙"分别公示联系情况和走访照片,公开职责分工、联系方式,保证每天有人带班、有人值班、有人保障,全天候解决村民诉求。在此基础上,大石岭村进一步完善"三级双向反馈"机制,通过村"两委"联络群、村包户党员联络群、包户党员与群众联络群形成三级联络,确保群众需求第一时间双向反馈、及时解决,下移工作重心、扩大服务范围、畅通群众利益诉求渠道,有效避免服务群众"盲区"和基层治理"真空",有效发挥了党员在基层治理中的重要作用,打通了联系服务群众"最后一公里"。

二是设立"先锋岗",各尽所能"亮职责"。农村党员在乡村振兴的具体实践中,必须树立高度的责任感和使命感,积极主动作为,在各项工作中切实发挥党员的先锋模范带头作用。大石岭村党支部坚持靶向发力、精准施策,根据争当"八大先锋"工作目标,实事求是地从村内群众的切身诉求出发,统筹考虑党员实际,设立保水护山、疫情防控、为民服务等"十大先锋岗"并明确五名村"两委"认领岗位责任人,组织党员开展"认领'先锋岗'、公开'亮职责'"活动。38名党员从自身实际和群众需求出发,各尽其能,共认领76个"先锋岗"。为充分发挥先锋作用、压实岗位责任,每名党员每周每个岗位活动不少于一次,并在公开栏公开"亮职责"邀请群众监督,进一步强化了党员干部的责任感和使命感。

三是组建"先锋队",完善"党员+志愿服务"模式。秉承全心全意为人民服务的宗旨,大石岭村以"十大先锋岗"岗位责任认领为抓手,在文明实践站"理论宣传""文化服务"等常规先锋队的基础上,结合大石岭村的工作实际和村委工作重点,成立了"宣传文明祭扫"先锋队、疫情防控、垃圾分类等临时先锋队,形成了"常态+临时"相结合党员志愿服务队伍。先锋队员通过穿红马甲、戴红袖标等方式提高志愿服务队伍标识度,通过签订《党员承诺书》、公开先锋榜等方式压实各个先锋队及队员的责任,通过广播、张贴公告、巡逻劝导等方式在乡村治理的各个领域发挥作用。"宣传文明祭扫"先锋队结合宝云岭墓地,倡导群众以网络祭奠、清扫墓碑、鞠躬默哀、植树绿化等低碳环保的方式缅怀先辈、追念故人,在宝云岭墓地引导祭扫群众遵守社会公德、践行防疫规定、树立环保意识,坚决制止焚烧冥物、燃放爆竹等违法行为,践行"密云先锋"的使命担当。

(二)制度赋能,全过程人民民主的乡村实践

一是抓好民主选举。村民代表是乡村自治的基础性力量。合法合规地选举出能够反映群众利益诉求、具有较强广泛性、能够代表村民根本利益的村民代表,对于维护村民权利、维持村庄秩序、促进民风和谐具有重要意义。为了更好地开展以村为单位的基层工作,让老百姓更好地监督、协助村"两委"工作,大石岭村把选举村民代表作为乡村民主自治的首要环节,严格落实民主选举程序,推选出了31名在各个领域具有典型代表性的村民代表,在村民代表中选举产生了团结有力的党支部、村委会班子。通过民主选举,进一步增强了全体村民对村民代表和村支两委的信任度和支持度。村民代表成为连接村委会和村民的重要纽带,在带动村里各项事业发展的同时,进一步强化了村民自治的向心力、推动了基层村民自治组织建设。

二是抓好民主决策。凡涉及村民利益的重大决策，听取群众呼声、充分顺应民意，是乡村治理中实行"全过程人民民主"的重要内容。大石岭村实施村级民主决策"八步法"，完善村级民主决策程序，明确14项重大事项内容和1万元大额资金支出标准。明确村级51项公开内容，提高村级民主管理实效。在重大决策前，充分听取村民代表和广大村民的建议，切实把决策建立在符合群众利益的基础之上。在决策过程中，充分发扬民主，对涉及群众关心的热点、难点问题，提交村委会研究，由村民会议讨论通过。如村内道路硬化等工作中，召开村民座谈会、村民代表会10余次，不仅推动了工作的顺利开展，而且激发了农民参与新农村建设的主体意识和积极性。

三是抓好民主管理。防止权力过于集中，解决好"决策、执行、监督权"集于一身的弊端，是乡村治理中实行"全过程人民民主"的关键环节。为保障村民参与权、知情权和监督权，大石岭村制定完善了《大石岭村村民自治章程》，建立了有关生产、财务、治安、妇联、党员干部目标管理等各项规章制度，提高了村级民主管理的水平。建立和落实了村干部分工负责、干部值班、财务管理、为民服务全程代理、村干部廉政承诺等项制度，增强了村"两委"班子的服务功能，村内"小微"权利清单事项工作流程及配套机制村民知晓率达到100%。

四是抓好民主监督。凡涉及群众利益的重大问题，必须接受村民监督，"给群众一个明白、还干部一个清白"，是乡村治理中实行"全过程人民民主"的重要保障。大石岭村落实密云区工作要求，探索建立民主"听政"机制，由村务监督委员会成员、"两代表一委员"、利益相关人等，组成民主"听政"小组，列席"两委"联席会听政议政，定期向村民通报"听政"情况，参加村干部民主测评。实行村务、党务两公开，主动接受村民监督，定期向广大群众公布村各项事务的最新信息，既保证信息公开的及时准确，又便于群众监督、参与村务管理。通过民主监督，进一步规范了村务行为，有效推动了农村基层廉政建设，村级管理逐步走向规范化、法治化轨道，使农村政务、财务管理更加透明，依法管理、依法办事逐渐成为广大干部群众的自觉行为，村民自我管理、自我教育、自我服务、自我监督的机制不断优化。

（三）文化赋能，激发乡村治理的内生动力

一是重民生福祉，实现百姓生活优。每年春节村集体连续多年向全体村民发放过节费，村党支部与共建单位一起为村里70岁以上老人免费送生日蛋糕；为考上大学的本科生发放助学金、中秋重阳两节慰问村里60岁以上老人、承担全村村民50%有线收视费；节假日对困难党员、困难家庭和退任老干部进行慰问，把党的温暖、集体的关怀送到老百姓家。倡导孝老爱亲，彰显人文关怀，增进民生福祉，切实提升群众获得感和幸福感。

二是重以文化人，助力民风乡风好。大石岭村在推动乡村振兴的过程中，传承修德安民的悠久治村文化，发掘植根于传统农耕文化中的积极元素，同时深入开展群众性精神文明创建、乡风文明创建等活动。以宣传委员、治保主任、流管员、妇联主任、党建员为主体在全村范围内利用广播、显示屏、放电影、看图书等做好社会主义核心价值观的宣传工作，定期组织村民开展法律知识、计划生育政策的学习，以家庭为单位每年开展平安家庭、绿色家庭、幸福家庭创建活动，引导村民崇尚科学、反对邪教、抵制迷信、远离赌博，规范社会成员的行为准则。2022年村新时代文明实践站先后开展理论学习、科普教育、文化活动等30余次。

三是重村容村貌，推动乡村环境美。大石岭村以美丽乡村建设为契

机,多方争取资金,对村内主街道铺设柏油,田间道路、环村路进行水泥硬化,有效解决低地坡道进行护坡,解决汛期坡地水土流失,低洼地存在的安全隐患以及村民农忙季节用车难、行车难的问题。通过村集体投资,新增饮用水井消毒全套设备,为村民用水提供安全保障。围绕密云区文明城区创建,开展"全民参与、创城有我"周末大扫除活动33次,"垃圾分类桶前值守"活动中参与共计450余人次,为村民发放、讲解、示范垃圾分类内容、正确分类方法等,村内街道环境明显改观。

二、北穆家峪村:发挥统战优势,打造乡村治理共同体

北穆家峪村是密云区9个民族村中唯一的回族村,近年来立足自身资源禀赋和民族特色,在上级党委政府的关怀指导下,在中央政策研究室、市民宗委以及各级统战部门的帮助支持下,坚持以铸牢中华民族共同体意识为主线,发挥统战力量促进基层治理,团结带领村"两委"干部及党员群众建强村党组织、完善村庄治理、为民办事服务,推动北穆家峪村面貌发生可喜变化,得到上级组织和广大村民的积极认可。优化经济社会发展和生态文明建设整体布局,推动大健康产业和民族团结进步事业互融互促,走出了一条生产发展、生活富裕、生态良好的文明发展道路。

(一)以统战凝聚思想

立足民族村实际,认真落实习近平总书记提出的将铸牢中华民族共同体意识这一主线贯穿全过程各方面的重要指示要求,坚持做到"六个融入":一是融入乡村规划,邀请清华大学建筑设计研究院编制完成专项发展规划,确立"1+2+4"发展思路,将铸牢主线贯穿其中;二是融

入宣传教育体系，利用召开"两委"会、党日活动日、代表大会等契机，经常性开展铸牢中华民族共同体意识学习教育，让民族团结一家亲成为广泛共识；三是融入产业发展，将铸牢中华民族共同体意识融入种植园区建设和景观打造，营造共同团结奋斗、共同繁荣发展浓厚氛围；四是融入村容村貌，深入挖掘北穆历史文化传统，建设铸牢活动中心、主题展览、文化长廊、景观小品、立牌石碑等，打造民族团结特色村寨；五是融入日常生活，策划开展"三交三好"系列主题活动，让中华民族共同体理念深入人心；六是融入基层治理，将民族团结进步创建工作与中心工作有机融合，推动铸牢中华民族共同体意识在北穆落地生根、开花结果。

（二）以统战汇聚人才

充分发挥驻村"第一书记"的作用，借助对口帮扶单位和上级部门力量，协调中央、市、区各级高校、科研院所、机关企事业单位、农林专家来村调研指导，帮助找准盘活优势资源的思路和对策，完成发展规划。穆家峪镇北穆家峪村第一书记陈锦荣积极协调中央政策研究室、市委统战部、市民宗委、区委统战部等单位领导来村调研指导，邀请清华大学规划设计研究院编制完成村域发展专项规划，确定"1+2+4"发展思路。穆家峪村通过多种不同形式的民族团结进步创建活动，引导各族干部群众牢固树立"三个离不开"思想，不断增强"五个认同"，促进全村各民族居民交往交流交融，共同构筑各民族共有精神家园。

（三）以统战集聚项目

"中国健康好乡村"项目，是由中央统战部牵头，联合国家卫健委、发改委、农业农村部、国家林业和草原局等五大部委，国家中医药管理局、国务院侨办等相关机构共同参与的大型公益项目。北穆家峪村积极借助统战力量,引入合作企业,注重发展本土产业,为村民提供就业岗位。积极借力企业协作,增加就业岗位。在中央统战部"中国健康好乡村"组委会、市委统战部及区委统战部的大力支持下,北穆家峪村与步长制药集团签订合作协议,每年为村集体缴纳租金20万元,解决3~5名村民就业,促进稳定"消薄"和村民增收。步长制药集团结合北穆家峪村的实际情况,在大健康产业布局、文化产业培育、铸牢中华民族共同体意识等方面为助力北穆家峪乡村振兴提出了初步规划。北穆家峪村着力培育以道地中药材种植为核心的大健康产业,立足村域良好的生态和区位优势,通过各界资源的整合,积极发展燕山山脉道地野生中药材种植、药膳主题餐厅等产业,着力打造"花园式"健康好乡村,辐射带动贫困户及周边区域,助力推动乡村振兴,实现生态、生活、生产的可持续性。此外,北穆家峪村积极着力推动民俗旅游业提档升级,引导民俗饭店做精做强特色餐饮,加强对"清真八大碗"的品牌塑造,同时积极盘活村内民宅等闲置资源,开发打造生态康养精品民宿,带动集体增收和村民致富。

三、新时代完善乡村治理格局,实现乡村治理机制兴的思考与建议

(一)基于共同富裕构建完善的乡村治理格局

习近平总书记强调:"乡村振兴不能只盯着经济发展,还必须强化农村基层党组织建设,重视农民思想道德教育,重视法治建设,健全乡村治理体系,深化村民自治实践,有效发挥村规民约、家教家风作用,培育文明乡风、良好家风、淳朴民风","要加强和创新乡村治理,健全自治、

法治、德治相结合的乡村治理体系,让农村社会既充满活力又和谐有序"。

发展壮大集体经济不仅可以提高村民的收入,还可以提升农村整体的资本与运作效率,从而提高村集体的威望,这也是提升基层党组织组织力、凝聚力、向心力的重要举措,也是乡村创新治理模式,提升基层治理能力的重要基础。新时代构建基层治理格局,要以打造面向共同富裕的乡村治理共同体为目标,既是乡村社会在物质层面和精神层面双向跃升的重要基石,也是共同富裕事业在基层得以落地的内在驱动力,在集体经济持续稳定、农村生活富足基础上推进基层治理创新。

(二)着眼治理现代化要求创新"五治融合"机制

一是突出多元协作,提升乡村共治水平。以党建引领为"核"、不同治理主体共同参与为"元"的"一核多元"治理结构无疑是推动当前乡村共同富裕治理效能优化的关键所在。一方面,通过党建引领,让党的领导全过程、全周期、全领域地贯穿乡村共同富裕的战略目标中。将不同的治理主体整合到乡村共同富裕的实践中,确保各级党组织能够发挥总揽全局、协调各方的优势,牢牢把住打造面向共同富裕乡村治理共同体的价值导向,将党领导乡村发展落到实处。另一方面,基层政府与市场、社会等多元治理主体,在党的领导下发挥自身优势,彼此进行互动融合,形成乡村共同富裕建设的治理合力。具体来说,无论是社会精英,还是普通村民抑或是行政权力、市场资本力量,都需要从制度框架内将其纳入乡村共同富裕的主体范畴。在发挥党政引领和主导作用的同时,不能忽略市场资本和社会资源的运作规律,避免单纯依靠行政命令过快推进不切实际的政策落地,导致工商资本和社会力量下乡的水土不服。需要为市场力量、社会组织与广大民众预留空间和创造机会,让"一核多元"的治理结构真正得以有效运转。

二是突出基层协商，提升乡村自治水平。创新基层治理机制，搭建村级协商议事平台，让村民作为主体直接参与乡村治理，更广泛参与乡村重大和日常事务的讨论与协商。更好地实现由"代民做主""替民做主"向"由民做主"的转变。要统筹调配各方资源参与议事，围绕"品德素质好、群众认可高、自愿有激情、议事能力强"4个方面，建好村级协商议事的队伍，把为民协商平台搭建到居民群众"家门口"，使决策更加科学合理、更加贴近群众需求。对于涉及群众反映强烈的生产、生活中的热点、难点问题、与群众切身利益密切相关的重大村务，做到应商尽商、随商随决，确保村级协商议事制度化、规范化和程序化。

三是突出公平正义，提升乡村法治水平。法治是健全乡村治理体系的保证，乡村治理体系能否平稳运行取决于乡村社会治理法治化的进展水平。要进一步加大普法宣传力度。乡村依然是熟人社会，遵循熟人社会规律。针对乡村干部群众知识结构和认知特点，创新乡村法治宣传教育，提高乡村基层干部群众的法治意识，使他们形成信法守法的行为习惯。要强化对乡村基层政府和基层干部的法律约束，依法行使职权，依法依规处理事务，依法加强对村务治理的指导、对农村各类问题的预防和监管。积极推进律师服务法治政府建设，通过开展法治培训、以案释法等形式不断增强基层政府法治思维，推进平安乡镇、平安村庄建设，开展突出治安问题专项整治，让广大农民群众感受法律力量、认知法律尊严、增强法律信仰。要完善乡村法律服务体系。加强农村司法所、法律服务所、人民调解组织建设，推进法律援助进村、法律顾问进村，大幅度降低干部群众用法成本，引导群众以正当的途径、以法律的手段、以理性的态度，合理合法解决矛盾纠纷。

四是突出文化赋能，提升乡村德治水平。德治具有文化的渗透力、感染力、影响力，是乡村治理的基础。在乡村治理现代化进程中，德治不仅与自治和法治协同发力,而且为自治和法治提供了重要支撑。要进一步强化德治在乡村治理中的功能,以"乡风民风美起来、人居环境美起来、文化生活美起来"为目标,把加强农村精神文明建设作为实施乡村振兴战略的铸魂工程,不断提升村民整体素质,助力乡村全面振兴。

五是突出诉源治理提升乡村善治水平。乡村中出现的矛盾纠纷要做到发现在早、预警在先、处置在小,在未来发展中,应以新时代"枫桥经验"为指引,完善矛盾纠纷多元化解机制,将司法预防化解职能精准延伸到纠纷产生的源头,加强诉源治理,以法治规范村治、推动善治,将矛盾化解在基层、消除在源头,做到"小事不出村、大事不出镇、矛盾不上交"。

图书在版编目（CIP）数据

领导智库报告. 2206 / 连玉明主编. -- 北京 : 团结出版社, 2022.11

ISBN 978-7-5126-8992-3

Ⅰ.①领… Ⅱ.①连… Ⅲ.①时事评论—中国 Ⅳ.①D609.9

中国版本图书馆CIP数据核字(2021)第167290号

出　　版：团结出版社
　　　　　（北京市东城区东皇城根南街84号　邮编：100006）
电　　话：（010）65228880　65244790　85993920（售后）
网　　址：http://www.tjpress.com
Email：zb65244790@vip.163.com
经　　销：全国新华书店
印　　装：艺堂印刷（天津）有限公司

开　本：170mm×240mm　16开
印　张：21
字　数：260千字
版　次：2022年11月　第1版
印　次：2022年11月　第1次印刷

书　号：978-7-5126-8992-3
定　价：148.00元

（版权所属，盗版必究）